AF544464

Erna Maria Trubel · Verbotene Worte

Erna Maria Trubel

Verbotene Worte

Archaische Tabus als Symbole in der Freimaurerei

Salier Verlag

ISBN 978-3-96285-047-0

1. Auflage 2022

Umschlaggestaltung & Illustrationen: Larissa Sharina, Leipzig
Satz & Layout: InDesign im Verlag
Herstellung: Salier Verlag, Bosestr. 5, 04109 Leipzig
Printed in the E.U.

www.salierverlag.de

Alles, was ich kann, ist: die Geschichte zu erzählen.
Und das muss reichen.

Ein heiliger Mann begab sich an eine bestimmte Stelle im Wald, um zu meditieren, Feuer anzuzünden und zu beten, auf dass das Unglück von der Welt gewendet werde. Einige Zeit später ging einer seiner Schüler ebenfalls dorthin, aber er wusste das Feuer nicht anzuzünden, und so betete er nur. Wieder einige Zeit später hatte der Nächste das Gebet vergessen und wusste das Feuer nicht anzuzünden; immerhin war er in der Lage, die geheime Stelle im Wald zu finden. Und nach weiteren Jahren sagte ein Schüler: „Ich kann das Feuer nicht anzünden, ich kenne das Gebet nicht und nicht die Stelle im Wald. Alles, was ich kann, ist: die Geschichte zu erzählen. Und das muss reichen.“

via Prof. Ernst Strouhal, 15.12.2011: Eine alte aschkenasische Legende, die Christian Boltanski (1944–2021) zur Eröffnung seiner Ausstellung „Christian Boltanski Inventar“ erzählte. (12. April - 9. Juni 1991 in der Hamburger Kunsthalle)

Inhalt

Vorbemerkung

Und es geht weiter …

Der gemächliche Inkubationsprozess zu diesem Buch begann während meiner wissenschaftlichen Recherchen zum Thema „Tabus in der Sprache der Medizin" und sollte als meine Dissertation im Bereich der Translationswissenschaft ein vorläufiges Ende finden. Schon damals, inspiriert von freimaurerischer Symbolik und deren Interpretationen, stieß ich im Zuge meiner Arbeit auf eine überraschende Spur, die mir einen alles verbindenden roten Faden von archaischen Tabus zu den Symbolen der Freimaurer vorzeigte, die ich nun zwanzig Jahre später aufgreifen möchte. Leidenschaft und Begeisterung für die großen Themen „Tabu" und „Symbolik der Freimaurerei" haben mich die gemeinsamen, zuweilen etwas bizarr anmutenden Ideenfragmente zusammentragen und kritisch hinterfragen lassen.

Als Translationswissenschafterin war es mir ein besonderes Anliegen, auch die sprachwissenschaftliche Komponente in meine Analyse mit einzubeziehen, da sie einen wertvollen Beitrag dazu leisten kann, bewusst über unsere Wahrnehmung nachzudenken und die anthropologische Funktion von Sprache zu entdecken. Tabus, Metaphern und Symbolik offenbaren sich als eine identitätsbildende Ressource, in der zahlreiche Berührungspunkte von universalem, ererbtem und erworbenem Sprachschatz zusammenfließen. Durch den Vergleich von Unbekanntem und Bekanntem, Ausgesprochenem und Unausgesprochenem gelingt es uns zuweilen bis zum innersten Kern einer Kultur vorzudringen und eine bis dahin rätselhafte Welt zu entschlüsseln.

„Das Reale muss zur Dichtung werden, damit es gedacht werden kann"[1]

Das Außergewöhnliche, Verbotene, Numinose in seinen zahlreichen Variationen hat seit jeher eine ungebrochene Faszination auf Menschen ausgeübt. Die besondere Anziehungskraft des Tabuierten hat zu ungewöhnlichen Spekulationen angeregt, es hat Mythen und Legenden voller Rätsel sowie Geheimnisse und eine dichte Symbolik entstehen lassen. Ob nur unbewusst wahrgenommen oder als Verbot deklariert, liegen Tabus tief im Inneren verankert. Hartnäckig entziehen sie sich der Worte oder der Berührung durch Unberufene, widersprechen religiösen Gesetzen, rituellen Vorschriften oder kulturellen Standards.

Einen ungewöhnlichen Platz in der Erforschung von archaischen Tabus nehmen freimaurerische Gebräuche, Symbole und Rituale ein, deren Ursprünge im Verborgenen liegen oder deren Deutungsmöglichkeit sich nicht von selbst erschließt. Wolfgang Scherpe stellt dazu in seinem Klassiker der deutschsprachigen Freimaurer-Literatur fest:

> *Wir sind der Ansicht, dass uns diejenigen Bräuche und Symbole, deren Sinngehalt und Ursprünge noch erkennbar sind, so gewichtig auf den Wert und die Tiefe unserer Überlieferungen hinweisen, dass wir alles daransetzen sollten, auch die bereits verschütteten Anteile wieder freizulegen.*

Scherpe betont, dass es unerheblich sei, ob eine direkte Beziehung zwischen der heutigen Freimaurerei und antiken Mysterienbünden bestehe oder nicht und kommt zu dem Schluss:

> *Wichtig und allein entscheidend ist die Gleichartigkeit der verwendeten Symbole, die eine Gleichartigkeit des seelischen Erlebens hervorrufen. Wir finden Verwandtschaft in den Einweihungsriten vieler Völker und in den kultischen Handlungen*

1 Rancière, 2008, Die Aufteilung des Sinnlichen, S. 61.

> *der Hochreligionen. Sie weisen uns auf ihren archetypischen Ursprung hin.*[2]

Tabus werfen ein besonders Licht auf eine durch Religion, insbesondere das Christentum geprägte europäische Kultur sowie auf eine Fülle von archaischen Werten, die verbannt, verdrängt und ausgeschlossen werden mussten, um bestehende Machtstrukturen nicht zu gefährden; vermutlich, weil sie für allzu einflussreich, bedrohlich oder für immens faszinierend gehalten wurden.

Es wäre auch denkbar, dass schon bei der Überlieferung und späteren Aufzeichnung von freimaurerischen Bauhüttentraditionen eine innere Gegensteuerung aufgetreten war, die bestimmte Werte für besonders bedeutungsvoll hielt und diese zu bewahren suchte. Als nichthinterfragte Selbstverständlichkeiten dienten sie so der Abgrenzung von anderen Kulturen und dem Schutz des masonisch Tradierten, förderten den Zusammenschluss um das Eigene und sicherten damit den Zusammenhalt der Gruppe.[3]

Gewagte Rückgriffe auf Riten und Legenden erfüllen in der Freimaurerei oftmals eine elementare genealogische Funktion, nämlich dem jeweiligen symbolischen Inhalt eine möglichst weit in die Vergangenheit reichende Tradition und damit Kraft zu verleihen. Oftmals treffen wir auf biblische Legenden, aber auch auf neuentstandene Mythen, die selten klar vom Rückgriff auf bereits Bestehendes getrennt werden können. Die Erstausgabe von Andersons *Old Charges* aus dem Jahre 1723, welche die Legitimität der Freimaurerei zu untermauern sucht, besteht in ihrem Hauptteil aus einer pseudohistorischen Abhandlung im Stile der alten Chroniken. Beginnend mit Adam führt diese über den Salomonischen Tempelbau, das antike

2 Scherpe, 2022[7], Das Unbekannte im Ritual, S. 300.

3 Die erste gedruckte Beschreibung eines englischen Rituals stammt erst aus dem im Jahr 1760 erschienenen Buch „Three Distinct Knocks“ von Samuel Prichard. Bereits 1745 erschien das Buch „L' Ordre de Francs-Maçons trahi“, eine ausführliche Einführung in die Freimaurerei mit recht genauen Beschreibungen der französischen Rituale für die Aufnahme, die Beförderung und die Erhebung, sowie für den Schottischen Meister. Vgl. Ernst, Freimaurerrituale: Ihr verschlungener Weg durch die Geschichte, 2014/15. In: https://freimaurer-wiki.de/index.php/Ritual (abgerufen 03.01.2021).

Persien, Babylon, Griechenland und Rom bis nach England in die Zeit von König William III. und der *Glorious Revolution* 1688.

Durch die Auseinandersetzung mit diesem kulturellen Phänomen möchte ich aufzeigen, wie die Präsenz von Tabus – auch wenn ihre Bedeutung für die heutige Gesellschaft längst verschüttet scheint – das Verhalten von Menschen noch gegenwärtig beeinflusst und regelt. Es eröffnet sich ein komplexes Terrain, das die verschiedensten Kulturen und Wissenschaften streift und als Forschungsgebiet in der Freimaurerei bisher kaum erschlossen ist.

Die methodische Arbeit mit dem Begriff *Tabu* ermöglicht einen Epochen, Kontinente und Disziplinen übergreifenden Austausch. Abgesehen von historischen Fakten und überraschenden sprachwissenschaftlichen Entdeckungen, betreten wir auf unserer Reise durch die archaischen Tabus auch Gebiete des Volksglaubens, der Mythologie und die Welt der Legenden, die es nicht verdienen, unter dem Vorwand, sie seien zu banal, mit Schweigen übergangen zu werden.

Um das weite Spektrum dieser tabuisierten Werte zu überblicken, treffen wir in unserer Betrachtung auf eine Auswahl eindrucksvoller Erscheinungen der Natur, wie Feuer, Sonne und Mond, auf wirkmächtige Tiere, aber auch auf Unscheinbares, von Menschenhand Produziertes, wie den Knoten oder das Metall. Wir begegnen Verboten, die andersartig ausgelegt wurden, um Gut und Böse auch umgekehrt zu sehen, ja selbst den Tod neu zu interpretieren, um ihn wieder ins Leben einzubeziehen.

Möglicherweise findet sich gerade hier eine noch unentdeckte Quelle des Verdrängten, all dessen, was von der vorherrschenden Kultur ausgesperrt worden ist und doch zum Menschsein gehört. Etwas, das wiederentdeckt werden möchte und für Freimaurer zu einem tieferen Verständnis der Rituale und der Symbolik beizutragen vermag.

Mit Achtsamkeit und Respekt vor den Traditionen der Freimaurerei möchte ich zu diesem Exkurs durch die verwinkelten Gassen und wenig erschlossenen Gedankenkonstrukte vergangener Zeiten einladen. Zu einem ungewöhnlichen Rundgang, in dessen Verlauf archaische Tabus in den Ritualen, Symbolen und Mythen der Königlichen Kunst aufgespürt und dabei diese verbotenen Teile näher betrachtet und ans Licht gebracht werden.

Dies ist der Grundgedanke, der mich zu diesem Büchlein inspirierte.

Tabu

Ein Begriff ohne Worte

Es ist der 12. Juli 1776, wir befinden uns im Hafen von Plymouth. Der ethnologisch versierte Kapitän James Cook setzt im Auftrag der englischen Krone Segel zu seiner dritten Expeditionsfahrt in Richtung der Südsee-Archipele Tonga, Haiti und Hawaii. Indes ahnt er nicht, dass ihm diese Reise letztlich zum Verhängnis werden und er der Nachwelt einen schwer fassbaren Begriff hinterlassen würde.

Die schicksalhafte Entdeckung des Wortes *Tabu* steht am Anfang eines langen Reiseweges, der im 18. Jahrhundert beginnen und von Polynesien in die europäischen Sprachen und vom wissenschaftlichen Gebrauch in die Alltagssprache führen sollte. Dieser ersten Begebenheit wollen wir uns auf einem Streifzug durch die Entstehungsgeschichte und Bedeutungsvielfalt dieses Begriffs nun zuwenden.

Warum gerade Cook?

Als erster Südseeforscher beschränkte sich Cook in seinen Reiseberichten nicht auf die Beschreibung von Fauna, Flora und geografischen Merkmalen. Weitaus mehr war er von den Sitten und Bräuchen der indigenen Bevölkerung, insbesondere von einer *tapu* oder *tabu* genannten rätselhaften Verhaltensweise fasziniert. Cook konnte beobachten, dass die Polynesier bestimmte Dinge, Objekte oder Orte nicht berührten oder nicht erwähnten. Meist handelte es sich um religiöse, magische oder rituell begründete Meidungsgebote, die eingehalten wurden, um durch übernatürliche Macht bewirktes Unheil abzuwenden. Cook notierte dazu Folgendes:

> *I had reason to believe they were highly satisfied with. When dinner came upon table, not one of them would sit down or eat a bit of anything that was served up. On expressing my surprise at this, they were all taboo, as they said; which word has a very*

comprehensive meaning; but, in general, signifies that a thing is forbidden [...][1]

Dank seiner international bekannten Reiseberichte schaffte es der Begriff *Tabu* im Jahre 1777 Eingang in die englische Sprache zu finden. Cook selbst soll zwei Jahre danach – so der makabre Mythos um den berühmten Kapitän – auf Grund einer Tabuverletzung von Einheimischen auf Hawaii gelyncht, zerstückelt und der damaligen Auslegung gemäß einem Ritualmord zum Opfer gefallen sein. Sein Schicksal stellte die Forschung noch Jahrhunderte später vor Rätsel, der Volksglaube suchte hier die ursächliche Verbindung von *Tabu* mit dämonischem Aberglauben zu finden.[2]

Das Wort *Tabu* verbreitete sich durch Kaufleute und Ethnographen schnell über den europäischen Raum. Offenbar gab es in den hochentwickelten Sprachen des Westens kein Wort für die zwanghafte Neigung des Menschen, bestimmte Regeln zu verinnerlichen und als unantastbar außerhalb jeder rationalen Erwägung zu stellen. In einer Epoche wie dem Viktorianismus, in der Ethik- und Moralvorstellungen extrem überzogen waren, konnte sich der Begriff des magischen *Tabus* rasch etablieren, wobei die ursprüngliche religionsdämonische Vorstellung als Relikt „unzivilisierter Kulturen" bewusst außer Acht gelassen wurde.

Darüber hinaus, präzisiert der Sprachwissenschafter Fritz Kuhn, bot sich dieses neue Wort „geradezu an, das Fremde, Irrationale und nicht Verstehbare des seltsamen Südseetreibens in einem Ausdruck kompakt zu bezeichnen". *Tabu* steht sozusagen exemplarisch für das Andere und Fremde der archaischen Welt. „[...] *Tabu* war also ein zentraler Ausdruck der reisenden Aufklärer, um zu erklären, was nicht innerhalb ihres Konzeptes der Vernunft zu erklären war."[3]

1 Cook, 1821, The Three Voyages of Captain James Cook Round the World, S. 348.

2 Sahlins, 1986, Der Tod des Kapitän Cook, S. 42-45.

3 Kuhn, 1987, Tabus, S. 19-35.

Tabu – vielfältig, rätselhaft und ambivalent

Annäherungen an komplexe oder verworren erscheinende Themen beginnt man vornehmlich mit einer Begriffsanalyse. Doch schon die etymologische Deutung dieses polynesischen Wortes gestaltet sich als äußerst schwierig. Aus der Tongasprache übersetzt könnte *ta pu* (Tabu) „intensiv gemerkt“ bedeuten, wobei *ta* „kennzeichnen“, während *pu* etwa als „kräftig, intensiv“ ausgelegt werden kann. Das Tabu ist also das „kräftig Markierte“ wie Hans Wagner subsummiert.[4]

Doch auch die linguistische Reflexion über die Bedeutungsvielfalt dieses Lehnwortes scheint der Präzisierung des Begriffs nicht unbedingt den Weg geebnet zu haben. Eine adäquate Übersetzung scheiterte am ursprünglichen Doppelcharakter des Begriffs, der einerseits etwas Heiliges, Geschütztes und andererseits etwas Unreines, Unberührbares und Gefährliches bezeichnete. So ist es wenig verwunderlich, dass sich dieses exotisch klingende Lehnwort alsbald in allen europäischen Sprachen etablierte.

Die Trias: Tabu – Mana – Noa

Überdies verbindet sich in engerer ethnologischer Hinsicht mit dem Tabu auch ein Kraftglaube, den ein Objekt besitzt. Bestimmten Personen, Dingen und Orten soll eine gefährliche Kraft eigen sein, die sich mittels Berührung wie eine Infektion verbreite. *Mana* nannte man in Polynesien diese übernatürliche Macht - eine Art höherer Gewalt, Zauberkraft, die etwas *ta pu* machte und als Quelle des Tabus zu sehen war. Diese unsichtbare Energie besaßen nur starke Personen, vor allem der Häuptling oder der Medizinmann. Ungewöhnlichen Pflanzen, Steinen oder Tieren konnte sie jedoch ebenso innewohnen. In verwandtschaftlicher Nähe zu *Mana* stehen bei anderen Naturvölkern die Bezeichnungen: *Atua, Bali, Manitu* oder *Pneuma*.[5]

4 Wagner, 1981, Medien-Tabus und Kommunikationsverbote, S. 18 f.
5 Balle, 1990, Tabus in der Sprache, S. 18.

Um den polynesischen Tabukomplex vollständig zu erfassen, darf der gegensätzliche Begriff zu *Mana* und *Tabu* nicht ausgeklammert werden: *Noa* – in der Bedeutung ziellos, nicht zweckgebunden, frei; im Sinne des Profanen, Alltäglichen. Eine Enttabuisierung führt zu einem mit *Noa* bezeichneten Zustand. Infolgedessen schließen *Tabu* und *Noa* einander gegenseitig aus.[6]

Kurz gefasst, spielte der polynesische Begriff *ta pu* in der Kultur der Naturvölker sowohl für Objekte, Lebewesen als auch für die Sprache eine herausragende Rolle. Als Verhaltensregulativ ersetzte er Gesetze, war identitätsstiftend und trug im heutigen Sinne zur Aufrechterhaltung der Stammeshierarchie bei.

Ein Blick in die Anfänge der Tabuforschung

Wie zahlreiche Forschungsberichte belegen, bestehen in Bezug auf den Tabubegriff unzählige Schnittpunkte zwischen den wissenschaftlichen Disziplinen. Ein Blick in die Geschichte zeigt, dass schon im Verlauf des 19. Jahrhunderts immer wieder versucht wurde, die ambivalente Grundstruktur des Tabus zu entschlüsseln und den Begriff zu präzisieren.

Mit unterschiedlichen Präferenzen und Zugangsweisen nahmen sich Religionswissenschaft, Ethnologie, Sozialwissenschaft, Sprach- und Literaturwissenschaft der Klärung dieses universellen Phänomens mitsamt seinen zahlreichen Implikationen an. Initiatoren der modernen ethnographischen Forschung wie James George Frazer, Bronislaw Malinowski, Sir Edward Evan Evans-Pritchard und Wilhelm Wundt legten den Grundstein für das Verständnis des Tabubegriffs bei den Naturvölkern. Sigmund Freud sicherte mit seiner im Jahr 1913 erschienenen Schrift „Totem und Tabu" dem Begriff einen prominenten Platz im schwelenden Diskurs.

Im Folgenden möchte ich drei Persönlichkeiten herausgreifen, die meines Erachtens durch ihr Leben, ihre Ideen und zuweilen auch

6 Baermann/Steiner, 2008, Zivilisation und Gefahr, S. 313 f.

durch ihre persönliche Geschichte die Tabuforschung in ihren Anfängen geprägt haben.

Beginnen wir mit dem schottischen Ethnologen, Philologen und Mitbegründer der Religionsethnologie, Sir James George Frazer (1854–1941). Neben der wissenschaftlichen Erforschung antiker Texte galt sein besonderes Interesse den Mythen, Religionen und der Magie. Seine Untersuchungen leiteten einen Paradigmenwechsel in der Tabuforschung ein, da Frazer ausgehend von Cooks Beobachtungen nicht nur die Südsee-Archipele beforschte, sondern sein Augenmerk auch den Ureinwohnern Australiens schenkte, als jener Volksgruppe, die Aufschluss über frühe Formen menschlichen Zusammenlebens geben sollte. Frazer beschreibt dabei in seinem Opus magnum „Der goldene Zweig" rituelle Handlungen, die für den außenstehenden Ethnographen keinen nachvollziehbaren Sinn ergeben, aber in der Art eines Zeremoniells vollzogen wurden. Er bezeichnete Tabus als „verbotene Handlungen", die in engem Zusammenhang mit Magie als einer Vorstufe der Religion stehen. Akribisch verfolgte er die Berichte von Missionaren und Handelsleuten, um aus diesen seine Theorien zu entwickeln – übrigens, ohne je selbst Feldforschung betrieben zu haben. Groß war sein Einfluss auf das akademische Milieu der damaligen Zeit. Bis heute werden seine als überholt geltenden Schriften gerne zitiert, jedoch weitaus seltener gelesen.[7]

In erwartungsvoller Spannung ließ Wilhelm Wundt (1832–1920) die Fachwelt des beginnenden 20. Jahrhunderts aufhorchen, als er versprach, „zu den letzten Wurzeln der Tabuvorstellungen zurückzugehen". Der Begründer der modernen Psychologie erkannte in Tabus den ältesten Gesetzeskodex der Menschheit, das Fundament aller Sittengebote. Diese These sollte Freud in „Totem und Tabu" später übernehmen. Wundt wies darauf hin, dass „Tabu hinreichend in die allgemeine Sprache eingedrungen ist, um gelegentlich auf unsere eigenen Anschauungen und Sitten angewandt zu werden". Seinen Ausführungen gemäß „gibt es in der Tat kein Volk und keine Kulturstufe, die

7 Frazer, 1989, Der goldene Zweig – Das Geheimnis von Glauben und Sitten der Völker, S. 284-379.

des Tabu und seiner beschränkenden oder gefährdenden Wirkungen auf Leben und Freiheit entbehren". Er definiert den Begriff als einen, der „alle die Bräuche umfasst, in denen sich die Scheu vor bestimmten mit den kultischen Vorstellungen zusammenhängenden Objekten zeigt".[8]

Richtungsweisend für die weitere Tabuforschung war kein geringerer als Sigmund Freud (1856–1939). Der Neurologe und Begründer der Psychoanalyse setzte in seinem ersten großen kulturtheoretischen Werk „Totem und Tabu" psychopathologische und ethnologische Kategorien in Analogie. Dabei arbeitete er, wie der Untertitel verrät, „einige Übereinstimmungen im Seelenleben der Wilden und der Neurotiker" heraus. In dieser für die Tabuforschung maßgebenden Schrift wagte sich Freud auf das Gebiet der Ethnologie und Anthropologie vor.

In seiner Aufsatzsammlung versuchte er das Wesen des Tabus psychologisch zu begründen, wobei er das Tabu „der Primitiven" mit der Zwangsneurose in verwandtschaftliche Beziehung stellte. Im zweiten Abschnitt widmete er sich eingehend dem Ursprung von Tabus und verstand darunter – im Gegensetz zum heutigen Sprachgebrauch – absolute religiöse oder moralische Verbote. Ebenso wie der Völkerpsychologe Wundt deutete er sie als Wurzel der ältesten menschlichen Gesetze. Seiner psychologischen Natur nach sei das Tabu „nichts anderes als der ‚kategorische Imperativ' Kants, der zwangsartig wirken will und jede bewusste Motivierung ablehnt".

> *Die Tabuverbote entbehren jeder Begründung, sie sind unbekannter Herkunft; für uns unverständlich, erscheinen sie jenen selbstverständlich, die unter ihrer Herrschaft leben.*[9]

Die Doppelbedeutung des Wortes – heilig und unrein zugleich – führt nach Freuds Ansatz einerseits zu Ehrfurcht, die sich als Respekt vor dem Tabu ausdrückt, andererseits zur Abweisung und zur unbewuss-

8 Wundt, 1926, Völkerpsychologie, S. 390.
9 Freud, 2014, Totem und Tabu, S. 29.

ten Lust, dieses „Verbot" zu übertreten. Für diese Ambivalenz schlug Freud treffend und knapp als Übersetzung „heilige Scheu" vor.

Nach diesem kurzen Einblick in die Anfänge der Tabuforschung lässt sich resümierend feststellen, dass Tabus, im Unterschied zu klar formulierten, normativ festgelegten und dadurch auch begründbaren Verboten, nicht hinterfragbare Grundsätze sozialer Kommunikation sind. Sie sind weder kodifiziert noch niedergeschrieben.

Im Gegensatz zu damals erwarten heute Tabubrecher keine Sanktionsmechanismen mehr, wie sie bei Naturvölkern Usance waren. Subjektiv empfundene Peinlichkeit und Scham sind an ihre Stelle getreten, als „Höchststrafe" kann gesellschaftliche Meidung und Isolation folgen. Bemerkenswert ist eine neu hinzugekommene positive Bedeutung des Wortes Tabu, die sich vor allem in den Medien und in der Politik beobachten lässt. Tabu als etwas, „das sich überlebt hat, nicht in die Zeit passend ist", daher umgestoßen und gebrochen werden muss. Da es eindeutig pejorativ verwendet wird, kann es angefochten werden. Der daraus folgende Tabubruch gewinnt damit wiederum eine positive Konnotation. Beispiele hierfür sind „tabulos", „Tabubruch" und „enttabuisieren".[10]

Taburegeln widerspiegeln immer kulturspezifische Merkmale, die während des Sozialisationsprozesses von Kindheit an erlernt werden. Sie sind immer Kinder ihrer Zeit, tragen von Gesellschaft zu Gesellschaft unterschiedliche Züge. Tabus umfassen jedoch nicht nur Sachverhalte, zu denen Objekte, Menschen und Handlungen zählen, sondern schließen die Kommunikation und damit auch den gesamten Wortschatz über sie mit ein. Im abschließenden Teil wollen wir uns diesen sprachlichen Tabus, dem Verbot bestimmte Wörter auszusprechen, widmen.

10 Balle, 1990, Tabus in der Sprache, S. 99 f.

Sprachtabu – das verbotene Wort

Sprachliche Tabus lassen sich als sprachliche Normen auffassen, die sozial, historisch und situativ bedingt sind. Sie werden nicht explizit gemacht d. h. sie werden nicht ausdrücklich formuliert und bewusst gelernt, sondern durch Brauchtum und Sitte generationsweise weitergegeben. Manche Tabus findet man in jeder Epoche, sie kehren immer wieder zurück. Sie auszusprechen kommt der Verletzung allgemeingültiger Normen nahe, was bei den Interaktionspartnern unterschiedliche Emotionen, sogar aggressive Reaktionen hervorrufen kann. Diese können von nonverbalen körpersprachlichen Elementen, wie Unsicherheit, Erröten, Stottern oder hastigem Sprechen begleitet werden, die auf höchst Unangenehmes schließen lassen. Auf der anderen Seite erzwingen Tabubrüche, bisher selbstverständliches Verhalten zu hinterfragen und bieten eine Chance zur Veränderung.

Eine klare Trennlinie zwischen verbalen und nonverbalen Tabus kann nicht gezogen werden. Sprachtabus sind häufig nur sprachliche Konsequenzen nonverbaler Tabus. Will man also die sprachlichen Tabus beschreiben, muss man auf die zugrundeliegenden nichtsprachlichen Tabus, also auf die entsprechenden kulturellen, psychologischen und sozialen Gegebenheiten zurückgreifen.[11]

Vermeiden – umgehen – ersetzen

In der Sprache bedeuten Tabus nicht zwingend ein absolutes Verbot. Sprachliche Ersatzmittel und Umgehungsstrategien ermöglichen es, über tabuisierte Objekte, Handlungen und Sachverhalte zu sprechen, ohne die Konventionen zu verletzen. Die kreative Vermeidung bestimmter Wörter führt zur Entstehung von Euphemismen, Synonymen und Neologismen, wodurch einerseits der Sprachschatz bereichert, andererseits die Sprache einem ständigen Wandel ausgesetzt wird.

11 Balle, 1990, Tabus in der Sprache, S. 15.

Was nun die sprachlichen Ersatzmittel, Verschleierungen und Metaphern für Tabudiskurse betrifft, möchte ich auf den Philologen und Sprachwissenschaftler Wilhelm Havers (1849–1928) eingehen. Seiner sprachhistorischen Arbeit für die indogermanischen Sprachen ist die allererste umfassende Typologie dieser „Meidungsstrategien" zu verdanken.

Die profunde Forschungstätigkeit Havers' wurde somit zur unverzichtbaren Ausgangsbasis der hier vorliegenden Betrachtung. Rezente Arbeiten zur linguistischen Tabuforschung basieren einerseits weitgehend auf seiner Typologie, greifen andererseits auch Fragestellungen und Methoden der Diskurs- und Gesprächsanalyse auf.

Havers engt den Begriff des Sprachtabus auf den Bereich ein, „wo ein durch religiöse oder abergläubische Vorstellungen verursachtes Verbot besteht, Begriffe aus einer gewissen Sphäre mit gewöhnlichen Worten zu benennen". Das Hauptaugenmerk liegt demnach auf der Motivation, die zu einer Umschreibung drängt. Havers setzt sich mit einer Reihe religiös-abergläubisch bedingter Motive auseinander, darunter Tiernamen, Götter und Dämonen, Feuer, Himmelskörper, Bezeichnung von Körperteilen, Krankheiten, Tod und Gebrechen. Seine Klassifikation beinhaltet ebenso Umschreibungen, Deck- oder Ersatzwörter, die anstelle des tabuisierten Sachverhaltes oder Wortes verwendet wurden.[12]

Aus heutiger Sicht umfasst diese Klassifikation von Havers Bereiche, die längst nicht mehr tabuisiert sind, weil sich die ihnen zugrundeliegende Geisteshaltung verändert hat und sie zeitlich weit zurückliegende Auffassungen der Welt widerspiegeln. Dennoch ist der motivierende Dämonen- und Kraftglaube in einer Reihe von abergläubischen Vorstellungen in modifizierter Form bis in unsere Zeit anzutreffen. In vielen Fällen sind nur die ursprünglich als Euphemismen gebrauchten Bezeichnungen übriggeblieben und das Ursprungswort verlorengegangen. Beispielsweise im Slawischen медведь (medvěd)

12 Havers, 1946, Neuere Literatur zum Sprachtabu, S. 19.

„der Honigesser" oder im Althochdeutschen *bëro* „der Braune" für den Bären.[13]

Nach dieser abschließenden sprachwissenschaftlichen Präzisierung und dem kurzen wissenschaftlichen Überblick all dessen, was unter Tabu zu verstehen ist, wenden wir uns nun dem ursprünglichen Anliegen zu und folgen dem unkonventionellen Reiseweg archaischer Tabus aus Religion, Kultur, Philosophie und Wissenschaft in die Welt freimaurerischer Symbolik. An Hand exemplarischer Beispiele wollen wir der Frage nachgehen, welche Bedeutung Tabus in der Freimaurerei haben, nachspüren, welchem ideellen Ursprung sie entstammen, welche Gemeinsamkeiten und Differenzen mit der profanen Welt ein genaueres Hinschauen verdienen und nicht zuletzt zu weiterer Forschungsarbeit beflügeln.

13 Luchtenberg, 1985, Euphemismen im heutigen Deutsch, S. 89.

Feuer und Flamme

Feuer als Tabu

„Ja, ich weiß, woher ich stamme,
Ungesättigt gleich der Flamme
Glühe und verzehr' ich mich.
Licht wird alles, was ich fasse
Kohle alles, was ich lasse;
Flamme bin ich sicherlich!"[1]

Zu den höchsten kulturellen Leistungen des Menschen gehört wohl die Zähmung des Feuers. Vornehmlich in kalten, unwirtlichen Gebieten hing das Überleben ganzer Populationen von der Fertigkeit ab, Feuer zu entfachen und es angemessen zu hüten. Das Feuer wurde zum Lebenselixier und mit ihm auch die Feuerstelle zum Zentrum jeglichen sozialen, religiösen und lebenserhaltenden Geschehens. Feuer zu entzünden, zu nutzen und zu beherrschen, das war die Trias, die den Menschen zu dem machte, was er heute ist.

So ist es nicht verwunderlich, dass der Vergleich des Lebens mit dem Feuer, diesem dienstbaren, licht- und wärmespendenden Element, seit der Antike aus fast allen Kulturkreisen bekannt ist. In zahlreichen Mythen, Religionen und Bräuchen spiegelt sich die Bedeutung des Feuers oftmals in Form einer Welterklärung wider.

Wenden wir den Blick zunächst auf die antiken Mythologien. Als einer der prominentesten altgriechischen Vertreter sticht wohl Prometheus, wörtlich übersetzt der „Vorausdenkende", hervor. Dieser Rebell und Wohltäter erbeutete gegen den Willen des Göttervaters Zeus das Feuer von Helios' Sonnenwagen für die von ihm so geliebten Menschen.

1 Nietzsche, 1887, Die fröhliche Wissenschaft, http://www.nietzschesource.org/#eKGWB/FW (abgerufen 01.05.2020).

Bei den Römern war es Vesta, die als Hüterin des Herdfeuers verehrt wurde. Im Hinduismus genoss Agni, als Feuerform des Göttlichen und einer der wichtigsten Götter der Vedischen Religion, höchste Verehrung. In der ägyptischen Kosmogonie besteht ein enger Zusammenhang zwischen Feuer und Sonne; Gott Re kann auch als „Flamme" bezeichnet werden. Auch die Israeliten sahen das Leben als Funken (1. Kön. 11,36) und sein Erlöschen als den Tod (2. Sam. 14,7) an.[2, 3]

Sowohl im Alten als auch im Neuen Testament finden wir zahlreiche Gotteserscheinungen die von Feuer begleitet werden: sei es der feurige Dornbusch, die Feuersäule oder der Heilige Geist am Pfingsttag der „in Zungen wie von Feuer" auf die Jünger herabkam.

Die Meisterung des Feuers, aber auch die Widerstandsfähigkeit gegen extreme Hitze oder Kälte von außen, galten als Indiz für die Überwindung der menschlichen Natur, der irdischen Existenzform. Derjenige, der all dies beherrschte, konnte demnach nur einer anderen Daseinsweise angehören. Obwohl die Nutzung des Feuers im alltäglichen Gebrauch zu den ersten Kulturleistungen gehört, fällt das Phänomen des Umgangs mit diesem Element dennoch in den Bereich des Sakralen. Das rituelle Entfachen und die Aufsicht über das zentrale Feuer waren bestimmten Personen vorbehalten und von exakt einzuhaltenden Riten begleitet.[4]

---

2 Krebernik, 2012, Götter und Mythen des Alten Orients, S. 68 f.

3 Luthers Übersetzung von 1545:
1. Kön. 11,36
Auff das Dauid mein Knecht fur mir ein Liecht habe allewege / in der stad Jerusalem / die ich mir erwelet habe / das ich meinen Namen dahin stellet.
2. Sam. 14,7
Vnd sihe / nu stehet auff die gantze Freundschafft wider deine Magd / vnd sagen / Gib her den / der seinen Bruder erschlagen hat / das wir jn tödten fur die ſeele ſeins Bruders / den er erwürget hat / vnd auch den Erbenvertilgen / Vnd wöllen meinen Funcken ausleschen der noch vbrig ist / das meinem Man kein name vnd nichts vbrigs bleibe auff Erden.

4 Vertiefendes dazu findet sich im Kapitel: *Genosse und Widersacher des Teufels, Schmied als Tabu.*

Der Religionswissenschaftler Mircea Eliade präzisiert:

> *Das Feuer war die Manifestation einer magisch-religiösen Kraft, welche die Welt verwandeln konnte und infolgedessen nicht dieser Welt angehörte. Das ist der Grund, weshalb schon die archaischen Kulturen den Repräsentanten des Sakralen – den Schamanen, den Medizinmann, den Zauberer – für einen Meister des Feuers halten.*[5]

Reinigendes Feuer

Mannigfaltig und vielschichtig ist das ethnologische, religiöse und historische Material, das die rituelle Verwendung des reinigenden Feuers belegt. Dieses Element, das bis in die Anfänge menschlicher Kulturgeschichte zurückführt, ist auch noch in unserer Zeit, beispielsweise zu Ostern, in der Walpurgisnacht oder zur Sonnwendfeier, mit großen Traditionen behaftet. Brennende Kerzen, Fackeln, Räder, Strohpuppen haben sich in Brauchtum, Religion und Kultur gehalten. Der widersprüchliche Charakter des Feuers zeigt sich einerseits bei heiligen Opfer- oder kultischen Freudenfeuern und offenbart sich andererseits als Attribut der christlichen Vorstellung des Höllenfeuers, einem Ort ewiger Verdammnis und Luzifers persönlich. Die Imagination einer Läuterung durch das Purgatorium entstand aus der lebendigen Erfahrung der zerstörerischen Gewalt – aber auch des reinigenden Charakters des Feuers. Diese ambivalente Kraft begegnet uns in Opferkulten, bei historischen Hexenverbrennungen, aber auch bei religiös-mystischen Gerichts- und Endzeitvorstellungen.

Der schöpferischen Kraft des Feuers war sich auch Paracelsus, der große Arzt und Alchemist, der eigentlich Theophrastus Bombast von Hohenheim (1494–1541) hieß, bewusst: „Alchemie ist die Kunst zu finden, was dem Feuer möglich ist und was durch das Feuer geschehen kann, dem Menschen zum Besten, durch wunderbare Verwandlung und Zubereitung der natürlichen Dinge." So lehrte er die Kunst

5 Eliade, 1980, Schmiede und Alchemisten, S. 83.

mit dem Feuer zu denken, durch Feuer zu reinigen, zu verwandeln und die Natur zu erkennen.[6]

Gezähmtes Feuer

Samt all seinen vernichtenden und furchterregenden Eigenschaften nimmt neben den großen, mit Feuern begangenen Festen die Heiligkeit des Herdfeuers einen besonderen Platz ein. Bis heute stellt es eine Metapher für das traute Heim dar. Ganz klar tritt hier der alte Gegensatz zwischen dem wilden, gefährlichen Feuer zutage, zu dem auch der Blitz gehört, und dem zahmen Hausfeuer, das für Wohlbefinden und Geborgenheit sorgt. Das domestizierte Feuer spendet dabei auch Licht, Wärme und die Möglichkeit zur Orientierung im Dunkel der Nacht.

Doch das große Prometheus-Geschenk wäre alleine mit Wärme, Schutz und Nahrung noch unzureichend erfasst. Nach Mircea Eliades mythologischer Interpretation hat der menschliche Eingriff in den Leib von Mutter Erde zu einem Paradigmenwechsel der Wertigkeiten geführt. Denn ab jetzt wurde das Feuer nicht länger nur um seiner selbst willen verehrt, sondern als Werkzeug, als Mittel der Macht, um direkt und indirekt auf die natürliche Umwelt einzuwirken. Das gezähmte Feuer ist gleichsam Geburtshelfer der technischen Zivilisation.[7]

Der gesamte Komplex um das Feuer ist derartig umfangreich, dass er kaum angemessen betrachtet werden kann. In unserem profanen Alltag ist dieses Element in all seiner Ambivalenz, als Wärme- und Lichtquelle, als lebensspendendes Herdfeuer und nützliche Kraft der Handwerker, aber auch in seinen unkontrollierbar zerstörerischen Eigenschaften bis heute fester Bestandteil menschlicher Existenz.

---

6 Soentgen, 2015, Wie man mit dem Feuer philosophiert, S. 9.

7 Eliade, 1980, Schmiede und Alchemisten, S. 49 f.

Tabuisiertes Feuer

Der große Titan Prometheus brach durch den Raub des Feuers ebenso ein Tabu, wie die ersten Erdenmenschen, als sie den Apfel vom Baum der Erkenntnis aßen. Erst der Tabubruch, das Übertreten eines von Gott gesetzten Gebots brachte Mündigkeit, Autonomie und Selbstverantwortung in die Welt.

Dieser Geist der Vergangenheit begleitet uns zuweilen bis in die Gegenwart. Mancherorts hält sich ungebrochen der volkstümliche Glaube, dass das Feuer ein lebendiges, heiliges aber auch gefährliches Wesen sei, das den Menschen zürnen kann, die sich eines Versäumnisses schuldig machen. Nur durch Opfer, Gebet und Ehrerbietung kann es günstig gestimmt und besänftigt werden.

Glühende Sprachbilder

Will man nun das Tabu des Feuers verstehen, lohnt sich an dieser Stelle ein kleiner Exkurs in die Sprachwissenschaft. Der Respekt vor dem Feuer als lebendes, fühlendes Wesen äußert sich in zahlreichen Kulturen durch sprachliche Neubildungen, die als Ersatz für das Unaussprechliche dienten. Einerseits um eine Verwechslung des hilfsbereiten, lebenspendenden Herdfeuers mit dem wilden ungezähmten Feuer zu vermeiden, andererseits um die Besänftigung eines mystischen, der Flamme innewohnenden Geistes zu erwirken.[8]

Beispielsweise wird das Feuer in Weißrussland als „das Warme, der Glanz oder Schein", im Ukrainischen „das heilige Zischen, Reichtum und Gast" vorsichtig umschrieben. Auch im deutschen Sprachgut ist Feuer eine starke Metapher, die in ihrer Ambivalenz sowohl für Kraft, Macht als auch für Zerstörung und Liebe steht. In metaphorisch-bildlicher Übertragung dient Feuer oft zur Beschreibung zwischenmenschlicher Regungen, als Ausdruck heftiger Emotionen wie Wut, Liebe oder Zorn.[9]

8 Havers, 1946, Neuere Literatur zum Sprachtabu, S. 67.

9 Zelenin, 1929/30, Tabu slov u narodov vostocnoj Evropy i servernoj Azii I-II, S. 142 f.

Feurige Sprichwörter, Redensarten und Metaphern sind organische Bestandteile unserer heutigen Alltagssprache: So scheut man das Feuer wie ein gebranntes Kind, gießt Öl hinein, spielt damit oder schürt es, achtet darauf, sich nicht die Finger zu verbrennen, ist dennoch bereit, für einen Freund die Hand hineinzuhalten. Um sicher zu gehen, hat man gleich mehrere Eisen im Feuer. Hochaktuell haben Fake-News oder Hoaxe Potenzial, sich wie ein Lauffeuer zu verbreiten. Heute wie damals lieben wir mit Feuer und Flamme, gehen für einen geliebten Menschen durchs Feuer und holen sogar Kastanien für ihn aus den emporschießenden Flammen heraus.

Lebende und sterbende Flammen

In zahlreichen Sprachen äußert sich der Respekt vor dem Feuer als lebendem Wesen in einer poetischen Metapher in der Bedeutung „lebendig machen". Einen spannenden Hinweis auf die gebotene Ehrfurcht beim sakralen Akt des Anzündens findet sich bei Zelenin: „Wenn man sich im Moment des Anzündens des Feuers umdreht oder mit jemandem spricht, flieht das Feuer aus dem Ofen."[10]
Nicht nur das Feuer, auch die lodernde Flamme selbst wird als Zeichen für Leben verstanden. Diese Metapher begleitet uns in zahlreichen sprachlichen Wendungen: Stirbt die Flamme, so erlischt sie von selbst, ein natürlicher Vorgang wie das Sterben, für den die Indogermanen im Gegensatz zu einem gewaltsam herbeigeführten Tod einen besonderen Ausdruck geprägt haben: Man spricht vom Tode des Lichts, „die Kerze stirbt", wie es auch im Italienischen *morire* für erlöschen heißt. Der Ausruf des niedersächsischen Bauern: „De Lampen is dot!", ist nur in diesem Sinne zu verstehen.

Havers liefert hierzu eine interessante sprachwissenschaftliche Ergänzung. Das Löschen der Flamme mit einfachen Worten direkt zu bezeichnen ist in zahlreichen Kulturen ein schweres Tabu. Bei den Armeniern wird die Flamme stattdessen gesegnet, bei den Slawen

10 Zelenin, 1929/30, Tabu slov u narodov vostocnoj Evropy i servernoj Azii I-II, S. 142-144.

gekürzt, zur Ruhe gebracht oder einfach entlassen, nachdem sie ihre Pflicht getan hat. Bemerkenswert ist die Umgehung im Lateinischen, *ignem pacare* im Sinne „das Feuer zu beruhigen", als Synonym für *sedare*, wie es sich in zahlreichen Wendungen vorfinden lässt.[11]

Der Romanist Andreas Blank belegt, dass das französische *tuer* in der Bedeutung „töten" vom lateinischen *tutare* (beschützen, bewachen) kommt, im Sinne von „das Feuer zu bewachen, es zu beschützen und die Flamme auszulöschen". Dieser lexikalische Bedeutungswandel wurde erst nach und nach auf Menschen übertragen: „einen Menschen auslöschen wie eine Flamme". Ebenso heißt es auch im Deutschen, „jemandem das Lebenslicht ausblasen".[12]

Schon bei den Römern war es Brauch, die Lampe nicht auszulöschen, sondern sie von selbst ausgehen zu lassen. Von einem tiefen Verständnis für die mystische Gedankenwelt zeugt die Frage des großen griechischen Schriftstellers und Philosophen Plutarch.

> *Warum löschten die Römer kein Licht aus, sondern ließen es von selbst ausgehen? Etwa, weil sie das Licht als mit dem ewigen und unauslöschlichen Feuer verwandt und gleichsam verschwistert ehrten? Oder liegt auch darin ein Zeichen, nichts Lebendes, wenn es unschädlich ist, zu verderben oder zu töten? Denn das Feuer gleicht einem lebenden Wesen, da es der Nahrung bedarf, sich von selbst bewegt und beim Auslöschen, gleich als wenn es getötet würde, einen Laut von sich gibt. Oder soll uns diese Gewohnheit belehren, dass wir weder Feuer noch Wasser noch andere notwendige Dinge, deren wir genug haben, sie auch anderen, die ihrer bedürfen, zum Gebrauche überlassen müssen?*[13]

Bekannt ist auch die überschwängliche reine Freude an der Natur des Heiligen Franz von Assisi, der die Schönheit von Feuer und Licht derartig bewunderte, dass er niemals gerne ein Licht auslöschen oder

11 Havers, 1946, Neuere Literatur zum Sprachtabu, S. 64 -78.

12 Blank, 2001, Einführung in die lexikalische Semantik für Romanisten, S. 74.

13 Plutarch, 1935, Moralische Schriften, S. 315.

eine Lampe ausblasen wollte. Als einmal das Feuer seine Kleider erfasst hatte, wollte er es nicht löschen, um dem „Bruder Feuer" sein Fell nicht vorzuenthalten, das er „fressen wollte".[14]

Bis heute noch soll in feierlichen Momenten der gewaltsame Eingriff in das Leben des Lichtes vermieden, das Auslöschen der Flamme nach Möglichkeit in sensibler und rücksichtsvoller Weise geschehen. Unter Zuhilfenahme eines Löschhorns beispielsweise kann die Flamme sanft „einschlafen".

Relikte längst vergessener Tabuvorstellungen finden sich auch in der Sitte, die Geburtstagstorte mit Kerzen zu schmücken, deren Anzahl derjenigen der Lebensjahre gleichkommt. Hierzu gehört der alte Volksglaube, dass man die Lebenslichter nicht ausblasen dürfe, sondern – zumindest eines davon, die Lebenskerze – zu Ende brennen lassen müsse. Bis heute darf allein der Jubilar die Kerzen auslöschen und beim Ausblasen an die Erfüllung eines langersehnten Wunsches denken. Mag sein, dass dahinter der Glaube an eine freiwerdende Kraft verborgen ist.

Auch im Umgang mit Tauf- und Totenlichtern haben sich Reste dieses Löschverbotes erhalten, das auf eine sympathetische Beziehung zwischen der Leuchtdauer der Kerze und der menschlichen Lebensdauer hinzuweisen vermag.[15]

Diese sonderbare Verbindung zwischen Flamme und Leben ist auch im Hausmärchen „Der Gevatter Tod" zu lesen. Die Brüder Grimm lassen viele tausend Kerzen in der Höhle des Todes brennen, deren unterschiedliche Länge die verstrichene Lebenszeit der durch die Kerzen symbolisierten Menschen darstellt.

> *„Siehst du", sprach der Tod, „das sind die Lebenslichter der Menschen. Die großen gehören Kindern, die halbgroßen Eheleuten in ihren besten Jahren, die kleinen gehören Greisen. Doch auch Kinder und junge Leute haben oft nur ein kleines Lichtchen."*[16]

14 Jörgensen, 1908, Der heilige Franz v. Assisi, S. 590 u. S. 631.

15 Freudenthal, 1931, Das Feuer im deutschen Glauben und Brauch, S. 172.

16 https://www.grimmstories.com/de/grimm_maerchen/der_gevatter_tod (abgerufen 15.05.2020).

Eine interessante Ergänzung bietet ein Blick in die bildende Kunst: Symbolisch wählte die griechische Kunst die Darstellungsform der umgestürzten und erloschenen Fackel für den Tod. In den niederländischen Stillleben des 17. und 18. Jahrhunderts wurden Kerzenlöscher als Vanitas-Symbol für die Vergänglichkeit des Lebens und den drohenden Tod verwendet, als eine Art *Memento mori*. In der populären Druckgrafik, insbesondere der Karikatur des 19. Jahrhunderts dienten Löschhütchen als Sinnbild für das Auslöschen einer Lebensflamme.[17]

Feuer als Prüfung

Nicht nur im kultischen Brauchtum und in Ritualen werden Reinigung durch Feuer und Wasser, Mutproben und Standhaftigkeit verarbeitet. Im Musiktheater hat die Feuerprobe durch die *Zauberflöte* prominenten Eingang gefunden: Mozart lässt Pamina und Tamino die Wasser- und Feuerprobe bestehen. So führen die zwei Geharnischten die beiden zu ihrer dritten und letzten Prüfung, in der sie zwischen loderndem Feuer und tobendem Wasser zwei finstere Berge zu durchschreiten haben.

Schon im antiken griechischen Roman „Die Abenteuer der schönen Charikleia" aus dem 3. Jahrhundert, der als Ursprung der Zauberflötenthematik diente, erleben wir die Abenteuer des Liebespaares Chariklea und Theagenes. Das Werk stammt von Heliodorus aus Emesa. Auch sie müssen eine Feuerprobe bestehen und wollen nicht ohne einander bis ans Ende gehen. Wie Tamino und Pamina sind sie entschlossen: „Weil es der Wille der Gottheit ist, dass ich Leben und Tod mit diesem Manne teile."

Auch in der „Geschichte des egyptischen [sic!] Königs Sethos", einem Fantasie-Roman des 1750 verstorbenen französischen Kulturphilosophen Jean Terrasson über die Initiation des ägyptischen Prinzen Sethos, steht am Ende eine Wasser- und Feuerprobe.[18]

17 Fischer, 1994, Wer löscht das Licht? Europäische Karikatur und Alltagswelt, 1790–1990.

18 Sichrovsky, 2013, Mozart, Mowgli, Sherlock Holmes, S. 77-92.

Das gemeisterte Feuer – Medium in der Königlichen Kunst

Als Versinnbildlichung von Wiedergeburt, Erleuchtung und Weisheit bildet das Lichtsymbol ein archaisches Element aller Mysterienkulte. Das Licht der Flamme in seiner Vielfalt erleuchtet, erwärmt, erlaubt eine feierliche Überhöhung des Alltäglichen und vermag ein Tor zu höherer Erkenntnis zu öffnen.

Der Journalist und Autor Dieter E. Zimmer erkennt darin sogar ein Stück menschlicher Entwicklung: „Etwas in uns antwortet mit einer irrationalen Hochstimmung auf den Anblick eines Feuers. Ich halte es für plausibel, daß unsere Ururahnen die Liebe zum beherrschten Feuer lernten, weil das ihre Überlebenschancen vergrößerte […], daß die größeren Reproduktionschancen hatte, wer diese lebensentscheidende Faszination und Liebe aufbrachte.“[19]

In der Freimaurerei, die in ihrem Kern als Suche nach dem Licht gesehen wird, ist dieses von eminenter Bedeutung. Ob nun auf dem Weg zum Lehrling, Gesellen oder Meister – die facettenreiche Lichtsymbolik begleitet den Freimaurer sein ganzes Leben lang: Schon in der dunklen Kammer begegnet dem aus der Dunkelheit der Materie kommenden Neophyten die brennende Kerze als Symbol der Vergänglichkeit.

Zu Beginn der rituellen Arbeit entzünden der Meister vom Stuhl und seine beiden Aufseher auf überlieferte Art und Weise die kleinen Lichter der Weisheit, Stärke und Schönheit. Am Ende des Rituals werden die zuvor entzündeten Kerzen in umgekehrter Reihenfolge wieder gelöscht. Die Kerzen dabei auszublasen wäre ein Tabubruch. Bis heute geschieht dies daher in einer besonders achtsamen Weise mit einem Löschhütchen, das über die Flamme gestülpt wird – keinesfalls mit dem Ziel zu verhindern, dass flüssiges Wachs auf den Boden tropfen könnte. Die Flamme darf einschlafen, langsam erlöschen, bedachtsam wird abgewartet, dass der im Hütchen enthaltene Sauerstoff verbraucht ist. Eine archaische, unbewusste Rücksichtnahme auf die

19 Zimmer, 1998, in: https://www.wissenschaft.de/allgemein/das-goettliche-werkzeug/ (abgerufen 19.06.2020).

Flamme, vermutlich geboren aus Respekt vor diesem heiligen Element.

Einzig im Meistergrad, im Zuge der Erhebung werden in manchen Ritualen die Kerzen im Osten am Pult des Meisters vom Stuhl mit einem kräftigen, hörbaren Atemstoß ausgeblasen: als kruder Hinweis auf Hirams bevorstehenden, gewaltsamen Tod.

Die masonische Feuerprobe

Vor allem in historischen Ritualen und gegenwärtig in hermetisch-schottischen Systemen findet sich das Symbolelement der Feuerprobe an prominenter Stelle: als Metapher der Regeneration, der Reinigung und Läuterung. Die Reisen des Neophyten sind uraltes Kulturgut der Initiation, mystische Wanderungen aus dem Dunkel ins Licht, immer mit Handwerksgebräuchen in Verbindung stehend. So dient auch hier die symbolische Berührung des Neophyten mit dem Feuer, dem irdischen Träger der Flamme und des Lichts, der Reinigung dazu, durch dieses Übergangselement zum Transzendenten zu gelangen. Darüber hinaus soll die Feuerprobe ein Anstoß sein, für edle und aufopferungsfähige Lebensführung zu entbrennen.

Mit gutem Grund hat die Freimaurerei das Bild des Feuers für sich in Anspruch genommen. Zahlreiche Logennamen bürgen für eine tiefe Verbindung zu diesem autonomen und widersprüchlichen Element: „Prometheus", „Vesta zum heiligen Feuer", „St. Alban zum Æchten Feuer in Hoya" oder „Aurora", um nur einige zu nennen.

Die Metapher des Feuers machte auch vor leiblichen Genüssen keinen Halt. Die freimaurerischen Trinkgefäße, die sogenannten Kanonen, hießen im 18. Jahrhundert „Feuergläser" (*firing glasses*). Bei feierlichen Weißen Tafeln wurden sie in Begleitung pathetischer Toasts auf die Tische gewuchtet. Ihr Ursprung ist in den symbolischen Salutschüssen aus Kanonen zu vermuten, die den guten Wünschen zur Verstärkung mit auf den Weg gegeben wurden.[20]

20 Webseite der Loge St Alban zum Æchten Feuer. In: http://www.loge-hoya.de/index.php?id=118 (abgerufen 20.05.2020).

„Nun dann! – Du wirst mir unbegreiflich"

Gotthold Ephraim Lessings verschlüsselte Worte aus seinem Spätwerk „Ernst und Falk" sollen den literarisch-masonischen Abschluss dieser Betrachtung bilden. Er führt uns im zweiten Gespräch, dessen Hauptthema die gesellschaftliche Ordnung im Staat ist, zu folgendem zunächst rätselhaften Gleichnis:

> *ERNST: Wer des Feuers genießen will, sagt das Sprichwort, muss sich den Rauch gefallen lassen.*
> *FALK: Allerdings! – Aber, weil der Rauch bei dem Feuer unvermeidlich ist: durfte man darum keinen Rauchfang erfinden? Und der den Rauchfang erfand, war der darum ein Feind des Feuers? – Sieh, dahin wollte ich.*[21]

Auf der steten Suche nach Wahrheit und Erkenntnis wissen Freimaurer um die menschlichen Unzulänglichkeiten, Brüche und Dissonanzen dieser Welt, um den Qualm des Rauchs. Ihre Bestimmung ist es, sich unvermeidlichen Übeln zu stellen, eine Haltung zu entwickeln, die es ermöglicht, das Trennende in Respekt anzuerkennen und das Gemeinsame stärker zu gewichten. Dafür steht die Metapher des Rauchfangs, durch den das reine Feuer der Wahrheit erblickt werden kann.[22, 23]

---

21 Lessing, 1981, Ernst und Falk, S. 48.

22 Hüskens-Hasselbeck, 1978, Stil und Kritik, S. 126.

23 ad *Wahrheit*: Lessing: „Nicht die Wahrheit, in deren Besitz irgendein Mensch ist oder zu sein vermeinet, sondern die aufrichtige Mühe, die er angewandt hat, hinter die Wahrheit zu kommen, macht den Wert des Menschen." In Lessing, 2001, Ernst und Falk. Gespräche für Freimaurer, S. 12-66.

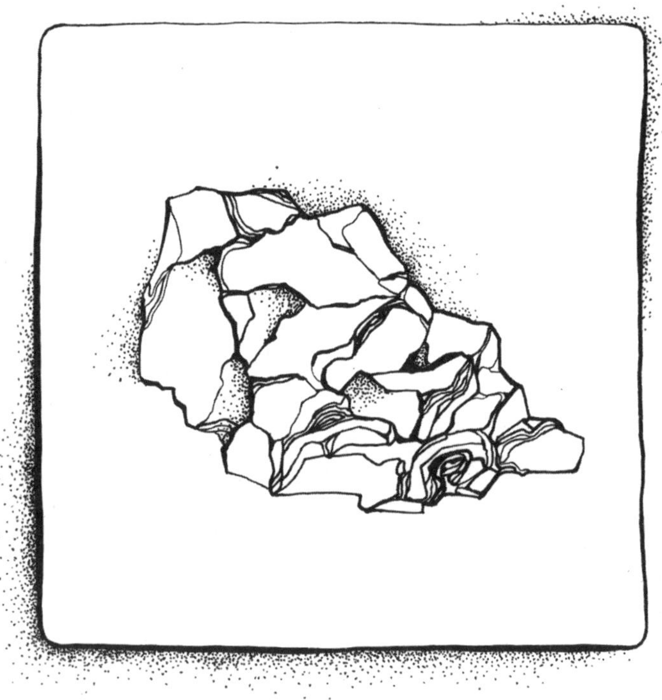

Vom Eisen des Himmels

Metall als Tabu

Schon im Altertum rankten sich zahlreiche Legenden und Mythen um den Zauber des Eisens. Der bekannte römische Chronist Plinius lässt die Zyklopen das Schmieden des Eisens erfinden, Homer spricht in der Ilias vom Eisengetöse des Kampfes, aber auch bei Hesiod, Horaz und Ovid finden sich zahlreiche literarische Hinweise für die antike Stahlherstellung, die unser heutiges Bild von Eisen und Stahl als Metapher für Härte, Disziplin, Zuverlässigkeit und Kraft prägen.[1]

Eisen, als Hauptbestandteil unseres Erdkerns und Element der Erdkruste, zählte schon um 1000 v. Chr. zu den ältesten und bekanntesten Rohstoffen. Das aus abgebautem Erz gewonnene Eisen diente zur Herstellung von Waffen, Werkzeugen und landwirtschaftlichen Geräten. Unedel hinsichtlich seines Charakters als Metall, hochbegehrt auf Grund seiner Härte und Beständigkeit, etablierte es sich schon früh zum Symbol der Unbeugsamkeit und der Stärke; von jeher verbunden mit dem Zauber des Numinosen und Unberechenbaren zugleich. Doch lange bevor das Schmelzverfahren entwickelt und Eisen aus Erz gewonnen wurde, sorgte das bereits vor der Eisenzeit bekannte und wegen seiner Seltenheit hochgeschätzte Meteoriteneisen, das sogenannte „Himmelseisen“ für reiche Mythenbildung. Selbst die Etymologie bestätigt, dass das sumerische Wort *An Bar* der älteste Begriff für Eisen im Sinne des „himmlischen Metalls“ gewesen ist. Es setzt sich aus den Zeichen für *Himmel* und *Feuer* zusammen.[2, 3]

Diese Vorstellung findet sich auch im alten Ägypten, dort wurde es *bj-n-pt* (Eisen des Himmels) genannt. Ähnlich bei den Azteken, die

1 Raabe, 2019, Die Mythen der Metalle, 2019, S. 137-140. In: http://www.mpg.de http://www.mpie.de http://edoc.mpg.de/ (abgerufen 20.03.2020).

2 „Himmelseisen“: Eliade, 1980, Schmiede und Alchemisten, S. 22-23.

3 *An Bar*: Ünsal, Pulak, 2005, S. 493-502.

von Hernán Cortéz nach der Herkunft ihrer Messer gefragt, wissend auf den Himmel gedeutet haben sollen.[4]

Die Hochkulturen der Maya und Inka bearbeiteten dieses meteoritische Eisen und schätzten es höher als Gold. Wegen seiner Rarität und seines besonderen Wertes war es geradezu prädestiniert für die Herstellung von Schmuck und Kultgegenständen.

Eisen als Macht des Bösen

Schon mit dem Moment seines Eintritts in die Kulturgeschichte umgab das Eisen aufgrund seiner meteorischen, also himmlischen Herkunft der hohe Nimbus des Sakralen, aber auch des Gefährlichen, des Bösen, das mit unterirdischen Mächten verbunden war. Ein Blick auf die antiken Kulturen bestätigt den archaisch-mythologischen Charakter des Eisens, dem wir in zahlreichen Verboten und Tabuisierungen begegnen.

Bereits im alten Ägypten gab es das Verbot, bei rituellen Schlachtungen von Opfertieren eiserne Instrumente zu verwenden. Hier kam der scharfe Feuerstein zum Einsatz, denn Eisen galt als ein Attribut der starken Gottheit Seth, eines auf mythologischer Ebene gnadenlosen Gottes der Gewalt, aber auch des Chaos und der Metalle. Metaphorisch wurden Eisenerze als die „Knochen des Seth" bezeichnet.

Auch im alten China und im Islam erblickte man einst in diesem Metall die Macht des Bösen, bei den Germanen galt Eisen als Symbol der Knechtschaft. Sogar in Italien findet sich eine Bestätigung dieses Glaubens: Die älteste Brücke im alten Rom, der für heilig gehaltene „Pons Sublicius", eine reine Holzkonstruktion, durfte nicht mit eisernen Werkzeugen ausgebessert werden.[5, 6]

Dank dieses „himmlischen Metalls" konnten Steinmetze, Zimmerleute, Kupfer- und Goldschmiede ihre Materialien feiner, schneller und dauerhafter bearbeiten. Kulturen, die kein Eisen kannten,

4 Vgl. Johannsen, 1953, Geschichte des Eisens, S. 6-11.

5 „Pons Sublicius": Zacharias Platner, 1842, Beschreibung der Stadt Rom, S. 5.

6 Ad *Islam*: Schienerl, 1989, Eisen als Kampfmittel gegen Dämonen, S. 486-522.

waren enorm benachteiligt und konnten nicht am Fortschritt mit Eisen als Werkstoff teilhaben.[7]

Heute weiß die Wissenschaft ob der Bedeutung und Omnipräsenz dieses beständigen Elements, das im gesamten Universum und auf der Erde mit einer Vielfalt von komplexen Aufgaben für unser menschliches Leben vorkommt. Immerhin tragen wir alle annähernd 4,5 Gramm des essenziellen Spurenelements Eisen in unserem Körper mit uns.

Mythische Metalle

Anregendes, aber auch zur Skepsis mahnendes Gedankengut rund um die Kunst der Eisengewinnung findet sich bei Mircea Eliade, einem der faszinierendsten und wohl auch umstrittensten Religionsgelehrten des 20. Jahrhunderts. In seinem Buch „Schmiede und Alchemisten“ geht Eliade den frühen Vorstellungen über Metallurgie und Schmiedekunst auf den Grund. Dabei lässt er sich auf der Suche nach dem Geheimnis der Welt zu kühnen anthropomorphen Metallmythen hinreißen. In einer Atmosphäre des Zaubers beschreibt er den Schmelzvorgang einem Schöpfungsakt gleich, bei dem sich feminine und maskuline Erze zu einer Einheit verbinden, wie Feuer und Wasser. Selbst der Abbau der Erze ist voller Mystik, durch strenge Reinheitsgebote, besondere Rituale und Tabus reglementiert.[8]

Gefährliche Berührungen

Das Tabu des Eisens stammt wohl aus den Zeiten, als dieses Metall noch mit einer heiligen Scheu betrachtet wurde, weil es fremd war und Misstrauen erregte. So durften Könige und Personen, die für den Erhalt der Gesellschaft wichtig waren, keinesfalls mit diesem Metall in Berührung kommen, denn – so der Glaube – auch die Götter seien gegen diesen Stoff abgeneigt und könnten die Menschen mit Unglück

7 Küster, 1998, Die Geschichte des Waldes, S. 120.

8 Eliade, 1980, Schmiede und Alchemisten, S. 37-58.

strafen. Diese Vorsichtsmaßnahmen, die dem Schutze des Königs dienten, glichen oft – so James G. Frazers Beobachtung – jenen von Privatpersonen, waren jedoch für Herrscher um vieles diffiziler. Bei Priestern und Herrschern könnte dieses neue Material auch deshalb eine abergläubische Ablehnung ausgelöst haben, da mit dem Eisen eine Waffe im Umlauf war, die auch gegen Götter und gottähnliche Machthaber eingesetzt werden konnte.[9]

Vielleicht findet sich darin der Ursprung jener Ambivalenz, nach der Gegenstände aus Eisen einerseits zur Verbannung von und andererseits zum Schutz vor Geistern und anderem gefährlichen Zauber dienten. Bis in unsere Tage hat sich in zahlreichen Ländern der Volksglaube erhalten, böse Geister und Dämonen durch eiserne Formen abwehren zu können.[10]

Tempelbau ohne Eisen – das alttestamentarische Metallverbot

Mit einem Blick in das Alte Testament wollen wir den Spuren dieses mystischen Tabus auf seinem Weg in die Königliche Kunst folgen. Beginnen wir zunächst mit dem salomonischen Tempelbau, dessen exakte Beschreibung in 1. Könige 5-8, 2. Chronica 2-8 die Basis für die Übertragung der alttestamentarischen Berichte auf die späteren Bauhüttenvorstellungen legte. Blättern wir in dieser Baubeschreibung (1. Könige 6.7), so findet sich eine erste für unsere Tabuforschung aufschlussreiche Stelle:

> *Und da das Haus gesetzt ward, waren die Steine zuvor ganz zugerichtet, daß man kein Hammer noch Beil noch irgend ein eisernes Werkzeug im Bauen hörte.* (Luther 1912)[11]

9 Frazer, 1989, Der goldene Zweig, S. 325-331.

10 Glunk, 1997, Das große Lexikon der Symbole, S. 92-106.

11 Luthers Übersetzung von 1545:
VND da das Haus gesetzt ward / waren die Stein zuuor gantz zugericht das man kein Hamer noch Beil / noch jrgend ein eisen Gezeug im bawen hörete.

Diesem Bericht ist zu entnehmen, dass beim Bau bewusst auf Eisen als Hilfsmittel verzichtet wurde. Kein störendes Geräusch, kein eisernes Werkzeug sollte wahrgenommen werden. Die Steine sollten sich derart aneinanderfügen, dass sie ohne weitere Verbindung fest zusammenhielten. Die Baulegende berichtet des Weiteren, dass Friede und Eintracht um diesen Bau geherrscht habe. Kein Arbeiter soll während des Baues erkrankt sein oder sein Leben gelassen haben.[12]

Wie aus dem Zweiten Buch Mose hervorgeht, war der Gebrauch eiserner Geräte explizit verboten (2. Mose 20,25):

> *Und so du mir einen steinernen Altar machen willst, sollst du ihn nicht von gehauenen Steinen bauen; denn wo du mit deinem Messer darüber fährst, so wirst du ihn entweihen.* (Luther, 1912)[13]

Wo liegt der historische Ursprung dieses Verbots?

Auf der Suche nach dem Ursprung dieser biblischen Verbote, lohnt es sich ein wenig tiefer zu schürfen und einen Blick auf die Historie des alten Israel zu werfen. Obwohl der Zusammenbruch der Kulturen der Bronzezeit um 1200 v. Chr. als „größte Katastrophe der Antike" beschrieben wurde, begann für Israel eine Blütezeit, in der es den Israeliten gelang, aus dem Chaos zerfallender Reiche herauszutreten und als auserwähltes Volk einen bedeutsamen Platz in der Weltgeschichte einzunehmen.[14]

Israel wuchs und florierte und war seinen Nachbarn bald ein Beispiel für eine bessere Lebensweise. Selbst besaßen die Israeliten jedoch kein Eisen, es musste bei den feindlichen Philistern angekauft werden. Demzufolge galt bei den Israeliten jeder, der Eisen bearbeitete, als Mensch allertiefsten Standes, als „Götzenmacher". Vermutlich

12 Frick, 1975, Licht und Finsternis, Band 1, S. 311 f.

13 Luthers Übersetzung von 1545:
Vnd so du mir einen steinern Altar wilt machen / soltu jn nicht von gehawen steinen bawen / Denn wo du mit deinem Messer drüber ferest / so wirstu jn entweihen.

14 Drews, 1995, The End of the Bronze Age, S. 4.

begründet sich das Metallverbot darin, sich von den feindlichen Völkern unabhängig zu machen.

Eisen entheiligt den Stein

Ganz andere Wege, um das Metallverbot zu erklären, geht der ungarische jüdische Gelehrte Ludwig (Lajos) Blau, Professor an der Landes-Rabbinerschule in Budapest. Er weist im Vorwort seines Buches „Das altjüdische Zauberwesen" darauf hin, dass Zauberei dem jüdischen Volk verboten gewesen sei. Der bewusste Verzicht auf Eisen sollte jede Verbindung zur Magie von vornherein ausschließen.[15]

Der Überlieferung zufolge glaubte Salomo an den göttlichen Befehl, demnach Stein nicht mit Eisenwerkzeugen bearbeitet werden durfte, da Eisen den Stein entheilige. So mussten ersatzweise Kupfer- und Bronzehämmer benutzt werden, um dem Gebot Genüge zu tun.

15 Im Kapitel „Zaubermittel" führt Ludwig Blau dazu aus:
„Unter den Metallen tritt am meisten das Eisen hervor. Es bricht in hervorragendem Masse Zauber. Gespenster fürchten sich vor ihm. Eine ähnliche Bedeutung hatte das Eisen auch bei den alten Juden, wie aus den nachstehenden Beispielen erhellt. ‚Wenn man die bösen Geister sehen will, nehme man die Nachgeburt einer erstgeborenen schwarzen Katze, die die Tochter einer erstgeborenen schwarzen Katze ist, verbrenne diese und zerreibe sie und gebe aus der Asche in's Auge, dann sieht man die bösen Geister. Die Asche gebe man in ein eisernes Rohr, versiegele es mit einem ehernen Siegel, sonst könnten die Dämonen es stehlen. Man verschliesse den Mund, damit man nicht beschädigt werde. R. Bibi bar Abaji that so und wurde beschädigt, die Rabbinen beteten für ihn, da wurde er geheilt.' Siegel und Rohr müssen also aus Eisen sein, weil dies Metall die Dämonen abwehrt. … Die Mücke, welche Titus, wie ein Dämon, durch die Nase in's Gehirn eindrang, stellte das Bohren ein, als sie die Stimme des Hammers hörte. In diese Sage scheinen magische Anschauungen hineinzuspielen. Erz bricht nämlich ebenfalls den Zauber und sein Klang vertreibt die Dämonen." Vgl. Blau, 1974, Das altjüdische Zauberwesen, S. 159-160. In: https://www-cambridge-org.uaccess.univie.ac.at/core/services/aop-cambridge-core/content/view/71D4555EEB10106519EE427B3AD9B753/9780511792656c2_p16-49_CBO.pdf/die_verbreitung_der_zauberei_bei_den_juden.pdf (abgerufen 19.03.2020).

Schamir – das magische Wunderwerkzeug

Im Talmud wird die Legende erzählt, Salomo habe den König der Teufel befragt, wo der Wurm *Schamir* zu finden sei, durch dessen Kraft man die härtesten Steine spalten könne, da es verboten war, eiserne Werkzeuge dafür zu gebrauchen.[16]

Wagen wir uns noch weiter vor in das Dickicht der Sagen und Legenden dieser Zeit, so treffen wir tatsächlich auf ein orientalisches Fabeltier, eine Art Wurm, den *Schamir*, mit dessen Geheimnis nur wenige Eingeweihte, so auch König Salomo vertraut waren. Eine exakte Beschreibung dieses wundersamen Werkzeugs *Schamir* findet sich im *Sohar*, dem Buch des Glanzes, und im *Talmud*, im apokryphen Teil des *Tractat Gittin*, fol. 68, die beide Teile der Kabbala, der jüdischen Geheimlehre sind. *Schamir* wird im *Sohar* I.74, a-b als ein „metallspaltender Wurm" und im *Talmud* als „Schneidewurm" bezeichnet: „Und Hammer und Axt und jegliches Gerät von Eisen wurde nicht gehört. Weil der *Schamir* alles spaltete, so bedurfte es keines anderen Werkzeuges zur Arbeit!"[17]

In gleicher Weise lässt sich Erdogan Ercivan dazu hinreißen, die Legende über diesen metallspaltenden Schneidewurm durch einen Hinweis auf Buch 1. Könige 6 selbst fantasievoll zu ergänzen:

> *Zu dem Bau selbst heißt es im Buch 1. Könige 6: „Was das Haus bei seiner Erbauung betrifft, es wurde aus bereits völlig behauenen Steinen des Steinbruchs gebaut. Mit dem Schneidewurm spaltete Salomo die Steine, die er zum Bau des Tempels nahm, und er befolgte somit die Worte der Schrift, die da befiehlt: Daß ja kein Eisen über die Steine fahre."*[18, 19]

16 Kiesewetter, 1977, Geschichte des neueren Occultismus, S. 61-83.

17 Frick, 1975, Licht und Finsternis, Band 1, S. 311 f.

18 Ercivan, 2003, Verbotene Ägyptologie, S. 240.

19 Dieser Hinweis verrät wie problematisch die offensichtlich ganz unterschiedliche Übersetzung und Herleitung des Wortes *Schamir* ist. Analog dazu ist bei Jeremia 17,1 in der Übersetzung von Luther (1912) von einem diamantenen Stift die Rede: „und mit spitzigen Demanten geschrieben".

Der Sage nach stammte das göttliche Wunderwerkzeug *Schamir* direkt aus dem Garten Eden, er war spitz und hatte im vorderen Bereich lediglich die Größe eines Gerstenkorns. War *Schamir* nicht in Gebrauch, so musste er in einem bleiernen, mit Werg gefüllten Kasten aufbewahrt werden. Auch damals war das Wissen der Steinbearbeitung geheimnisumwittert.[20, 21]

Überraschenderweise findet sich auch eine ungewöhnliche Parallele dazu in der germanischen Mythologie. Dort kennt man den felsenzertrümmernden Bohrapparat *Rati*, den der germanistische Altertumsforscher Felix Genzmer mit „Bohrmaschine" übersetzt. Gleichwohl leitet der Alttestamentler und Orientalist Emil Kautzsch das Wort *Schamir* von dem ägyptischen Wort *esmira* für „Bohrmeißel" ab. In übertragenem Sinne könnte es auch mit „Diamant" übersetzt werden. Es ist zumindest kein hebräisches Wort und bedeutete in seiner Urform auch „Nadelwurm".[22]

Auch wenn vieles von dem Wissensschatz in das Reich üppiger Legenden zu zählen ist, so ist es dennoch eine wertvolle Erfahrung, diesen obskuren Mythen wieder Leben einzuhauchen, sie aus der Vergessenheit zu holen. Die biblisch-mythologischen Näherungen an den Ursprung mögen dazu beitragen, ein tieferes Verständnis für einen wenig erforschten Bereich der freimaurerischen Ritualistik erahnen zu lassen.

Der symbolische Tempelbau

Die Freimaurerei erwählte diesen ersten fest gebauten Tempel Israels zu seinem ideellen Lehrbild, aus dem sich zahlreiche Symbole entwickelten: Die Werkzeuge des Freimaurers dienen der Errichtung eines Tempels geistiger Natur und der Bearbeitung des Rauen Steins als

20 „Gerstenkorn": Pierer's Universal-Lexikon der Vergangenheit und Gegenwart, 1862, S. 88.

21 Landmann, 1976, Die Sagen der Juden, S. 283-85. In: https://philpapers.org/rec/LANDSD-6 [abgerufen 15.05.2020].

22 Kautzsch, Die Apokryphen und Pseudepigraphen des Alten Testaments, in: Ercivan, 2003, Verbotene Ägyptologie, S. 239.

Sinnbild des innersten Wesens. Alles masonische Tun war und bleibt Arbeit am Bau. Viele Bezeichnungen und Namen weisen auf den Ursprung des salomonischen Tempels: die Himmelsrichtungen, die Säulen im Vorhof, das musivische Pflaster, die mittlere Kammer und auch die Lichter. Noch reicher sind die Entlehnungen in den Hochgraden anzutreffen. Schrittweise erlangte der salomonische Tempelbau eine ethisch-moralische Bedeutung als Arbeit an sich selbst, als Sinnbild der Menschheit, für die mit gemeinsamer Anstrengung der Tempel der Humanität geschaffen werden soll.

Allen Metalls beraubt

Werfen wir nun einen Blick auf historische maurerische Rituale und Interpretationen. Eisen, dieses besondere Metall hat ebenso wie in den Mythologien und Sagen der Welt, einen festen, wenn auch nicht einheitlichen Platz in der Symbolik der Freimaurerei erlangt.

Blicken wir zurück, so war es schon in frühesten Zeiten wie im babylonischen Ischtar-Kult üblich, besitzlos, waffenlos und wehrlos in die Mitte einer Gemeinschaft zu treten. Suchende werden in allen Rezeptionsritualen der Freimaurerei aufgefordert, ihre „Metalle" abzulegen. Als Begründung für das Ablegen der Metalle wird zuweilen folgende Bibelstelle aus dem Alten Testament (1. Könige 6.7) herangezogen:

> *Und da das Haus gesetzt ward, waren die Steine zuvor ganz zugerichtet, daß man kein Hammer noch Beil noch irgend ein eisernes Werkzeug im Bauen hörte.* (Luther, 1912)[23]

Hier, im 1. Buch der Könige, finden wir die bereits diskutierte Stelle über Salomos Königtum und den Tempelbau: die Forderung, der Altar dürfe ausschließlich aus unbehauenen, von keinem Metall berührten Steinen ausgeführt werden, sodass beim Zusammenfügen

23 Luthers Übersetzung von 1545:
VND da das Haus gesetzt ward / waren die Stein zuuor gantz zugericht das man kein Hamer noch Beil / noch jrgend ein eisen Gezeug im bawen hörete.

zum großen Bau keinerlei metallenes Werkzeug zu hören sei. Auch die Werkzeuge, die ursprünglich steinernen Hämmer, sollen aus Holz oder Bein gefertigt werden.

Dennoch wollen wir uns mit dieser Begründung alleine nicht bescheiden. Die symbolische Interpretation ist da deutlich ergiebiger. Metalle versinnbildlichen profanes Besitztum, das die Menschen ungleich macht, sie voneinander unterscheidet. Streben wir nach innerer Freiheit, so sollten wir danach trachten, uns von allen nichtigen, trügerischen und banalen Äußerlichkeiten frei zu machen. Diesen Aspekt vor Augen wird der Kandidat vor seiner Rezeption in die Dunkle Kammer geführt, wo ihm alles Metall, sei es Gold, Schmuck oder – wie früher – auch Waffen, abgenommen werden, um jeden, ohne Unterschied, als Gleichen unter Gleichen in den Tempel eintreten zu lassen. Der vorbereitende Meister verwahrt diese Preziosen, um sie nach der Aufnahme dem Neophyten wieder zu überreichen.[24]

Bereits im Schröder'schen Ritual von 1805 heißt es:

> *Er verlangt nachher von ihm, dass er alles Metall von sich legen sollte, Geld, Schnallen, Ringe, Kleinodien etc., welches er selbst in Verwahrung nimmt und es in einem zu diesem Endzweck bestimmten Kasten legt […]*[25]

Einige Beispiele aus den unterschiedlichen Katechismen sollen nun die Vielfalt der rituellen Deutungsmöglichkeiten dieser „Metallberaubung" vor Augen führen: August Horneffer zitiert aus dem Katechismus der Lehrlinge der „Alten Maurer" der im Jahr 1751 gegründeten zweiten englischen Großloge (Anciens) folgenden Dialog:

> *Warum wurdet Ihr des Metalls beraubt?*
> *Damit ich nichts Angreifendes noch Verteidigendes in die Loge bringen könnte.*

24 Imhof, 1983, Kleine Werk Kunde erster Grad, S. 61.
25 Ad „er" = der Vorbereitende Meister, der den Kandidaten einführt.

Im Katechismus der Großen Landesloge lautet diese Stelle:

Was bedeutet das Abnehmen aller Metalle?
Das erste glückliche Alter der Welt oder die goldene Zeit, in welcher weder Gold, Silber noch andere Metalle das menschliche Herz verleiten konnten.
Warum hat man Ihnen alle Metalle abgenommen?
Dann, als der Tempel Salomos aufgebaut worden, war derselbe von ganz fertigen Steinen, sowie sie herzugebracht waren, gebaut, so dass man weder einen Hammer, noch eine Axt, noch ein anderes Eiseninstrument hörte.
Wie war das möglich?
Weil Hiram, der König in Tyrus, sowohl kostbare als zugehauene große Steine, als auch vollkommen zubereitete Zederbäume vom Libanon zum Bau hat hinführen lassen.

Analog dazu im Altfranzösischen Ritual:

Warum waret Ihr alles Metalls beraubt?
Weil bei dem Bau des Salomonischen Tempels alle Steine und alle Zedern vom Libanon zubereitet hingeführt und aufgerichtet wurden, wobei man kein Geräusch eines metallischen Werkzeuges hörte.

Im Schröder'schen Text treten Wohltätigkeit und Bescheidenheit bei der Belehrung in den Vordergrund:

Warum wurden Sie allen Metalls beraubt?
Zur Lehre, dass, da ich arm und mittellos zum Freimaurer gemacht wurde, ich alle würdigen und armen Brüder nach Maßgabe meiner Kräfte unterstützen müsse.[26]

26 A. Horneffer, 1949, Der Katechismus der Lehrlinge, S. 17-19.

Im dritten Band des Katechismus der Meister führt Horneffer folgenden Dialog an:

> *Warum wurdet Ihr alles Metalls beraubt?*
> *Weil bei dem wunderbaren Bau des Salomonischen Tempels weder Axt, Hammer, noch der Schall eines Werkzeugs von Metall zu hören war.*
> *Wieso?*
> *Weil er nicht sollte verunreinigt werden.*
> *Wie war es möglich, dass ein so großer Bau ohne den Schall eines metallischen Werkzeuges konnte aufgeführt werden?*
> *Er wurde in den Wäldern des Libanon eingerichtet, auf besonderen Fuhrwerken heruntergebracht, und mit hölzernen, dazu gemachten Hammern aufgeführt.*[27]

Reinigendes Metall

Eine weitere Interpretationsmöglichkeit für das Ablegen der Metalle erschließt sich durch einen kleinen Exkurs in die römische Antike. Führen wir uns das auf den ersten Blick augenscheinlichste Eingeständnis einer militärischen Niederlage vor Augen: *Sub iugum mittere* in der Bedeutung: „unter das Joch schicken". Zur kollektiven Bestrafung unterworfener Kriegsgefangener im republikanischen Rom (501–507) wurden zwei Speere aufrecht in den Boden gerammt und ein dritter darübergelegt. Unter diesem Joch mussten die überlebenden römischen Soldaten zum Zeichen ihrer Unterwerfung unbekleidet, aller Metalle entledigt, gebückt hindurchgehen. „Unterjochen" bedeutete also ursprünglich, den Gegner zu demütigen und hatte zunächst nichts mit Versklaven zu tun. Diesen für unsere Untersuchung äußerst aufschlussreichen Hinweis verdanken wir dem Althistoriker Franz Hampl. Auf Grund seiner wissenschaftlichen Recherchen und des umfangreichen Vergleichsmaterials bringt er einen magischen

27 Fischer, Horneffer, 1951, Der Katechismus der Meister der Johannis-Freimaurerei III, S. 13.

Ritus zum Vorschein, der vermutlich später einer Fehlinterpretation erlegen ist. So soll der ursprüngliche Zweck dieser Usance gewesen sein, das fremde Heer, das man in die Gefangenschaft abführte, zu entsühnen und zu reinigen, indem man es durch ein von metallenen Speeren gebildete Tor marschieren ließ.[28]

Von hier ist es nur ein kleiner Schritt zu den schottisch-französischen Initiationsritualen, bei denen sich diese Tradition bis in die Gegenwart erhalten hat: Sobald die Neophyten aus dem profanen Westen kommend den Tempel betreten, wird ein Stab – ursprünglich ein Schwert – als horizontales Hindernis gebildet, unter dem diese in tief gebückter Haltung durchgeführt werden. Dazu erklingen die Worte: „Bücken Sie sich, dieses Tor ist sehr niedrig!"

Als besonderen Schutz bietendes Zubehör gelangt das Metall in die Schröder-Beigl'schen Rituale: das aus acht Schwertern gebildete Stahldach und das Amtsschwert des Großmeisters. Beide kommen erst durch die Verbindung mit den Ritterorden und die Entstehung von hochgradigen Systemen, wie der schwedischen Lehrart und der Großen Landesloge von Deutschland, als – bis dahin unbekannte – Regalien in die rituellen Abläufe.[29]

In allen freimaurerischen Systemen betreten die Suchenden den Tempel ohne jegliche Metalle. Sobald jedoch der Schatzmeister bei seinem Rundgang durch die Loge erwartungsvoll vor die Neurezipierten tritt, um eine wohltätige Spende zu erhalten, können diese der stummen Aufforderung naturgemäß nicht nachkommen. Sie mussten ja all ihre Metalle in der Dunklen Kammer zurücklassen und haben weder Münzen noch Geld bei sich. Dieser Ritualpart soll die Neophyten an die prekäre Situation mittelloser Menschen erinnern. In den nach dem Schröder'schen Ritual arbeitenden liberalen Logen folgt eine Besonderheit: Angesichts dieses symbolischen pekuniären Notfalls wird die Logenordnung schlagartig aufgehoben. Schon im nächsten Augenblick springen alle Brüder und Schwestern hilfsbereit auf,

28 Hampl, 1988, Römische Religion, S. 335.

29 Rudi Rabe, 2014, Wien, ein altes Logenbild, und Bruder Mozart in https://www.freimaurer-wiki.de/index.php/Wien,_ein_altes_Logenbild,_und_Bruder_Mozart (abgerufen 20.03.2020).

um den neuaufgenommenen, ihrer Metalle beraubten Geschwistern mit einer Geldspende aus der Not zu helfen.

Mehrfach sind wir im Laufe unserer Recherche auf das archaische Metall-Tabu und seine mannigfaltige Bedeutung in der Freimaurerei gestoßen. Die Vielfalt der symbolischen Interpretationen soll jedoch nicht am Wesentlichen vorbeilenken. Das Ritual verlangt gerade in den ersten Augenblicken der Rezeption Offenheit und volles Vertrauen, sich von allem zu trennen, was in der profanen Welt wertvoll, mächtig und vornehm erscheint.

Dazu möchte ich das Schlusswort August Horneffer – ungeachtet seiner politischen Verfehlungen in der NS-Zeit – überlassen, der uns wieder zu einer Art von Zauber zurückführt:

> *Nach altem Glauben stören die Metalle das Weben und Walten der Geisterwelt. Sie brechen den Zauber. Ein Zauber aber ist es, der sich nunmehr mit und an dem Suchenden vollziehen soll.*[30, 31]

30 A. Horneffer, 1949, Der Katechismus der Lehrlinge, S. 51.

31 ad Horneffer: Nachtrag von Rudi Rabe, 2014, in: https://www.freimaurer-wiki.de/index.php/August_Horneffer (abgerufen 20.01.2021).

Genosse und Widersacher des Teufels

Schmied als Tabu

In diesem Kapitel begegnen wir gleich zwei archaischen Tabus: einem mystischen Handwerk und einer körperlichen Versehrtheit. Beide stehen miteinander in enger Beziehung und sind bis heute integraler Bestandteil der Königlichen Kunst.

Bereits in der Bronzezeit war das Schmiedehandwerk überaus gefragt und zählt somit zu den ältesten der Welt. Um die Mitte des 5. Jahrhunderts n. Chr. sollen erstmals Pferde beschlagen worden sein. Aus dieser Zeit stammt das älteste noch erhaltene Hufeisen, als Grabbeigabe eines Frankenkönigs. Ihre Blütezeit erlebte die Schmiedekunst im Mittelalter zwischen dem 8. und 10. Jahrhundert. Ungebrochen ist die Faszination dieses Handwerks: Der Prozess, wenn sich das glühende Metall durch den Schlag des Hammers verformt und allmählich dem Eisen die gewünschte Gestalt verleiht, in feuriger Hitze, umhüllt vom Geruch der Kohle und dem eindrucksvollen Klang der formenden Schläge.

Seit der Antike war Schmiedekunst in beinahe allen Kulturen ein schöpferischer Akt, der kaum erschlossenes, geheimes Wissen erforderte. Der Schmied wusste das Feuer zu bändigen, Metalle umzuschmelzen, Neues hervorzubringen, aus unedlem Material Geräte zu schmieden, Pferde zu beschlagen. Vertraut mit den Gesetzen der Mutter Erde und durch seine hohe handwerkliche Geschicklichkeit und physische Kraft war er in frühen Zeiten überdies Heiler, Chirurg, Tierarzt, Wahrsager und weit mehr: So wie er das Eisen zusammenschweißte, war er sogar berechtigt, Ehen zu schließen. Im Laufe der Zeit wurde er zum *Homo faber*, zum großen Handwerker, der auch gefährliche Waffen schmiedet und Messer formt und dadurch mit den Interessen der Natur in Konflikt geraten kann.

Sprachliche Fundstücke

Gleich an dieser Stelle lohnt sich ein Blick auf Herkunft und Sprachgebrauch des Wortes „Schmied", das den Prozess des Schmiedens in seinem magischen Kontext bewahrte.

In seiner heutigen Lautgestalt ist das Wort „Schmied" seit dem 8. Jahrhundert aus dem althochdeutschen *smid* belegt, als einer der Metall – insbesondere Erz – bearbeitet, im Englischen *smith*, altnordisch *smiðr*, hier auch in der Bedeutung „Holz bearbeitender Handwerker, Künstler". Es mag uns heute seltsam erscheinen, dass die Bezeichnung Schmied nicht nur auf das metallbearbeitende Handwerk beschränkt war. Doch dereinst trug jeder, der feste Stoffe bearbeitete, also auch Stein und Holz, diese Berufsbezeichnung. Diese galt daher auch für Steinmetze.

An Spannung gewinnt dieser linguistische Ausflug, wenn wir uns der Etymologie dieses Wortes im Slawischen zuwenden: Dort sind *Schmied* (russ. кузнец – kuznec) und *schmieden* unmittelbar mit „List und Intrige" (russisch козни – kosni) verwandt. Doch auch in unseren Breiten weiß man: Wo Zwietracht herrscht, da werden Ränke geschmiedet.[1]

Wirft man einen Blick in die Arbeitswelt des Schmiedes, so stößt man auf heute noch aktuelle sprachliche Fundstücke: der harte Werkstoff, der sich nur formen lässt, wenn er sehr heiß und weich ist, ließ die Redensart entstehen: „Man muss das Eisen also schmieden, solange es heiß ist." Dieses ist wiederum auf das französische Sprichwort: „Il faut battre le fer quand il est chaud", zurückzuführen, in der Bedeutung: nicht zu zögern, im passenden Moment zu entscheiden, zu handeln – den Kairos zu nutzen. „Fasst man dagegen ein heißes

1 Schmied m. „wer Metall (besonders Eisen) bearbeitet", ahd. smid (8. Jh.), mhd. smit, asächs. -smið, mnd. smit, smet, mnl. smit, smet (auch „Zimmermann"), nl. smid, afries. smith, aengl. smiþ (auch „Holzbearbeiter"), engl. smith, anord. smiðr (auch „Holzbearbeiter, Handwerker, Künstler"), schwed. smed (germ. *smiþa-), got. (n-Stamm, germ. *smiþan-) aizasmiþa „Erzschmied" ist eine gemeingerm., mit Dentalsuffix gebildete Handwerkerbezeichnung: https://www.dwds.de/wb/Schmied. In: Der deutsche Wortschatz von 1600 bis heute. Aus DWDS-Kernkorpus: https://www.dwds.de/r/?corpus=kern (abgerufen 15.08.2021).

Eisen an", so kommt ein heikles Thema zur Sprache, rührt man an ein Tabu oder deckt einen Skandal auf. Versucht man präventiv mehrere Möglichkeiten für sich offenzuhalten, hat man „mehrere Eisen im Feuer". Auf Selbstverantwortung und schöpferische Autonomie dieser Berufsgruppe zielt auch die Redensart: „Jeder ist seines Glückes Schmied."[2]

„Schmiede und Schamanen stammen aus dem gleichen Nest"[3]

Im kulturgeschichtlichen Kontext ist die Schmiedekunst mit kreativer Kraft, Magie, hermetischen Initiationsriten, wundersamen Heilungen und der Verbindung mit der jenseitigen Welt verschmolzen. Durch die Nähe zum unterweltlichen Feuer soll sogar der Teufel selbst in die Rolle des Schmiedes schlüpfen. Montangeschichtlich gesehen stehen hier allerdings nicht so sehr die Schmiede, als vielmehr die Erzschmelzer im Vordergrund. Dank ihrer außergewöhnlichen Kunst genossen Schmiede zwar hohes Ansehen, wurden aber auch gleichzeitig gemieden, lebten als Außenseiter, als Paria der Gesellschaft, meist an entlegenen Orten.

Dem Schmied wurden zudem auch heilende Kräfte nachgesagt. Im Kontext der mythischen Schmiedekunst finden sich zahlreiche Apotropaia, also Mittel, die Unheil abwehren und für Profane tabu sind. Im Heilzauber und der Schutzmagie lassen sich längst vergessene Zusammenhänge mit Gegenständen und Handlungen entdecken, in denen noch ein Funke des sakralen Charakters glüht. Sogar Esse, Öfen, Werkzeuge und Amboss waren tabuisiert, durften keinesfalls berührt oder gar dem Blick Nichteingeweihter ausgesetzt werden.

Im Volksglauben begegnet uns dieser geheimnisvolle Zauberer als starker und unerschrockener Widersacher des Teufels. Es ist der Schmied, der den Gottseibeiuns das Fürchten lehrt und nicht umgekehrt. Seine Kraft kommt aus seinen eigenen Fähigkeiten und seinen

2 https://www.dw.com/de/redensarten-aus-der-arbeitswelt/a-1365758 (abgerufen 20.08.2021).

3 Eliade, 1980, Schmiede und Alchimisten, S. 85.

Werkzeugen. Erhalten hat sich in Tirol und Böhmen ein verbreiteter Brauch, drei kalte Schläge mit dem Hammer auf den Amboss zu machen, um den Teufel und böse Dämonen zu bannen.[4]

Dass Schmiede über Geheimkünste verfügten und ihr Handwerk gar vom Teufel erlernt hätten, bezeugt auch eine Verfügung der Stadt Köln aus dem Jahre 1472, die Schmiedemeister verpflichtete, „kein Zauberwerk und Beschwörungswesen zu treiben, noch ihren Jungen derartige teuflische und Satanskünste zu lehren, bei Lebensstrafe".[5]

Die christlichen Heiligenlegenden berichten vom heiligen Eligius, dem Schutzpatron der Hufschmiede und Tierärzte aus dem 13. Jahrhundert. Er soll einem verletzten Pferd den Fuß amputiert, den Huf beschlagen und danach die Knochen wieder zusammengefügt haben. Nicht ganz abwegig ist die Vermutung, dass die Eligius-Verehrung ihren Ursprung in einem germanischen Kult hat. Als relevanter Vorgriff auf unsere masonische Analyse zeigt sich folgende Textstelle aus den *Merseburger Zaubersprüchen* aus dem 8. Jahrhundert: Wotan gelingt es, ein durch einen Sturz verletztes Pferd mit einer magischen Formel zu heilen, deren Parallelen zu den fünf Punkten der Meisterschaft in der Freimaurerei klar zu erkennen sind: „Sei es Blutrenke, sei es Gliedrenke: Knochen zu Knochen, Blut zu Blut, Glied zu Gliedern, als ob geleimt sie seien!"[6,7]

4 Alisch, 2003, HochZeit unterm Abendrot der Sorben in der Lausitz: Musik, Magie und Minderheit im Spiegel der Kultursemiotik, S. 146-154.

5 L. Beck, 1884, Die Geschichte des Eisens, S. 5.

6 W. Beck, 2003, Die Merseburger Zaubersprüche.

7 Im 10. Jahrhundert schrieb ein Mönch aus Fulda zwei Zaubersprüche aus dem 9. Jahrhundert in karolingischer Minuskel (eine unter Karl dem Großen gebräuchliche Schrift aus Kleinbuchstaben) auf das leere Vorsatzblatt einer Meßhandschrift. Man entdeckte die Sprüche 1841 in Merseburg und nennt sie daher *Merseburger Zaubersprüche*. Der zweite Merseburger Zauberspruch im Original: „sose bluotrenki, sose lidirenki: ben zi bena, bluot zi bluoda, lid zi geliden, sose gelimida sin". In: http://www.lokis-mythologie.de/zaubersprueche.html (abgerufen 15.03.2020).

Hinkende, makelbehaftete Helden

Auch in den mythologischen Erzählungen, Sagen und Märchen der Kelten, Chinesen, Japaner, Afrikaner und Jakuten spielen Schmiede und Erzgießer als Helden und Gottheiten eine bedeutsame Rolle und bestätigen weltanschauliche Beziehungen zwischen weit entfernten Kulturen.[8]

Verbindendes Merkmal dieser mit handwerklichem Geschick begnadeten Schmiedegötter waren oft Makel: Sie litten an körperlichen Gebrechen, lahmten, waren unansehnlich und von Unglück verfolgt.

Schauen wir uns dazu einmal in der alten Götterwelt um: Bei den Griechen war es der hinkende Schmiedegott Hephaistos, der - nach gängiger Version - von seiner Mutter Hera wegen seiner Hässlichkeit aus dem Olymp ins Meer geworfen wurde und fortan hinkte. Obendrein verlief auch seine Ehe mit der untreuen Aphrodite unglücklich:

> *Kommt und seht [...] wie mich hinkenden Mann die Tochter des Zeus, Aphrodite, immerfort entehrt und liebt den abscheulichen Ares; ist er doch schön und gut zu Fuße, aber ich selber kam als Krüppel zur Welt.*[9]

Dem griechischen Schmiedegott entsprach bei den Römern Vulcanus, Gott der Schmiede und Metallhandwerker, dessen äußere Merkmale und Charakter, samt Mythos und Werken, analog zu Hephaistos auf die römische Welt übertragen wurden.

In der vorchristlichen Mythologie der germanischen Stämme trägt der Donnergott Thor Züge des Schmiedes, wenn er seinen mächtigen Hammer schwingt oder mit dem Wurf eines Eisenstücks seinen Feind, den Riesen Geirröd (Geirröðr) tötet. Die germanische Heldensage berichtet von Wieland, dem lahmen Schmied, der mit magischen Kräften Göttern und Helden ihre Waffen schmiedet, jedoch von seiner Schwanenjungfrau nach sieben Jahren verlassen wird.[10]

8 Graupmann, 1998, Lexikon der Tabus, S. 279-283.

9 Hampe, 1995, Odyssee, S. 124.

10 Vgl. Golther, 1996, Handbuch der germanischen Mythologie.

Die Asymmetrie des Ganges, das Hinken konnte sowohl Ausdruck einer Schwäche als auch ein Hinweis auf übernatürliche Kräfte sein. Vielfach ereilte auch andere Helden, Gottheiten und biblische Protagonisten das Schicksal der körperlichen Versehrtheit. Der Blütegott Dionysos kehrte im Frühling hinkend aus der winterlichen Finsternis des Hades an die Oberwelt zurück. Zu den lahmenden Heroen zählte auch der bekannte Kriegsgott Mars, der in frührömischer Zeit auch als Vegetationsgott verehrt wurde. Zu Beginn des Jahres hatte er einen hinkenden Gang, der sich erst mit dem Ansteigen der Sonnenbahn mehr und mehr kräftigte.

Als Symbol des neuen, erwachenden Jahres präsentiert sich das ägyptische Horuskind mit unterentwickelten Beinen auf einer Lotosblüte. Es soll aus der heiligen Akazie, dem Baum der Geburt und des Todes entsprungen sein. In Genesis 32 ringt Jakob die ganze Nacht mit einem Engel, und dieser „rührt das Gelenk seiner Hüfte an", so dass der Stammvater des Volkes Israel fortan hinkt. Jakobs Lähmung an der Hüfte darf hierbei als eine besondere Auszeichnung gesehen werden, als Zeichen seiner unmittelbaren Begegnung mit Gott (Gen 32,32, vgl. Ps 69,24).[11, 12]

11 Scherpe, 2022[7], Das Unbekannte im Ritual, S. 304.

12 Luthers Übersetzung von 1545:
29 VND Jacob fraget jn / vnd sprach / Sage doch / wie heissestu? Er aber sprach / Warumb fragestu / wie ich heisse? Vnd er segenete jn daselbs.
30 Vnd Jacob hies die stet Pniel / Denn ich habe Gott von angesicht gesehen / vnd meine Seele ist genesen.
31 Vnd als er fur Pnuel vber kam / gieng jm die Sonne auff / Vnd er hincket an seiner Hüfft /
32 daher essen die kinder Jsrael keine spanader auff dem gelenck der hüfft / bis auff den heutigen tag / Darumb / das die spanader an dem gelenck der hüfft Jacob gerüret ward.

Hinken, eine Berufskrankheit?

Aussehen und Gehabe der irdischen Schmiede und ihre körperliche Beeinträchtigung machten also auch vor den antiken Göttern keinen Halt. Woher aber kam diese häufige körperliche Behinderung?

Der Historiker Walter Lottermann hält die makabre Vorstellung für möglich, dass Schmiede als unentbehrliche Handwerker absichtlich verstümmelt wurden, um sie in Kriegszeiten verlässlich an der Esse zu halten. Immerhin lieferten sie Rüstungen, Schwerter, Helme, schärften, reparierten Geräte und waren für das Herstellen von eisernen Wagenbeschlägen und Hufeisen verantwortlich. Lahm und hinkend konnten sie nicht zum Feind überlaufen und damit ihrem bisherigen Lehensherren Schaden zufügen.[13]

Aus heutiger medizinischer Sicht ist das Hinken der Schmiede – verursacht durch Lähmung und Verkrüppelung der Beine – mit höchster Wahrscheinlichkeit auf eine schleichende und chronische Arsenvergiftung zurückzuführen. Dieser giftige Bestandteil der Erdkruste wurde Kupferlegierungen als wichtige Zutat beigemischt, um diese dadurch besser verarbeiten zu können.

„Laß keinen Blinden und Lahmen ins Haus kommen"[14]

Wie sehr körperliche Missbildungen schon im Alten Testament tabuisiert waren, unterstreichen auch in 2 Sam 5,8 und in Lev 21,18 überlieferte Textstellen, wonach Lahme und Blinde vom Priesteramt ausgeschlossen waren und keinen Zugang zum Tempel hatten (Lev 21,18):

13 Lottermann, 1990, Historisches Camberg. In: https://www.verein-historisches-camberg.de/fileadmin/user_upload/PDFs/Historisches_Camberg_Nr._16.pdf (abgerufen 15.03.2020).

14 2. Buch Samuel, Kapitel 5,8, Lutherbibel 1912.

Denn keiner, an dem ein Fehl ist, soll herzutreten; er sei blind, lahm, mit einer seltsamen Nase, mit ungewöhnlichem Glied, oder der an einem Fuß oder einer Hand gebrechlich ist.
(Lutherbibel 1912)[15, 16]

Bedenkt man, wie aktuell die Diskussion um politisch korrekte Bezeichnungen von körperlichen Gebrechen geführt und zu Recht eine schonende sprachliche Rücksichtnahme erwartet wird, so darf man mit Sicherheit von euphemistischen Tabuumschreibungen auch schon in früheren Zeiten ausgehen. Der Schmied war somit zweifach tabuisiert, zum einen durch seinen Beruf und zum anderen durch seine körperliche Behinderung.

Wie kommt der Schmied aus Tubal in die Königliche Kunst?

Um den Zusammenhängen zwischen Schmieden, Magiern und Geheimbünden nachzuspüren, bietet der rumänische Religionswissenschafter Mircea Eliade mit seinem Werk „Schmiede und Alchemisten" eine reiche Fundgrube. Ausgehend von der Mythologie der Eisenzeit spannt Eliade einen weiten Bogen um Epochen, Kontinente und Kulturen. Er betrachtet dabei Schmiede und Alchemisten quasi als „Geburtshelfer", welche sich selbst durch ihr Werk, ihr Wissen und Können an die Stelle der Zeit setzen, um den natürlichen Wachstums- und Reifeprozess zu beschleunigen. Gottähnlich erscheint ihre Kraft, ihr Vermögen über Feuer und Materie zu gebieten, zu verwandeln und zu erschaffen.

15 Luthers Übersetzung von 1545:
Denn keiner an dem ein Feil ist / sol erzu tretten / er sey blind / lahm / mit einer seltzamen nasen / mit vngewönlichem gelied /

16 Der wundersamen Heilung von Gelähmten, deren Tröstung und Eingliederung in die Gemeinde begegnen wir erst im Neuen Testament. (Apg 3,1–10, Jes 35,6, Jer 31,8). https://www.bibelwissenschaft.de/wibilex/das-bibellexikon/lexikon/sachwort/anzeigen/details/krankheit-und-heilung-at/ch/6a9349f8683e4e471a3265d868abc7e2/#h22 (abgerufen 20.03.2020).

Es ist die Entwicklung zum selbstbestimmten *Homo faber*, den schöpferischen Handwerker, der in das natürliche Geschehen eingreift, um als Demiurg Materie in einen höheren Grad zu überführen. Eliade beruft sich auf klare Zusammenhänge:

> *[…] welche die rituelle Funktion der Schmiede, den ambivalenten Charakter des Schmiedes und die Beziehungen betreffen, die zwischen der Magie (Beherrschung des Feuers), dem Schmied und den Geheimbünden bestehen. Andererseits weisen uns die Arbeiten im Bergwerk und in der Metallurgie auf die eigentümlichen Vorstellungen hin, die zur Erdmutter, der Sexualisierung der mineralischen Welt, und der Werkzeuge, sowie zur Solidarität von Metallurgie und Geburtshilfe in Beziehung stehen.*[17]

Dem Hephaistos der Mythologe und den uns bekannten Schmieden aus Mythen, Sagen und Legenden entspricht in der Freimaurerei Tubal-Kain: Der Meister aus Tubal, dem es als Erstem gelang, das reine Erz aus dem Gestein herauszuschmelzen und es seiner Vollendung zuzuführen. Dank seiner Künste verfügte er über ein ungeheures Machtpotenzial. Jan K. Lagutt beschreibt ihn als Überlebenden der Sintflut, da er den ersten Schmelzofen baute und tiefe Schächte in die Berge trieb, um sein Geschlecht vor der kommenden Flut zu schützen. „Allein nur er und sein Sohn entgingen den Wassern."[18]

Seine ungeheuren Fähigkeiten technischer Natur scheinen jedoch noch nicht ausreichend Grund genug zu sein, um ihm diese symbolträchtige Bedeutung in der Königlichen Kunst zu verleihen. Erst Tubal-Kains weitverzweigte Biographie offenbart seine wahre Bedeutung als Initiationsmythos, dem wir im Folgenden nachgehen wollen.

---

17 Eliade, 1980, Schmiede und Alchemisten, S. 26.

18 Lagutt, 1993, Grundstein der Freimaurerei, S. 55.

Wer war Tubal-Kain?

Wie so viele symbolische Wörter im Brauchtum der Freimaurer, entstammt auch Tubal-Kain dem Alten Testament. In der siebenten Generation nach Adam hatte Lamech drei Söhne, die im Buch Genesis als hervorragende Handwerker beschrieben werden. Jabal als Ahnherr der Hirten und Zelt-Erbauer, Jubal als Stammvater der Musiker und Tubal-Kain als der erste Schmied (1. Mose 4,20-24).

> *Und Ada gebar Jabal; von dem sind hergekommen, die in Hütten wohnten und Vieh zogen. Und sein Bruder hieß Jubal; von dem sind hergekommen die Geiger und Pfeifer. Die Zilla aber gebar auch, nämlich den Thubalkain, den Meister in allerlei Erz- und Eisenwerk. Und die Schwester des Thubalkain war Naema.* (Lutherbibel 1912)[19, 20]

Tubal-Kain erscheint als erster Doppelname in der Bibel und liefert vermutlich dadurch schon einen Hinweis auf seine nicht unumstrittene Gestalt, da er nicht nur Meister der Schmiedekunst war, sondern auch tödliche Waffen zu formen vermochte. Der erste Namensteil

19 Luthers Übersetzung von 1545:
20 Vnd Ada gebar Jabal / Von dem sind her komen die in Hütten woneten vnd vieh zogen /
21 Vnd sein Bruder hies Jubal / Von dem sind herkomen die Geiger vnd Pfeiffer.
22 Die Zilla aber gebar auch / nemlich / den Thubalkain den Meister in allerley ertz vnd eisenwerck / Vnd die Schwester des Thubalkain / war Naema.

20 Anmerkung zu den Abweichungen in der Genealogie durch die entstehungsgeschichtlichen Ebenen: „Gen 4,25-26 ist bereits von den Vertretern der klassischen Urkundenhypothese als Fremdkörper empfunden worden (Noth 1948, 12, Anm. 26) und dürfte am ehesten der Pentateuchredaktion zuzuweisen sein (vgl. Witte 1998, 61-65). Diese übernimmt aus Gen 5 den Eigennamen Adam sowie die Namen Seth (Gen 5,3.6) und → Enosch (Gen 5,6.9) als Nachkommen Adams. Anders als in der nichtpriesterschriftlichen Komposition von Gen 4,1-24 geht aus Adam damit nicht nur die Unheilslinie der Kainiten hervor. Vielmehr wird jetzt die mit dem Mord an Abel abgebrochene Linie durch die Zeugung Seths substituiert. Die Linie der Sethiten repräsentiert eine neue Menschheit (ănôš), die dann auf Noah zuläuft. Die Kainiten gehören nicht mehr zu dieser neuen Menschheit." In: Pfeiffer, 2006, Adam und Eva. In: https://www.bibelwissenschaft.de/stichwort/12492/(abgerufen 20.01.2021).

Andrea di Bonaiuto da Firenze: Fresko „Triumph des Hl. Thomas von Aquin", um 1365, der untere Abschnitt zeigt Tubal-Kain, S. Maria Novella, Cappellone degli Spagnuoli (Spanische Kapelle), linke Wand, Florenz.

„Tubal" kann mit dem an der südlichen Schwarzmeerküste beheimateten und für das Metallhandwerk bekannten Volk der Tibarener in Verbindung gebracht werden. Bei dem Beinamen „Kain" liegt die Vermutung nahe, den symbolträchtigen Namen des Ahnherrn noch einmal anklingen zu lassen, sodass die Brudermorderzählung aus Gen 4,1-16 und die Kainiten-Genealogie aus Gen 4,17-24 noch deutlicher aufeinander bezogen werden können.[21]

Kains Nachkommen sind durch Ackerbau und Viehzucht sesshaft geworden, sie waren die ersten Städtebauer. Der Name „Kain" firmiert fortan auch als Synonym für gottfernes, fortschrittliches Leben in Städten, in kultiviertem Land mit Ackerbau, während „Abel" für gottgefälliges, rückständiges Nomadentum und karges Wüstenleben steht.

Die Bibel (Gen 4,25-26, Gen 5,1-32) lässt uns Menschen von Kains jüngstem Bruder Seth abstammen. Dessen Nachfahre Noah und seine Familie hatten als einzige die Sintflut überlebt. Somit gestattet uns die Bibel weder als Opfer-Kinder noch als Täter-Kinder weiterzuleben, sondern ordnet uns deutlich als Nachkommen eines unbeteiligten Dritten zu.

Im Gegensatz zu den Abel- und Seth-Kindern tragen Kains Abkömmlinge ihr Wissen und ihre Schöpferkraft in die Welt hinaus, sammeln Erfahrungen und sind auch bereit, ihr gelegentliches Scheitern hinzunehmen, daran zu wachsen und sich weiter zu entwickeln. Die den Kainiten zugeschriebene kulturgeschichtliche Bedeutung könnte ein erster Hinweis auf die Verknüpfung zur Freimaurerei sein, in der Tubal-Kain traditionell zu einem zentralen Passwort wird.

21 https://www.bibelwissenschaft.de/wibilex/das-bibellexikon/lexikon/sachwort/anzeigen/details/tubal-kain/ch/ade782918be18cf4f9556f05ad857410/ (abgerufen 15.03.2020).

„... Das hinkt, das trägt des Teufels Huf."[22]

Werfen wir am Rande einen kurzen Blick in die rabbinische Tradition, in der Kain als Frucht der Vereinigung Evas mit einem Elohim, einem Lichtboten gedeutet wird, der die Menschen gegen den Willen Gottes zum Licht führt und ihnen Erkenntnisfähigkeit verleiht; ähnlich wie Prometheus mit dem Feuer. Kain war dieser Erzählung nach Luzifers Sohn, der den Ungehorsam seines Vaters weitertrug.

Tubal-Kains durchwachsenes Prestige offenbart sich in der – unter Federführung Micha Josef Bin Gorions verfassten – Sammlung biblischer Sagen der Juden. Hier kommt Tubal-Kains sündiges Wesensmerkmal klar zu Tage. Er ist nicht nur Schmiedemeister, sondern auch Erfinder von todbringenden Waffen. In der Sammlung „Die Sagen der Juden" von Micha bin Gorion ist zu lesen:

> *Tubal ist der Träger der Sünde Kains. Denn Kain hatte getötet ohne Waffe; aber dieser war ein Schleifer und ein Meister in Erz-Eisenwerk: also diente er Kains Handwerk, denn er fertigte Waffen an für die Mörder. Und noch wird von ihm erzählt. Warum wurde er mit dem Namen Tubal-Kain benannt? Denn er war es, der das Werk Kains fortsetzte, und alles Tun Kains führte zum Sterben.*[23, 24]

Rudolf Steiner, Begründer der Anthroposophie, der sich in seinem Bemühen, die gesamte Welt zu verstehen, auch extensiv der Genealogie und Charakterisierung Luzifers gewidmet hat, sieht in diesem den Lichtbringer, der den Menschen von der niederen Natur zu geistiger Erkenntnis emporhebt. Damit folgt er der rabbinischen Tradition und lässt alle Kainskinder, so auch Tubal-Kain und Hiram in direkter

22 Nietzsche, 1954, Werke in drei Bänden. Band 2, S. 25-26.

23 Bin Gorion, 1997, Die Sagen der Juden, S. 109.

24 Vgl. auch Heckethorn, 1900, Geheime Gesellschaften, Geheimbünde und Geheimlehren, S. 213 f.

Linie von Elohim abstammen, ja sogar die gesamte kreative Menschheit, die Kunst und Wissenschaften in die Welt gebracht hat.[25]

Ebenso berichtet die masonische Legende über Tubal-Kains außergewöhnliche handwerkliche Fähigkeiten, dank derer er der Sintflut entkam. Meisterhaft trieb er tiefe Schächte in die Berge und rettete so sein Geschlecht vor dem Untergang. Das Kainskind wurde zum Stammvater aller Erzarbeiter und Schmiede. Wie alle Nachkommen des Brudermörders, war er, wie übrigens auch Meister Hiram Abiff, Handwerker, Schmied, Künstler und Schöpfer.[26]

Tubal-Kain zählt in der masonischen Überlieferung zu den prominenten Versehrten und Hinkenden. An dieser Stelle wollen wir jedoch einer grundsätzlichen Frage nachgehen: War Tubal-Kain überhaupt versehrt, war er wirklich ein hinkender Schmied? Oder handelt es sich nicht vielmehr um eine legendäre Zuschreibung, die sich konsistent aus seinem Beruf und seiner umstrittenen Abstammung im Laufe der Zeit entwickelt hat? Im Alten Testament findet sich dazu keinerlei Hinweis. Sollte eine Behinderung ein Attribut der Figur Tubal-Kain gewesen sein, so wäre zu erwarten, dass diese in der mittelalterlichen Ikonographie mit einer Beeinträchtigung dargestellt worden wäre, alleine um den Wiedererkennungswert für das illiterate Publikum zu sichern. Besonders schöne Fundstücke wie die Fresken von Andrea di Bonaiuto da Firenze (1343–1377) sowie zahlreiche Stiche und Tapisserien aus dem 16. Jahrhundert scheinen seine physische Unversehrtheit zu untermauern. Hier findet man Tubalkain bei bester Gesundheit und bar jeglicher körperlichen Beeinträchtigung.[27]

25 Steiner, 1906, Die Tempellegende und die Goldene Legende, S. 59. In: http://www.geocities.ws/christianrosenkreuz/tempellegende.pdf (abgerufen 10.12.2020).

26 Lagutt, 1993, Grundstein der Freimaurerei, S. 57 f.

27 Andrea di Bonaiuto da Firenze, Fresko „Triumph des Hl. Thomas von Aquin“, um 1365, der untere Abschnitt zeigt Tubal-Kain, S. Maria Novella, Cappellone degli Spagnuoli (Spanische Kapelle), linke Wand, Florenz;
Tubal-Kain in seiner Schmiede mit Giohargius, dem biblischen Erfinder des Wiegens mit Gewichten. Zu finden auf einer Tapisserie, Anfang 16. Jahrhundert, Musée national du Moyen Âge, Paris;
Dosso Dossi, Allegoria della Musica 1530 ca., Horne Museum in Florenz.

Die masonische Legende, der vermutlich die Zuschreibung der Versehrtheit zu verdanken ist, charakterisiert die Kains-Kinder ungeachtet ihres Makels, stets als vorwärtsstürmende, schöpferische Menschentypen; im Gegensatz zu den Abel-Abkömmlingen, die den Prototyp jener darstellen, die sich mit dem natürlich Gewordenen, dem „Gott Gegebenen" zufriedengeben.

In der christlichen Ikonographie erfährt Luzifer, der aus dem Himmel gestürzte, oberste Widersacher Gottes, eine reiche Attribuierung. Pferde- resp. Ziegenfuß und Lahmheit werden zu seinen Markenzeichen, sein Hinken wird allem Liederlichen, Animalischen und Glaubensfeindlichen zugeordnet. Aus alldem erklärt sich die radikale Ablehnung und Tabuisierung der gesamten mythologischen Kains-Familie samt ihren autonomen, feuerkundigen Gestalten, denen sich auch die Freimaurer als geistige Töchter und Söhne Kains hinzuzählen.

„Zur Erinnerung des Tubalkain […]"

Vom Makel des Hinkens, das im profanen Schmiedehandwerk einstmals Teil der Gesellenlossprechung war, führt unser Weg nun abschießend zum hinkenden Schmied im Ritual der Freimaurer.[28]

Die ungewöhnliche Symbolkraft des Hinkens ist ein Archetypus, dem wir in einer Vielzahl von Legenden, Mythen und kultischen Handlungen quer durch die Kulturkreise begegnen. Schon im Alten Testament sind Demut und eingestandene Schwäche eine Grundhaltung des Menschen vor Gott, um sich seines Segens würdig zu erweisen.

In der Freimaurerei verbindet sich der symbolische Brauch des Hinkens mit einem bestimmten psychischen Zustand des Erwachens, Werdens und der schöpferischen Entfaltung. Im übertragenen Sinn verwandelt sich der Eintretende an der Tempelpforte zu einem Hinkenden, Versehrten, Hilfsbedürftigen. Mit einer besonderen Schritt-

28 Wissell, 1971, Des alten Handwerks Recht und Gewohnheit. In: Scherpe, 2022[7], Das Unbekannte im Ritual, S. 305.

folge wankt er vom *Profanum* ins *Fanum*. Für die kurze Zeit des Eintritts in den Tempel wird der Freimaurer selbst zu Tubal-Kain, zum hinkenden Schmied, der die Kunst beherrscht, den alchemistischen Prozess der Verwandlung von Erz zu Eisen zu vollbringen. Er bestimmt selbst über den Prozess seiner inneren Wandlung. Ebenso wie seine verbannten Vorfahren ist er versehrt, steht noch am Anfang und bleibt immer Lehrling.

Dem ersten Schmied begegnen wir schon im Ritualtext des „Wilhelmsbader Congresses" (1782), „sein Name ist Tubalkain, er ist über 3 Jahr alt, er hat in der Halle des Tempels, an dem rohen Stein gearbeitet", und etwas später bei Bruder Joseph Baurnjöpel (1793), der eine umfassende Darstellung der Rezeption gibt: „zur Erinnerung des Tubalkain, welcher der erste Schmied war, und der erste, welcher die Werkzeuge zubereitete, die Steine damit zu behauen, und sie zu Gebäuden schicklich zu machen".[29]

Nach historischem Brauch – und wie in einigen Ritualen auch heute noch üblich – beginnen die Initianden nur mit einem Schuh oder einem niedergetretenen Pantoffel, der über den linken Fuß gezogen wird, ihren Weg auf der Suche nach dem Licht. Unsicher und hinkend, weder beschuht noch barfuß, begeben sie sich auf die erste symbolische Wanderung. Nirgends ist dies schöner und atmosphärisch berührender beschrieben als in Tolstois meisterlichem Roman „Krieg und Frieden": Eingewoben in die Zeit des Napoleonischen Feldzugs erfolgt die feierliche Aufnahme Pierre Besuchows in den Freimaurerbund.[30]

Im alchemistischen Sinne zeigt der mythologische Schmied Tubal-Kain – weit über den praktisch-handwerklichen Zugang hinaus – seine Kunst im Umgang mit den Urelementen Feuer und Wasser, mit denen er die schlafenden Formen aus der Bindung mit dem Gestein erlöst. Mit dem lodernden Feuer macht er das harte Metall gefügig, um es danach mit dem weichen Wasser zu veredeltem Metall zu härten. Das perfekte Zusammenspiel der Elemente Feuer, Erde, Was-

29 Baurnjöpel, 1793/1986, Eine Wiener Freimaurerhandschrift aus dem 18. Jahrhundert, S. 154.

30 Tolstoj, 1922, Krieg und Frieden, Band 2, S. 124-129.

ser und Luft ist unerlässlich, um die formlose Materie zu veredeln, zu vervollkommnen, zu transmutieren. In der Alchemie sind das die Voraussetzungen, durch die eine innere Wesensveränderung erfolgen kann. So mahnt in der Dunklen Kammer die Aufschrift „VITRIOL" an die erstrebenswerte Verwandlung aus dem Inneren heraus: „Visita interiora terrae, rectificando invenies occultum lapidem."[31]

Wir haben einen weiten Bogen geschlagen, vom Tabu des Schmiedes und des Hinkens über ausgestoßene, tabuisierte Gestalten mythologischer und biblischer Legenden bis zu Tubal-Kain. Diesen virtuosen Beherrscher der Elemente und autonomen, evolutionären Tatmenschen haben die Freimaurer in ihr Ritual aufgenommen. Ein Abkömmling der von Gott verstoßenen Kainiten wurde zu einer Chiffre auf der Suche nach Wahrheit und Veredelung.

31 „Suche das Innere der Erde auf; indem du dich läuterst, wirst du den verborgenen Stein finden."

Fratello Sole, Sorella Luna[1]

Sonne und Mond als Tabu

Das Licht zählt zu den ältesten Symbolen der Menschheit. Omnipräsent und in umfassendster Auslegung genießt es seinen festen Platz in der Mystik, Religion, Kunst, Literatur und Philosophie.

Der Sonne und dem Mond, den beiden wesentlichen Lichtspendern unserer Erde, kommt nicht nur in den Schöpfungsmythen und der Astralsymbolik eine zentrale Bedeutung zu. Als archetypische Gegensatzpaare sind sie in der Polarität von Tag und Nacht, Licht und Finsternis, Gut und Böse, Leben und Tod bis heute weltweit verbreitet.

Versuchen wir zunächst, der kulturhistorischen Symbolik von Sonne und Mond nachzuspüren. Um den gegebenen Rahmen nicht zu sprengen, wollen wir uns dabei auf die prominentesten Beispiele solarer und lunarer Manifestationen beschränken.

„Der Aufgang der Sonne macht das Dunkel machtlos"[2]

Seit alters her übt die Sonne eine enorme Faszination auf die Menschheit aus. In zahlreichen Hochkulturen, wie Ägypten, Mesopotamien, Altamerika oder Japan, wurde dieser hellleuchtende Himmelskörper als Gottheit verehrt, seine tägliche Wiederkehr hoffnungsvoll erwartet, oft durch kultische oder magische Rituale heraufbeschworen. Als überlebenswichtiges, zentrales Gestirn spendet es Licht und Wärme, lässt Pflanzen gedeihen und bietet den Menschen von jeher auch Sicherheit vor den Gefahren der Nacht. Die Sonne wurde quer über den Erdball zum Symbol für den Takt des Lebens, die fortschreitende Zeit, aber auch für Tod und Wiedergeburt.

1 Aus dem „Sonnengesang" von Franz von Assisi 1224/25. Dieser Hymnus gilt als ältestes Zeugnis italienischer Literatur. In: https://de.wikisource.org/wiki/Sonnen-Gesang (abgerufen 15.12.2020).

2 Ferstl, 2004, Ein Augenblick Ewigkeit.

Mannigfaltige Spuren dieser uralten Beziehung zwischen Sonne und Mensch haben Jahrhunderte überdauert. Die geheimnisvollen Steinsetzungen der Megalithkultur von Stonehenge, das prähistorische Kultsymbol der Sonnenscheibe, der „Große Hymnus" des Echnaton von Amarna und sein neu eingeführter Sonnenkult, Gottheiten wie Apollon, Mithras, Vishnu, Freyr oder Baldur – sie alle spiegeln die Sonne als Symbol höchster kosmischer Macht und Wiedergeburt, das sich jeden Morgen neu erhebt und nächtens in das Totenreich hinabfährt.[3]

Die aufgehende Sonne galt als Eintrittspforte zum Heiligtum des werdenden Tages, der für die Menschen der Vorzeit eine starke sakrale Konnotation gehabt hatte. Für Indianer war der Tag *wakan* (heilig), denn, so die Erklärung: Der Mensch kann bei Helligkeit wundervolle Dinge vollbringen. Die Sonne, die das geheimnisvolle Licht ausstrahlt, ist ebenso heilig wie der Tag selbst. Auch im Hethitischen Wort für Tag, *Šiwatt,* finden wir dieselbe Wurzel wie im Wort für Gott, *Šiu(ni)* oder *Suuanni.*[4]

Ähnlich wie die Präsenz der leuchtenden Gestirne das Licht in Lichtgötter verwandelte, so transformierte sich die naturalistische Sonnenverehrung allmählich zum profanen Kaiserkult. Zahlreiche Herrscher griffen die Verbindung von solarer Ausdruckskraft und politischer Macht auf. Schon der altbabylonische Herrscher Hammurapi (2200 v. Chr.), dessen Ruhm auf seine Gesetzessammlung, einen nach ihm benannten Codex zurückgeht, spricht von sich als einem geistigen Verwandten des Sonnengottes *Schamasch*, der ihm diesen Codex persönlich überreicht haben soll.

Sonnentheologien waren in Ägypten selbstverständlich. Der tägliche Lauf der Sonne, insbesondere ihre Wiederkehr aus der nächtlichen Unterwelt, versinnbildlichte die sich wiederholende Überwindung der das Leben bedrohenden Mächte. Das über die Dunkelheit triumphierende Licht wurde als Sieg der Schöpfung gefeiert.

Als Symbol der Ewigkeit und des Neubeginns erfreute sich der

---

3 Ad *Echnaton*: Assmann, 1998, Moses und Echnaton: Religionsstifter im Zeichen der Wahrheit, S. 33-44.

4 Havers, 1946, Neuere Literatur zum Sprachtabu, S. 86.

Sonnenkult auch im alten Rom großer Beliebtheit und avancierte zum politischen Emblem. Der unbesiegte Sonnengott *Sol Invictus* hinterließ deutliche Spuren in der langen Geschichte des römischen Reiches.

Weltliche Herrscher aller Erdteile traten gerne in der Glorie der Sonne auf, sahen sich als solare Überwinder des Bösen, als Heilsbringer und zögerten nicht, diesen Nimbus für ihre machtpolitischen Interessen einzusetzen. In diesem Sinne verstand sich auch Ludwig XIV. (1643–1715) als „Sonnenkönig", dessen Herrschaft zur Gänze unter der Devise dieses Tagesgestirns stand. Bis heute ist der Tennō nicht bloß geistiger Herrscher von Japan, sondern, laut traditionalistischer Sicht, ein direkter Nachkomme der Sonnengöttin *Amaterasu*.

Religion, Philosophie und Literatur weisen uns seit Jahrhunderten den Weg vom äußeren Licht der Welt zum inneren Licht der Erkenntnis. Der biblische Gott wohnt im Reich des ewigen Lichtes und beruft seine Propheten zur Erleuchtung der in der Finsternis wandelnden Menschen. In der Bibel nimmt das „Licht" von der Genesis bis zur Offenbarung einen prominenten Platz ein. Das Alte Testament beginnt mit der Erschaffung der Welt und zeigt Gott als Ausgangspunkt allen Lichts (Gen 1, 3-5)[5]. Zahlreiche Bibelstellen setzen Gott selbst metaphorisch mit der Sonne gleich. „Denn Gott der Herr ist Sonne und Schild" (Ps 84,12). Die Sonne als Christussymbol wurde vor allem durch Bernhardin von Siena und die Jesuiten verbreitet.

Die Verchristlichung der ursprünglich heidnischen Sonnenverehrung lässt sich sprachlich gut an unserem Wort für „Sonntag" veranschaulichen. Dieser Tag war einst ausschließlich der Sonne gewidmet, enthielt eine verborgene Aufforderung, ihrer zu gedenken, sie göttlich zu verehren. Erst als der *dies solis* im Römischen Reich zum gesetzlichen Feiertag bestimmt wurde, hat das Christentum diesen

5 Luthers Übersetzung von 1545: Gen. 1:3-5
3 VND Gott sprach / Es werde Liecht / Vnd es ward Liecht.
4 Vnd Gott sahe / das das Liecht gut war / Da scheidet Gott das Liecht vom Finsternis /
5 vnd nennet das liecht / Tag / vnd die finsternis / Nacht. Da ward aus abend vnd morgen der erste Tag.

„Sonnentag" akzeptiert, ihn sogleich mit christlicher Sinngebung erfüllt und zum Tag des Herrn gemacht (lat. *dominica*). Der Kirchenhistoriker Philip Schaff bemerkt dazu: „Es haben sich nicht nur ein paar heidnische Gebräuche in die Kirche eingeschlichen […] Auch in der Sonntagsfeier, die von Konstantin eingeführt wurde, vermischt sich der Kultus des alten Sonnengottes Apollo mit der Erinnerung an die Auferstehung Jesu."[6]

Festzuhalten bleibt, dass die christliche Heilslehre sich stets aktiv darum bemühte, Relikte heidnischen Sonnenkults zu tilgen oder – zur leichteren Integration – einer passenden Neuinterpretation zu unterziehen. Sogar die Geburt Jesu Christi fällt mit einem Sonnenfest, dem Geburtstag des *Sol invictus*, der Wintersonnenwende, zusammen. Die amtliche Formel dafür lieferte der Heilige Augustinus und stellte Christus dem heidnischen Sonnengott als „die wahre Sonne der Gerechtigkeit" gegenüber. Ostern, das höchste Fest des Kirchenjahres, hat ebenso seinen Ursprung in einem Sonnenfest, dessen Bezeichnung (mittelhochdeutsch *ōsteren*, althochdeutsch *ōstarun*) vermutlich auf den Ostpunkt zurückgeht, an dem die Sonne zu Frühlingsbeginn steht. Davon zeugt auch die Tradition der geosteten Kirchen, in denen Chor und Apsis immer nach Osten, also nach dem Sonnenaufgang ausgerichtet sind. Das Christentum konnte also nicht umhin, vorchristliche Kultformen der Sonnensymbolik in ihre religionsgeschichtlichen Erklärungsversuche zu integrieren.

Auch in der Rechtsprechung war die Sonne noch lange Zeit von hoher Bedeutung: kulturhistorisch überaus beachtenswert – als Zeugnis altdeutscher Blutgerichte – erscheint die feierliche Urteilssprechung höchster Instanz unter freiem Himmel. Diese Gepflogenheit liegt darin begründet, dass Rechtshandlungen unter der Sonne, dem Auge Gottes vollzogen werden sollten (lat. *sub divo*). Noch bis zum Jahre 1842 befand sich in der Decke des großen Hamburger Ratssaals eine Öffnung, damit die Sonnenstrahlen ungehindert eindringen konnten. Kaiser Maximilian I. erteilte der Stadt Wels das Privileg,

6 Schaff, 1996, History of the Christian Church, Bd. 3, S. 376, 378.

im Rathaus Blutgericht zu halten, doch musste das Urteil „bei klarem und hellen Himmel“ verkündet werden.[7, 8]

„Der Mond ist uns viel näher als wir glauben. Besonders seine dunkle Seite.“[9]

Kaum ein Himmelsobjekt hat die Fantasie zu kühneren und sentimentaleren Träumen angeregt als dieses Gestirn. Bei weitem nicht so strahlend wie die Sonne ist der Mond auch als deren Gegenspieler bedeutsam und ist vielleicht sogar – ob seiner wechselvollen Bewegung auf seiner täglichen Bahn – noch vielfältiger in seiner Bedeutung.

Der uns nächtens so vertraute Erdtrabant wurde seit jeher sorgfältig beobachtet. Aufgrund seiner, neben dem Sonnenlauf wichtigsten zyklischen Ordnung am Erdenhimmel, hat er die Aufmerksamkeit der Menschen seit alters her geweckt und sich als fester Bestandteil unserer Erfahrungswelt etabliert. Durch ihn lernten die Menschen die Zeit zu messen, sodass sich die siebentägige Woche, der vierteilige Monat und das zwölf Monate währende Mond- und später Sonnenjahr mit seinen Jahreszeiten entwickeln konnten. In der altorientalischen Astronomie genießt er höhere Bedeutung als die Sonne, gilt als Zeitmaß und als Messinstrument. Bis heute werden der islamische Ramadan und das christliche Osterfest nach dem Mond ausgerichtet. Dieser einzige natürliche Satellit der Erde durchmisst als Wanderer (indog. *mēns,* „Schreitender“) die Himmelsbahn, reflektiert das Licht der Sonne, nimmt Einfluss auf das Wetter sowie auf die Gezeiten.[10, 11]

7 Havers, 1946, Neuere Literatur zum Sprachtabu, S. 79.

8 Belegt auch s. Beneke, 2014, Von unehrlichen Leuten, S. 169.

9 Ferstl, 1996, Unter der Oberfläche, S. 199.

10 Bei den Indogermanen bedeutet die Wurzel mē-[d] „schreiten“, „messen“. Das allgemeinste Mond-Wort kann verschieden lauten: mēn- wie griech. μήν dt. Mond < mân, mēs- wie ai. mâs np. mâh, mēns-is lat. mensis, armen. amis < a mēnsos, mēnót in dt. Monat. Der Mond ist hier mit Pokornys Worten „die personifizierte Zeitmessung“: zu mē-„messen“.

11 Eilers,1975, Sinn und Herkunft der Planetennamen, S. 35-36. In: https://indo-european.info/pokorny-etymological-dictionary/m%C4%93n%C5%8Dt_gen_m%C4%93neses_woraus_m%C4%93nes-_m%C4%93ns-_m%C4%93s-_m%C4%93n.htm (abgerufen 23.03.2021).

Stärker als die Sonne kann der Mond die metaphysischen Schlagschatten unseres Daseins sichtbar machen. Steht die Sonne symbolisch für alles Lebenserschaffende, königliche, gottgleiche und damit meist für das männliche Prinzip, so sind dem Mond alle unbewussten, instinktiven Stimmungen, seelische Schwankungen, „Launen" (lat. *luna*), der zyklische Wandel und damit das weibliche Prinzip zugeordnet.[12]

Der Mond und seine ihm zugeschriebenen Gottheiten, meist als Beherrscher der Vergänglichkeit alles Seienden, wurden von fast allen Völkern verehrt und gefürchtet. Zahlreiche ikonographische Belege bestätigen die weite Verbreitung der Mondverehrung in vielen alten Kulturen rund um den Globus: Von der Mondgöttin der Maya in Mittelamerika über die Gottheiten Coyolxauhqui der Azteken und Thot, dem ibisköpfigen altägyptischen Gott des Mondes, bis hin zum nordgermanischen Mani-Mondgott, um nur einige der Prominentesten zu nennen, erscheint dieser Himmelskörper in Mondritualen, Mythologien und Sagen. Vielfach wurde der graue Erdtrabant vor allem von altorientalischen Kulturen in unterschiedlichen Riten aufgegriffen und als Orakel angesehen, dessen Veränderungen auf terrestrische Ereignisse hindeuten. In der christlichen Ikonographie symbolisiert er auch Fruchtbarkeit und Leben, ist Zeichen des ewigen Werdens und Vergehens.

„Ein Narr aber ist wandelbar wie der Mond"[13]

Seit jeher beobachtet die Menschheit mit besonderer Faszination den sichtbaren Phasenwechsel zwischen Neumond und Vollmond. Der Volksglaube, dass bestimmte Handlungen nur bei zunehmendem, andere nur bei abnehmendem Mond verrichtet werden dürfen, nimmt bis heute in sämtlichen traditionellen Heilverfahren eine wichtige Rolle ein. Sei es im Bereich der Akupunktur, der Wirksamkeit von Heilkräutern, der Behandlung von Warzen oder dem scheinbar besten Zeitpunkt für chirurgische Eingriffe.

12 Schauberg, 1861, Vergleichendes Handbuch der Symbolik der Freimaurerei, Bd. 1, S. 205 f.

13 Lutherbibel 1912, Sirach, 27,12.

Die Darstellung des abnehmenden Mondes bedeutete einst Düsterheit und Betrübnis, wogegen der zunehmende Mond die lebensbejahenden Aspekte von Licht und Wachstum ausdrückte. Der Neumond, zuweilen als Schwarzmond bezeichnet, ist seit dem Mittelalter auch mit dämonischen Kräften und allem Trügerischen verknüpft und wurde dem Volksglauben nach mit Kreuzzeichen und Verbeugungen begrüßt. Ebenso mannigfaltig erscheint die dem Vollmond zugesprochene feinstoffliche Wirkung auf den Menschen: Er soll den Geist beflügeln, aber auch verwirren, den Stoffwechsel verlangsamen, die Schlafqualität verschlechtern und Adipositas fördern. Die Imaginationskraft der Menschen potenzierte sich förmlich bei diesem Gestirn. So verwundert es nicht, dass dieser weiße Gesteinsklumpen auch Maler, Astrologen, Visionäre, Philosophen und Dichter zu zahlreichen Projektionen, Metaphern und Missverständnissen verführte. Die Furcht vor dem Mond als Wohnsitz der Totenseelen sowie seiner gemütsstörenden, magisch-anziehenden Kraft motivierte den Ausdruck „mondsüchtig". Das lateinische *lunaticus* entwickelte sich aber nicht nur als Paraphrase des Schlafwandelns, sondern auch zum Terminus für sämtliche Formen des Irreseins. In England bezeichnete man noch im 19. Jahrhundert die psychisch Kranken einfach *lunatics*, die psychiatrischen Verwahrungsstätten als *lunatic asylums*.[14]

Lebendig ist diese Vorstellung auch heute noch in Ausdrücken und Redensarten, die auf mangelnden Realitätssinn, geistige Abwesenheit und Entrücktsein par excellence hinweisen, wie „Mondsüchtigkeit", „in den Mond schauen", „den Mond anbellen", „nach dem Mond gehen", „nach dem Mond greifen", „vom Mond kommen" oder „hinter dem Mond leben", um nur einige zu nennen.

14 Rushton, 1988, Lunatics and Idiots, S. 34-50. In: https://www.ncbi.nlm.nih.gov/pmc/articles/PMC1139816/ (abgerufen 20.03.2020).

Lunarität und Solarität: Integration der Gegensätze

Der Tagesbeginn mit der aufsteigenden Sonne und die Phase des zunehmenden Mondes schienen seit jeher Initialphasen von großer Energie und starker Symbolik zu sein, da sie beide kontinuierlich ihre Kraft zur Entfaltung bringen. War zunächst einmal die Herrschaft der astralischen Mächte als Gottheiten anerkannt, war es nur noch ein kleiner Schritt zur Herrschaft der Sonne und des Mondes über und unter der Erde.

In der Antike wurde die Verbindung von Sonne und Mond als Herrschaftssymbol, aber auch als Sinnbild für die geistliche und weltliche Macht gesehen. Gemeinsame Personifikationen von Sonnengott Helios mit seinen Geschwistern, der Mondgöttin Selene und der Göttin der Morgenröte Eos, sind aus der griechischen Mythologie bekannt, der Sonnengott Sol und Mondgöttin Luna später aus der römischen.

In der Bibel findet sich die kosmisch-geschwisterliche Einheit von Sonne und Mond schon in Genesis 1,16: „Gott machte die beiden großen Leuchten, die größere Leuchte zur Herrschaft über den Tag, die kleinere Leuchte zur Herrschaft über die Nacht, dazu die Sterne."[15]

Besondere Beachtung für unsere Analyse verdient der Hinweis bei Jeremia 8,2 auf die Verehrung von Sonne, Mond und Sternen als göttliche Mächte, welche das irdische Leben bestimmen: So kündigt Jeremia an, dass man die Gebeine der Bürger Jerusalems „hinstreuen wird der Sonne, dem Mond und dem ganzen Himmelsheer, die sie geliebt und denen sie gedient haben, denen sie nachgelaufen sind, die sie befragt und angebetet haben". Klar herauszulesen ist daraus, dass im vorexilischen Israel Astralkulte noch weit verbreitet und sogar am

15 Luthers Übersetzung von 1545: Genesis 1,16:
Vnd Gott machet zwey grosse Liechter / ein gros Liecht / das den Tag regiere / vnd ein klein Liecht / das die Nacht regiere / dazu auch Sternen.

Jerusalemer Jahwe-Tempel praktiziert worden waren (analog dazu vgl. 2 Kön 23,5; Ez 8,16).[16, 17]

In der frühen christlichen Kunst dienten die beiden Gestirne zur Verherrlichung Christi. Auf altchristlichen Darstellungen des 9. und 10. Jahrhunderts sind diese Himmelskörper als astronomische Gebilde meist in der Kreuzigungsszene zu erkennen. Die Sonne immer zur Rechten, der Mond immer zur Linken Christi, beide als Hinweis auf Christus als Herrscher über den Kosmos. Die Kirchenväter interpretierten Sonne und Mond als Altes und Neues Testament, als Synagoge und Ekklesia, aber auch als das männliche und das weibliche Prinzip (lat. *sol* – männlich, *luna* – weiblich). Diesem dualen Prinzip gemäß spricht auch Franz von Assisi von Bruder Sonne und Schwester Mond.[18]

Erlauben wir uns noch einen kurzen Blick auf die christliche Ikonographie der Gotik. In dieser Epoche wurde die Jungfrau Maria oft auf der Mondsichel dargestellt: Als Symbol der apokalyptischen Frau, gesegneten Leibes, sternenbekrönt, vom Strahlenkranz der Sonne umgeben, ein auf dem Mond stehendes „Weib", das dem letzten

---

16 Luthers Übersetzung von 1545: Jeremia 8,2:
vnd werden sie zerstrewen vnter der Sonnen / Mond vnd allem Heer des Himels / welche sie geliebet vnd jnen gedienet / vnd jnen nachgefolget vnd gesucht vnd angebetet haben / Sie sollen nicht wider auffgelesen vnd begraben werden / sondern Kot auff der erden sein.
Ez 8, 16:
VND er füret mich in den innern hof am Hause des HERRN / vnd sihe / fur der thür am Tempel des HERRN / zwischen der Halle vnd dem Altar. Da waren bey fünff vnd zwenzig Menner / die jren rücken gegen dem Tempel des HERRN / vnd jr angesicht gegen dem Morgen gekeret hatten / vnd beten gegen der Sonnen auffgang.
2 Könige 23, 5:
Vnd er thet abe die Camarim / welche der könige Juda hatten gestifftet / zu reuchern auff den Höhen / in den stedten Juda vnd vmb Jerusalem her / Auch die Reucher des Baals / vnd der sonnen vnd des Monden / vnd der Planeten / vnd alles Heer am Himel.

17 Albani, 2014, Sterne, Sternbilder, Sterndeutung. In: https://www.bibelwissenschaft.de/fileadmin/buh_bibelmodul/media/wibi/pdf/Sterne_Sternbilder_Sterndeutung__2018-12-03_21_15.pdf (abgerufen 23.03.2021).

18 Hartmann, 1996, Das grosse Kunstlexikon. In: http://www.beyars.com/kunstlexikon/lexikon_8834.html (abgerufen 15.03.2021).

Kampf zwischen Erzengel Michael und dem Drachen beiwohnt. In der Apokalypse des Johannes ist in Kapitel 12,1 zu lesen: „Und ein großes Zeichen erschien im Himmel: Eine Frau, bekleidet mit der Sonne, und der Mond war unter ihren Füßen und auf ihrem Haupt ein Kranz von 12 Sternen.“[19]

Als „Sonnenweib" auf der Mondsichel (Off. 12) vereint Maria Lunarität und Solarität in der vollkommenen Integration der Gegensätze. Auch Albrecht Dürer hat wiederholt Maria mit dem Christuskind als apokalyptisches Sonnenweib in Kupfer gestochen.[20]

Die Turmbekrönung der Spitze des Südturms von St. Stephan in Wien, der sog. „Mondschein“ (Halbmond und Stern) sollte bis zu seiner Abnahme im Jahre 1686 den gesamten Kosmos und das universale Kaisertum symbolisieren.[21]

Sonne und Mond – ein Tabu?

Schon bei Hesiod im späten 8. Jahrhundert v. Chr. findet sich die tabuisierende Regel, sein Bedürfnis niemals gegen die aufgehende oder gegen die untergehende Sonne zu verrichten, sondern sich dazu jeweils umzudrehen.

Die Theologin Gabriele Theuer zeigt an Hand zahlreicher Belege des Alten Testaments, dass der Mondkult in der Bevölkerung Israels und Judas große Bedeutung genoss, immer wieder in Israels Gottesverehrung eindrang und noch über die Exilzeit hinaus virulent war. Daher sahen sich die deuteronomistisch orientierten Verfasser alt-

19 Luthers Übersetzung von 1545:
1 Vnd es erschein ein gros Zeichen im himel / Ein Weib mit der Sonnen bekleidet / vnd der Mond vnter jren Füssen / vnd auff jrem Heubt eine Krone von zwelff Sternen.
2 Vnd sie war schwanger / vnd schrey / vnd war in Kindesnöten / vnd hatte grosse qual zur Geburt.

20 Lurker, 1990, Die Botschaft der Symbole, S. 104-105.

21 Die Spitze des Südturmes von St. Stephan wurde nach ihrer Zerstörung durch Blitzschlag Anfang des 16. Jahrhunderts durch den „Mondschein" ersetzt. Diese neue Turmbekrönung stellte die Gestirne dar und sollte vermutlich damit – pars pro toto – den gesamten Kosmos symbolisieren. In: Diem, 2009: https://austria-forum.org/af/Wissenssammlungen/Symbole/Stephansdom) (abgerufen 15.03.2021).

testamentlicher Schriften gezwungen, die Gestirne ausdrücklich ihrer göttlichen Kräfte zu berauben und diese auf Jahwe zu übertragen. Insbesondere dadurch, indem sie Mond und Sonne als Ausdruck der Schöpferkraft und Alleinherrschaft Jahwes interpretierten.

Die strengen Verbote der Gestirns-Verehrung waren im alten Israel häufig mit drastischen Strafandrohungen bis hin zur Todesstrafe verbunden. So bezeichnet etwa ein Gesetzestext (Dtn 17,2-5) die Verehrung der Gestirne ausdrücklich als Übertretung eines Verbots Jahwes und als Hinwegsetzung über den Bund mit Gott. Die Übertretung dieses Gebots wurde mit Steinigung sanktioniert.[22, 23, 24]

Auf den besonderen Gefühlswert in Verbindung mit dem Himmelskörper Sonne weist Joseph Dölger in seiner Untersuchung „Sol Salutis“ hin. Noch im 5. Jahrhundert n. Chr. huldigten nicht nur Häretiker, sondern auch gläubige Christen der aufgehenden Sonne. Man verbeugte sich vor ihr und murmelte dabei die Bitte: „Erbarme Dich unser!“ Papst Leo tadelte diese Usance und verbot Christen, sich vor dem Osteingang von St. Peter gegenüber der aufgehenden Sonne zu verneigen. Zeremonien, bei denen der Sonnenaufgang durch eine Art *salutatio* begrüßt wurde, haben sich in zahlreichen Kulturen dennoch erhalten.[25]

Kuriosem begegnen wir auch im deutschen Volksglauben, wo es untersagt war, mit dem Finger nach dem Mond zu weisen oder gar gegen den Mond zu spucken oder zu urinieren.[26]

22 Theuer, 2000, Der Mondgott in den Religionen Syrien-Palästinas, S. 443-470.

23 Luthers Übersetzung von 1545: Dtn 17,2-5:
2 Wenn vnter dir in der Thor einem / die der HERR dein Gott geben wird / funden wird ein Man oder Weib / der da vbels thut fur den augen des HERRN deines Gottes / das er seinen Bund vbergehet /
3 Vnd hin gehet vnd dienet andern Göttern / vnd betet sie an / es sey Sonn oder Mond / oder jrgend ein Heer des Himels / das ich nicht geboten habe /
4 vnd wird dir angesagt vnd hrest es / So soltu wol darnach fragen. Vnd wenn du findest das gewis war ist / das solcher Grewel in Israel geschehen ist /
5 So soltu den selben Man / oder dasselb Weib ausfüren / die solchs vbel gethan haben / zu deinem Thor / vnd solt sie zu tod steinigen.

24 Vgl. Ps 74:16; 104:19.

25 Dölger, 1920, Sol Salutis, S. 80.

26 Wolf, 1929, Der Mond im deutschen Volksglauben, S. 29.

Sprachtabu aus Feingefühl und Rücksichtnahme

Um auch den sprachlichen Tabucharakter von Sonne und Mond näher aufzuspüren, wenden wir uns am besten dem Wiener Meister der Sprachwissenschaft, dem Tabuforscher Wilhelm Havers zu. Schritt für Schritt führt er durch umfassende diachronische Untersuchungen die Wörter „Sonne" und „Mond" auf verblasste Götternamen zurück: Auf göttliche Wesen, denen man in Verhalten und Wortwahl Respekt und heilige Verehrung schuldete. Diese offenbaren sich am deutlichsten an den behutsamen Benennungen und vorsichtigen Umschreibungen dieser Gestirne. Beispielsweise wird die Sonne bei den Jakuten, einem sibirischen Turkvolk, mit *kilbiännäch* („der Glänzende"), bei den Russen in Archangelsk mit праведно (*pravedno*, „das Gerechte") umschrieben. Ebenso gibt es bei diesen Völkern auch Wortverbote für den Mond. Wird sein Name gebraucht, dann nur in Begleitung eines schmückenden Beiwortes, eines *Epitheton ornans*. Havers berichtet von Salzburger Hausangestellten, die sich geweigert hätten, vom Mond anders zu sprechen als vom „Herrn Mond". Jacob Grimm vermutet in dieser respektvollen Anrede die letzten Spuren heidnischer Verehrung.[27]

Neigt sich die Sonne jedoch tiefer, um schließlich am Horizont zu versinken, finden sich auch zu diesem Phänomen quer über den Erdball pathetisch-poetische Ausdruckweisen, mit denen man den leuchtenden Himmelskörper respektvoll verabschiedete und dabei tunlichst vermied, ihn sprachlich zu benennen. Diesem Verständnis nach durfte der Sonnenuntergang nicht mit gewöhnlichen Worten der Alltagssprache bezeichnet werden. Pavel Trost, dessen Forschungsschwerpunkt auf sprachlichen Bewältigungsstrategien lag, vermutet in dieser Ausdruckweise ein Sprachtabu aus Ehrfurcht, das *tabou de sentiment*. Der Sonnengott darf durch sprachliche Berührung nicht verunreinigt werden, um die ihm innewohnende Kraft gegen die Menschen nicht herauszufordern.[28]

27 Havers, 1946, Neuere Literatur zum Sprachtabu, S. 80.

28 Trost, 1936, Bemerkungen zum Sprachtabu, S. 289-294.

Verborgene Religiosität in der Begriffsbildung zeigt Hermann Usener in deutschen Wendungen auf:

> *Ich weiß für das Verhältnis, in dem sich unsere Völker den göttlichen Sonnenkörper zu diesem hehren Gott des Lichtes gedacht haben, keinen treffenderen Ausdruck als eine volkstümliche Redensart, die zu Gottschee, einer deutschen Sprachinsel in Krain, üblich ist: man sagt dort nicht, dass die Sonne untergehe, sondern dass sie „Gott folgen" gehe.*[29]

Karl Schröer verweist analog dazu auf die Wendung „zu Golde gehen" als ein missverstandenes „ze goude gien" im Sinne von (sic!) „zu Gotte gehn".[30]

In zahlreichen Sprachen begegnen uns Beispiele für eine pathetische Umschreibung des Sonnenuntergangs, beispielsweise im Rumänischen: „die Sonne wird heilig" oder im Slawischen: „die Sonne geht zu Gott" oder „die Sonne hat sich zur Ruhe gelegt". Trost betont, dass es sich beim Sonnenuntergang um ein Sterben der Sonne handelt, wobei dieser Tod sprachlich nur angedeutet, aber nicht direkt ausgesprochen wird. Diese Sprachbilder ähneln den rücksichtsvollen Bezeichnungen für das Auslöschen des Feuers oder der Flamme.[31, 32]

Männliche Sonne, weiblicher Mond – eine Genderfrage?

Eine Besonderheit der deutschen Sprache, nämlich die Umkehrung der Geschlechter von Sonne und Mond, gehört zu den kontrovers diskutierten Themen der Linguisten. Die weibliche Sonne und der männliche Mond stehen ganz im Gegensatz zum grammatischen Geschlecht dieser Gestirne in den romanischen Sprachen, aber auch

29 Usener, 1896, Götternamen, S. 178.

30 Schröer, 1869/2021, Ein Ausflug nach Gottschee, S. 93.

31 Vertiefendes dazu im Kapitel „Feuer und Flamme".

32 Trost, 1936, Bemerkungen zum Sprachtabu, S. 289-294.

dem Griechischen, die die Sonne als maskulin verstehen, den Mond hingegen als feminin.

Sollte dieser Genus-Wechsel allein mit der geographischen Lage und dem gemäßigten Klima der nördlicheren Regionen argumentierbar sein? Dieser Erklärung nach herrscht im Süden das männliche, alles verbrennende Tagesgestirn mit einem strengen, gefürchteten Gott, *le sol, soleil* bzw. *helios*. Der Mond regiert hier als erlösende Göttin der Nacht, als gütige „Frau Luna“, die die Menschen vor der versengenden Hitze bewahrt. Im Norden hingegen schätzt man die wärmenden Strahlen des „linden Gestirns“, gegenüber dem eisigen Mond, der die endlosen Winternächte beherrscht und Leben vernichtet.[33]

Um zu klären, ob diese weitverbreitete Interpretation berechtigt ist, lohnt sich ein weiterer Blick in die Etymologie. Das indogermanische Wort für Mond, *mēns* – vom steinzeitlichen Gott Mehnos abstammend, steht in unmittelbarer Verwandtschaft mit dem altägyptischen Wort *men* in der Bedeutung „der Wanderer“. Den Indogermanen war *mēns* ein Maskulinum und bezeichnete sowohl das Gestirn als auch den Monat. Im Lateinischen bildete sich – wie später auch in anderen Sprachen – ein eigenes feminines Wort für Mond, *luna*, das an die Wurzel „leuchten“ anknüpft.[34, 35]

Welche Motive können hinter dieser Neuschöpfung stehen? Und aus welchem Grunde ist sie ein Femininum im Gegensatz zu dem maskulinen Mondwort des Indogermanischen?

Trost vermutet, dass es sich hierbei um Tabuvertretungen religiöser Natur handelt, die „aus frommem Schauder“ eingesetzt wurden. Keinesfalls sind sie zu dem Behuf entstanden, den Gleichklang von „Mond“ und „Monat“ zu beseitigen. Auch im Altslawischen gibt es für Mond ein maskulines *měsęči* und ein feminines *luna* in der Bedeutung „licht, strahlend“, analog zum lateinischen *luna*, dem griechischen *σελήνη (Selḗnē)*, beides feminin.

33 Wolf, 1929, Der Mond im deutschen Volksglauben, S. 12 f.

34 Eilenstein, 2009, Die Entwicklung der indogermanischen Religionen, S. 335.

35 Ad *mēns*: https://indo-european.info/pokorny-etymological-dictionary/m%C4%93n%C5%8Dt_gen_m%C4%93neses_woraus_m%C4%93nes-_m%C4%93ns-_m%C4%93s-_m%C4%93n.htm (aufgerufen 20.03.2021).

Als Motiv für diese Genusveränderung greift der Linguist Antoine Meillet zu einer fesselnden ethnologisch-universalhistorischen Erklärung, die uns zum Mutterkult der baltischen Mythologe führt, zu Überresten einer bodenbauenden Mutterrechtskultur mit lunarer Orientierung.[36]

Um dieses *Principe femelle*, wie Meillet es bezeichnet, nachvollziehen zu können, wollen wir einen kurzen Blick auf die Schmeichelnamen, die *captationes benevolentiae* werfen, mit denen dieser leuchtende Himmelskörper angesprochen wurde. Wie auch wilde Tiere durch Worte besänftigt werden sollen, so glaubte man, die vom Mond ausgehenden Gefahren durch euphemistische Umschreibungen umgehen zu können. So wurde in Nord- und Ostfrankreich der Mond feminin *la belle* genannt. In diesem besänftigenden Sinne versteht man auch Anreden wie „lieber Mond“, „Herr Mond“, „Mondchen“, wobei Deminutivformen besonders im Slawischen vorzufinden sind. Dies vor allem dann, wenn man sich die Mildtätigkeit des Mondes erhoffte.[37]

Auch im Lateinischen scheint die Deminutivform *Soliculus*, liebe Sonne, obwohl ohne literarischen Beleg, im Volke ganz lebendig gewesen zu sein und einen besonderen Gefühlswert gehabt zu haben.[38]

Nach Alberto Barrea Vidal wurde die grammatikalische Zuordnung – vermutlich bedingt durch klimatische oder geographische Verhältnisse – in den einzelnen indogermanischen Sprachen unterschiedlich getroffen, obwohl im Grunde immer dieselben Auswahlkriterien Anwendung fanden. Dies könnte eine Erklärung für das im Vergleich zu den germanischen Sprachen umgekehrte Verhältnis von Sonne und Mond in den romanischen Sprachen sein.[39]

Keinesfalls, so argumentiert Mario Wandruska, handelt es sich bei diesen „klimapsychologischen, religionspsychologischen, kultur-

36 Trost, 1936, Bemerkungen zum Sprachtabu, S. 289-294.

37 Meillet, 1919, Le genre grammtical et l'élimination de la flexion. In: Havers, 1946, Neuere Literatur zum Sprachtabu, S. 83-84.

38 Vossler, 1925, Geist und Kultur in der Sprache, S. 82.

39 Barrera-Vidal, 1991, Zum Genusproblem im modernen Französisch, S. 3. In: http://www.linse.uni-due.de/laud-paper.html (abgerufen 05.03.2020).

psychologischen, nationalpsychologischen Interpretationen und Spekulationen" um wissenschaftlich abgesicherte Darstellungen.[40]

Bei diesen Überlegungen gilt es zu bedenken, dass das grammatische Geschlecht im Deutschen auch eine rein formale Funktion für die Strukturierung der Äußerungen besitzt, um referenzielle Beziehungen zu verdeutlichen. Diese dienen zwar der semantischen Differenzierung, lassen aber keinerlei sexuelle Interpretationen zu. Beispielsweise existieren „der Kiefer" als Schädelknochen, aber auch „die Kiefer" als Nadelbaum nebeneinander. Zuweilen besteht Wahlfreiheit, wie im Falle des Wortes „Barock", das männlich oder sächlich sein kann. Auch die regionale Zugehörigkeit kann über das Genus entscheiden, wie beispielsweise bei „die E-Mail" bzw. „das E-Mail" in der österreichischen Variante.[41]

So möchte ich abschließend aus der Vielfalt der Spekulationen zur Übertragung menschlicher Eigenschaften auf Naturphänomene David Hume über die Beseelung der unbelebten Natur zu Wort kommen lassen:

> *[...] eine allgemeine Neigung unter den Menschen, alle Außendinge sich selbst ähnlich zu wähnen ... Wir sehen menschliche Gesichter im Mond, Armeen in den Wolken und schreiben auf Grund eines natürlichen Hanges, sofern er nicht durch Erfahrung oder Überlegung korrigiert wird, einem jeden Ding, je nachdem es uns verletzt oder gefällt, Böswilligkeit oder einen guten Willen zu.*[42]

40 Wandruszka, 1969, Sprachen, vergleichbar und unvergleichlich, S. 182.

41 Vgl. weitere Homonyme im Deutschen: das Tor und der Tor, die Leiter und der Leiter, die Steuer und das Steuer, die See und der See usw.

42 Streminger, 2011, David Hume, S. 387.

Lichtsymbole in der Königlichen Kunst

Als Archetypen gehören Sonne, Mond und das von ihnen ausgehende Licht zu den ältesten Symbolen der Menschheit. Die Wahrnehmung der Natur als göttliche Einheit offenbart sich in der Verflochtenheit von Naturereignissen mit dem menschlichen Lebens- und Jahreskreislauf, der Verehrung von Sonne und Mond sowie archaischen Ritualen, die bis heute unter freiem Himmel vollzogen werden.

Gottlieb Imhof vermutet, dass die Freimaurer ihre ersten rituellen Arbeiten weitab der Zivilisation im Freien abhielten. Im ältesten bekannten Katechismus, dem Edinburger Manuskript aus dem Jahr 1696 heißt es, eine Loge befinde sich „[...] eine Tagereise weit weg von jeglichem bewohnten Ort, da, wo kein Hund bellt und kein Hahn kräht".[43]

Die Freimaurerei hat gewiss eine Tradition aufgegriffen, die den Weisheitslehren, Mythen und Religionen aller Zeiten heilig war. Die Verehrung des Lichts als Manifestation höheren Wirkens steht als facettenreiche Lichtsymbolik im Mittelpunkt jeder freimaurerischen Arbeit. Diese begleitet den Freimaurer ein ganzes Leben lang: bei der regulären Logenarbeit ebenso wie auf dem Weg zum Lehrling, Gesellen oder Meister.

Schon bei der Rezeption wird dem aus der Dunkelheit der Materie wandelnden Neophyten das Licht erteilt. Bei Neugründung einer Loge wird das Licht „eingebracht", wie auch jede rituelle Arbeit mit dem Anzünden der drei kleinen Lichter zu Hochmittag beginnt. Die Loge kann nur dann vollkommen sein, wenn die drei großen Lichtsymbole – Bibel, Winkelmaß und Zirkel – aufliegen.[44]

43 Imhof, 1983, Kleine Werklehre der Freimaurerei, S. 107.

44 Die Bibel (Volume of the Sacred Law), hat in den heutigen Freimaurerlogen keinerlei dogmatische, sondern ausschließlich symbolische Bedeutung, wobei es dem Einzelnen vollkommen freigestellt ist, in ihr das heilige, religiös verpflichtende Buch oder die auf jahrhundertelanger Entwicklung begründete, allgemein verpflichtende Sittenlehre, also ein ethisches Dokument, zu erblicken. In einzelnen Systemen wird neben der Bibel auch noch das Gesetzbuch der Großloge aufgelegt. Es kann aber ebenso der Koran oder die Thora oder ein anderes „geheiligtes Buch" sein. Vgl. https://freimaurer-wiki.de/index.php/Bibel#Freimaurer-Bibel sowie: https://www.freimaurer-wiki.

Die mit dem Lichtkult zusammenhängende Gestirnsymbolik kommt im Tempel in der Verehrung des Ostens zum Ausdruck. Der Weg dorthin führt immer im Sonnenlauf. Infolgedessen ist auch der Tempel symbolisch nach Osten - zum Licht - ausgerichtet. Selbst nach dem Tod verbleibt die Orientierung nach dem Licht. Auf dem Weg zu seiner Vollendung, seinem letzten Weg, geht ein Freimaurer „in den ewigen Osten" ein. Helmut Reinalter spricht sogar von einer „Einbindung der Freimaurerei in ein kosmogonisches Modell als symbolischer Ort und symbolische Zeit des rituellen Ablaufs".[45]

Sonnenwenden – Johannisfeiern

Erreicht die Sonne den höchsten bzw. niedrigsten mittäglichen Stand am Horizont, feierten schon die Altgermanen, Slawen und Kelten dies traditionell als die Sommer- und Wintersonnenwende. Auch in der Königlichen Kunst sind diese außergewöhnlichen Momente im Sonnenlauf, die Solstitien, die als Sommer- und Winter-Johannisfeste begangen werden, von besonderer Bedeutung. Das Hochfest der Freimaurerei, der Johannistag, der lichtreichste Tag, wird traditionell am 24. Juni zu Hochmittag begangen. Bis heute dient das Geburtsfest zu Ehren Johannes des Täufers, dem Schutzheiligen der Bauhütten, dem Verkünder des wahrhaftigen Lichtes, auch der Erinnerung an das offizielle Gründungsdatum der „modernen" Freimaurerei am 24. Juni 1717.

In der Zeit der Wintersonnenwende wird das Fest zu Ehren Johannes des Evangelisten gefeiert, der Zeugnis vom Licht ablegte und die Menschen aufrief, das Mysterium zu erleben, das zu geistigem Erwachen führen kann.

de/index.php/Traktat:_Hans-J%C3%BCrgen_Wegmann_%E2%80%93_Von_Ritualen,_Symbolen_und_Mythen (aufgerufen 23.03.2021).

45 Reinalter, 2016, Die Freimaurer, S. 32.

Gestirne als Wegweiser

Einen besonders spannenden Einblick in Relikte frühester masonischer Sonnenverehrung gewährt uns Ursula Schaumburg-Terner. Schon im Frontispiz, einer Illustration in Andersons „Konstitution" aus dem Jahre 1723, nimmt das Licht eine zentrale Bedeutung als Personifikation des Sonnengottes Apoll ein. Dieser schwebt in seinem Sonnenwagen majestätisch über der Himmelszone. Vor einer Säulenhalle stehen der Großmeister John, Zweiter Duke of Montagu, der seinem Nachfolger, Philip, Duke of Wharton, das Manuskript der noch nicht gedruckten „Konstitution" übergibt.[46]

Auch auf Tapissen oder Tracing Boards lässt sich die tiefe Bedeutung einer Symbolik, die den archaischen Sonnen-Licht- und Feuerkulten entstammt, beeindruckend nachvollziehen. Aus ursprünglichen Bodenzeichnungen wurden individuelle, kunstvolle Kreationen mit einer Vielfalt an sichtbaren Sinnbildern, auf denen Sonne und Mond nicht fehlen dürfen.

Hier repräsentiert die Sonne, als Ursprung allen Lichts, symbolisch den Meister vom Stuhl. Der Sonne gegenüber befindet sich der von ihr angestrahlte Mond. Die beiden bilden im Osten ein aktiv-passives Gegensatzpaar, ebenso wie die beiden Säulen im Westen. Das Gleichgewicht der Kräfte steht auch hier in Harmonie einander gegenüber.

Eine ganz ausgefallene Darstellung einer Bildertafel ist in Besitz der im Jahre 1736 gegründeten schottischen Loge zu Kirkwall Kilwinning, bekannt als Kirkwall-Rolle. Dieser etwa 100 maurerische Symbole zeigende Wandbehang, um den sich zahlreiche Legenden hinsichtlich seiner Entstehung, Interpretation und Datierung (15. Jahrhundert oder 1740 oder 1785) ranken, könnte eines der ältesten erhaltenen Exemplare eines Tapis sein (beschrieben und abgebildet in A. Q. C., 1897).

46 Schaumburg-Terner, Freimaurerische Bildwelten. In: Reinalter, 2005, Freimaurerische Kunst – Kunst der Freimaurer, S. 70.

The Kirkwall Scroll

Was für unsere Untersuchung in diesem Kontext indes bedeutsam erscheint, ist die auf diesem Tapis in verblassten Pastellfarben gehaltene Darstellung einer vom Himmel strahlenden mehrzackigen Sonne. Der Mond ist von acht einzelnen Sternen umgeben. Eine interessante Parallele dazu findet sich auf dem Schurz Voltaires um 1778: Auf diesem sind, abgesehen von Sonne, Mond und einer Vielzahl masonischer Symbole, ebenso acht Sterne unter dem Flammenden Stern gruppiert.

In Frankreich ist die erste Darstellung der Sonne auf dem Arbeitsteppich in „Le Parfait Maçon" (1744) belegt, ein Jahr später schon gemeinsam in Begleitung des Mondes auf dem Arbeitsteppich in „L'Ordre des Francs-Maçons trahi" (1745). Der Mond wird niemals alleine, nur in dieser Kombination dargestellt.[47]

Ein interessantes Zitat zur Symbolik des Mondes findet sich im Katechismus der Strikten Observanz, das auf Schröder zurückgeht und das folgendermaßen lautet: „denn wie der Mond die Sonnenstrahlen zurückwirft, damit er uns nachts erleuchte, also leuchten uns die Vorsteher unter Aufsicht des Meisters, und helfen uns, die Wahrheit zu finden."[48]

Trinität der Lichter

Abbildungen von Sonne und Mond auf Arbeitstafeln können je nach freimaurerischen Katechismen auch religiös motiviert sein. In solchen Systemen symbolisieren sie die Trinität, wobei die Sonne Gottvater, der Meister den Gottessohn Christus und der Mond den Heiligen Geist versinnbildlicht. Klaus C. F. Feddersen verweist bei der Dreiheit „Sonne, Mond und Meister" auf rosenkreuzerische Vorstellungen: „Die Sonne (Gold) und der Mond (Silber) gelten hier als In-

47 Müller, Die vielen „Lichter" der frühen Freimaurerei. In: https://www.freimaurer-wiki.de/index.php/Traktat:_Die_vielen_%27Lichter%27_der_fr%C3%BChen_Freimaurerei#Traktat:_Die_vielen_.27Lichter.27_der_fr.C3.BChen_Freimaurerei (abgerufen 23.03.2021).

48 Krivanec, in: Q.C., 1980, Die Freimaurerei in Prag zur Zeit der Strikten Observanz 1764 – 1780, QC08, S. 4.

Frontispiz aus Betty Langleys „The Builder's Jewels" aus dem Jahre 1741.

karnationen der beiden schöpferischen Urkräfte, und der vorsitzende Meister der Loge als ‚Sohn', als ‚Logos', ‚Wort', als der die Welt aufbauende Werkmeister, der Demiurgos."[49]

International bekannt geworden ist Langleys gemeinsame Darstellung von Sonne, Mond und dem Meister vom Stuhl auf einer Arbeitstafel aus dem Jahre 1741 in einer Illustration der drei kleinen Lichter. In seinem 1741 publizierten Buch mit dem Titel „The Builder's Jewels" ebnete er die Grundlage für eine neue Sicht der Gotik. Er empfahl eine „Freimaurerische Säulenordnung" in der er die Trias von Weisheit, Stärke und Schönheit in der Form von Sonne, Mond und Mensch auf einer Säule darstellte.[50]

Licht ins Herz[51]

Bruder Goethe lässt seinen erblindenden Faust, als ihm das sinnliche Licht geraubt wird, erkennen: „die Nacht scheint tiefer, tief hinein zu dringen, allein im Innern leuchtet helles Licht".

Obwohl viele Mythen um die symbolhafte Verbindung von Himmel, Erde und Totenreich längst verblasst sind, gelten Gestirne noch heute als Symbole für Transzendenz und kosmische Ordnung. Die Namensgebung zahlreicher Logen widerspiegelt diese Verbundenheit: „Zur aufgehenden Morgenröte", „Zur aufgehenden Sonne", „Aurora zum hellleuchtenden Stern", „Zum Morgenstern", „Helios", „Licht

49 Der Trias Sonne, Mond und Meister vom Stuhl begegnen wir schon 1727 in „The Whole Institution of Masonry" und im „Wilkinson Manuskript". Sie versinnbildlichten zu Beginn des 18. Jahrhunderts die Lichtquellen der Loge. Die Sonne regiert den Tag, der Mond die Nacht und der Meister vom Stuhl die Loge. Im Gleichklang dazu findet sich auch die Interpretation dieser Symbolik in Samuel Prichards Verräterschrift „Masonry Dissected" von 1730, der die drei Lichter auch hier der Sonne, dem Mond und dem Meister vom Stuhl zuordnet.

50 Müller, Die vielen „Lichter" der frühen Freimaurerei. In: https://www.freimaurer-wiki.de/index.php/Traktat:_Die_vielen_%27Lichter%27_der_fr%C3%BChen_Freimaurerei#Traktat:_Die_vielen_.27Lichter.27_der_fr.C3.BChen_Freimaurerei (abgerufen 23.03.2021).

51 „Auch das ist Kunst, ist Gottes Gabe, aus ein paar sonnenhellen Tagen sich so viel Licht ins Herz zu tragen, dass, wenn der Sommer längst verweht, das Leuchten immer noch besteht." Johann Wolfgang von Goethe.

und Wahrheit", „Zum aufgehenden Licht", „Zur Sonne", um nur einige wenige zu nennen.

Das Ritual erinnert zu Beginn jeder Arbeit: „Gleich der Sonne trägt der Meister vom Stuhl das Licht aus dem Osten in die Loge." Der Freimaurer durchläuft seinen Reifungsprozess auf der Bahn des Lichtgestirns, um zu Selbsterkenntnis zu gelangen. Die Sonne steht für Selbsterkenntnis und Reflexion über den Sinn des Menschseins, aber auch für das aufklärerische Streben nach intellektuellem Erkenntnisgewinn.

Der Blick zum Himmel war immer auch ein Blick nach innen. Die symbolische Wahrnehmung und Betrachtung dieser einst von der Kirche tabuisierten Gestirne im Tempel erlaubt es dem Freimaurer, unabhängig von Kultur und Religion zu eigener Interpretation zu finden und diese Suche wieder in einen Weg zu sich selbst zu verwandeln.

Solve et coagula[1]

Knoten als Tabu

Es mag verwundern, dass ein Knoten tabu sein kann, doch hat dieses speziell geschürzte Geflecht schon seit dem Altertum bis hin in unsere Gegenwart bei verschiedenen Naturvölkern eine ganz besondere, oft mystische Bedeutung.

Die Erwähnung eines magischen Knotens führt uns gedanklich sogleich in die Welt antiker Legenden, zu Alexander dem Großen, dem es gelang, den bislang für unlösbar gehaltenen Gordischen Knoten, der Joch und Deichsel eines Streitwagens fest zusammenhielt, mit seinem Schwert zu durchschlagen.

Aber nicht nur in der hellenistisch-römischen Antike, auch in der deutschsprachigen Sagenwelt spielten heilige, geknotete Fäden eine magische Rolle, indem sie besondere Orte abgrenzten. Eine der bekanntesten Sagen Südtirols erzählt vom zauberkundigen Zwergenkönig Laurin, der seinen verwunschenen Rosengarten mit einem seidenen Faden umzäunte, um ihn vor Eindringlingen zu schützen.

Solcher apotropäischer, Unheil abwehrender Zauber ist charakteristisch für Legenden, aber auch für Religionen der Spätantike. Sein kulturhistorischer Hintergrund und seine magische Wirkkraft spannen einen Bogen von der abendländischen christlichen Magie über russische Volkszaubersprüche bis zurück in den byzantinischen Kulturkreis, wo wir dem Knotenmotiv auf Medaillons, Amuletten, Ikonen und Reliefs begegnen.

1 Hier in abgewandelter Form „die Schlüsselformel zum Verständnis der Alchemie. Die Idee der prima materia führte die Alchemisten zum Prinzip solve et coagula, löse und verbinde. Löse, um die Ursubstanz zurück zu gewinnen, löse die Ursubstanz aus dem Stoff, verbinde, um aus der durch Lösung gewonnenen Ursubstanz eine neue Substanz herzustellen, ein besseres Ergebnis. Die prima materia ist somit per se der Ausgangsstoff und die Basis des Opus Magnum, des Großen Werkes.“ Vgl. Fischer H., 2018, Die Alchemie, S. 88.

Schon bei den Ägyptern gab es Knotenamulette, stilisiert zu einer Hieroglyphe mit der Bedeutung „vereinigen". Als trigonometrische Messwerkzeuge waren Schnüre mit Knoten in den frühen Kulturen an Nil, Euphrat und Tigris von grundlegender Bedeutung. Die damaligen Land- und Himmelsvermesser waren vermutlich die ersten Menschen, die sich mit Trigonometrie auseinandersetzten. Diese besondere Priesterkaste, später von den Griechen Harpedonapten (griechisch: „Seilspanner"; Zusammensetzung aus *harpedonä* = Seil und *hapto* = anfassen, anknüpfen) genannt, steckten auf dem Erdboden durch das Aufspannen von geknoteten Schnüren gerade Linien, Kreise und Winkel. So konnten sie Felder nach den jährlichen Überschwemmungen vermessen und Bauwerke wie Tempelanlagen oder Pyramiden errichten. Durch die Anzahl der Knoten war die Vermessung der Welt mit Dreiecken recht exakt möglich. Als Kreis aufgespannt soll die zwölfknotige Schnur bei kultischen Handlungen auch als Symbol des Weltganzen gedient haben.[2]

Böse Macht und wohltuender Zauber

Nähern wir uns nun exemplarisch diesem tabuisierten, rund um den Erdball verbreiteten Knoten-Symbol und betrachten die mannigfaltigen Formen seiner Ausprägung: sei es als Ursache für Blockaden, als Verpflichtungszauber, aber auch der Heilung, als Vertrauensbeweis oder in Form eines Liebeszaubers.[3]

Der Knoten als Symbol für Hindernisse, besonders der Empfängnis und Geburt entspringt einem uralten, weitverbreiteten Volksglauben. Er ist schon im Mythos der eifersüchtigen Juno anzutreffen, welche die Geburt des Herkules zu verhindern suchte. Die höchste römische Göttin soll durch knotenartiges Verschränken ihrer Finger dessen Geburt sieben Tage hinausgezögert haben. Als Mond- und Lichtgöttin war Juno in Italien zugleich die mächtigste aller Geburts-

2 Kabel, 1911/2018, Das Knotenknüpfen. In: Mein Oesterreich!, S. 318 f. In: https://de.wikisource.org/w/index.php?title=S.:Das_Knotenkn%C3%BCpfen.pdf/2&oldid=- (abgerufen am 31.01.2021).

3 Meyers Großes Konversations-Lexikon, 1907, Band 11, S. 193-194.

göttinnen. Schwangeren Frauen wurde vor dem Besuch des Gottesdienstes zu Ehren der Iuno Lucina anempfohlen, alle Knoten an Haaren und Kleidern aufzulösen und die Hände keinesfalls zu verschränken, um den Geburtsvorgang nicht zu behindern.[4, 5]

James G. Frazer, der die Weite des Magie-Begriffs zu ergründen suchte, beschreibt in seinen ethnologischen Studien detailliert das Tabu des Knotenschnürens bei der Niederkunft gebärender Frauen. Ein Phänomen, das Frazer an verschiedensten Orten rund um den Erdball entdeckte. So war man bei den Sachsen Siebenbürgens, den Bewohnern Ostindiens, aber auch bei den Samen und Lappen der Meinung, dass Knoten in den Kleidern einer Gebärenden die Entbindung erschweren könnten. Auch Angehörigen von Schwangeren des Tombuluh-Stammes in Celebes wurde aufgetragen, strikt darauf zu achten, keine Knoten zu binden, ja nicht einmal mit überschlagenen Beinen zu sitzen, damit die Geburt durch das Zubinden der werdenden Mutter nicht gefährdet werde. Frazer führt weiters aus: „Auf der Insel Salsette bei Bombay werden, wenn eine Frau in Kindesnöten ist, alle Tür- und Schübfachschlösser [sic!] aufgeschlossen, um ihre Niederkunft zu erleichtern."[6]

Der Glaube, Knoten könnten das „Zubinden" schwangerer Frauen bewirken und damit die Geburt erschweren oder Komplikationen verursachen, war in vielen Teilen der Welt lebendig. Wie weit diese Gedankengänge schon in der Antike verbreitet waren, zeigt ein Eintrag in der 77 n. Chr. entstandenen Naturgeschichte des Cajus [sic!] Plinius. Folgende Textstelle (XXVIII, 17) berichtet über den bösen Zauber gefalteter oder überschlagener Beine:

> *Wenn man bey schwangern Weibern, oder wenn man jemand Arzney eingibt, mit ineinander geschlagenen Fingern, wie ein*

4 Ad *Juno*: https://www.imperium-romanum.info/wiki/index.php/Iuno (abgerufen 31.01.2021).

5 Kabel, 1911/2018, Das Knotenknüpfen. In: Mein Oesterreich!, S. 318 f. In: https://de.wikisource.org/w/index.php?title=S.:Das_Knotenkn%C3%BCpfen.pdf/2&oldid=- (abgerufen am 31.01.2021).

6 Frazer, 1989, Der goldene Zweig, S. 349.

> *Kamm, sitzt, so ist dies eine schändliche Zauberey, und wie man sagt, hat solches die Erfahrung gezeigt, als Alkmene den Herkules zur Welt gebracht; noch schlimmer ist es, wenn man die Hände über eines oder beyde Knie zusammenschlägt. Noch schlimmer ist's, wenn man die Hände um ein oder beide Knie legt, auch wenn man die Beine übereinanderschlägt. Daher haben die Alten verboten, dies in den Versammlungen der Feldherrn und Staatsmänner zu thun, weil dadurch jede Handlung vereitelt würde.*[7]

Ebenso soll bei den Römern das Übereinanderschlagen, aber auch das Kreuzen der Beine während geschäftlicher Zusammenkünfte sowie bei Kriegsgerichtsverhandlungen tabuisiert gewesen sein. In manchen Gegenden Bayerns konnte eine gekreuzte Sitzhaltung den Abbruch einer Unterhaltung verschulden und war daher strikt zu vermeiden. In allen orthodoxen Kirchen ist die Sitzposition mit überschlagenen Beinen bis heute verpönt, da sie keine Ehrfurcht zeigt.[8, 9]

Die bindende Kraft, die man in das Knüpfen von Knoten legte, gewann früh die Bedeutung einer magischen Handlung. So wurde der Knoten zum magischen Knoten, der dazu benutzt werden konnte, einen Flüchtenden aufzuhalten, Hexenmeister und Wölfe abzuwehren und darüber hinaus sogar den Tod zu bannen. Mitunter übernahm der Knoten auch die Funktion einer geistigen Fessel.[10]

---

7 Plinius Secundus, Die Naturgeschichte des Plinius. In: Bächtold-Stäubli, 202, https://www.e-periodica.ch/cntmng?pid=sav-001:1926:26::342.

8 Graupmann, 1998, Lexikon der Tabus, S. 96.

9 Eine interessante Parallele zum Verhalten aller an einer rituellen Arbeit Teilnehmenden: Die Brüder und Schwestern in den Kolonnen sind ersucht, der inneren Haltung und der Würde des Geschehens entsprechend, auch eine korrekte Sitzposition – ohne die Beine zu überkreuzen – einzunehmen und beizubehalten.

10 Frazer, 1989, Der goldene Zweig, S. 349.

Glaube, Transzendenz und Religion

In allen drei großen monotheistischen Religionen wurde dem Knoten eine besondere Bedeutung zugesprochen.

Im Alten Testament wird im Buch Daniel (Kap 5 Vers 12 und 16) der Prophet selbst von König Nebukadnezar zu sich gerufen, um seine Fähigkeit „Knoten zu lösen“ unter Beweis zu stellen. Diese Textstelle übersetzte Luther sinngemäß mit „verborgen [sic!] Sachen zu offenbaren“.[11]

Eine für unsere weitere Untersuchung interessante Zahlenkombination findet sich im rabbinischen Schrifttum, wonach eine mit drei Knoten versehene Schnur eine Krankheit zum Stillstand bringe, eine mit fünf Knoten heilsam sei und eine Schnur mit sieben Knoten gegen Zauberei helfe.[12]

An die Verpflichtung, Gottes Gebote zu beachten, mahnt die rabbinische Vorschrift in der Tora (Num 15,38 f. und in Dtn 22,12), nach der an jeder der vier Ecken des äußersten Kleidungsstückes *Zizijot* (Quasten oder Schaufäden) angebracht werden sollen, wobei die purpurblaue Farbe bedeutet, dass Israel ein Königtum von Priestern ist oder durch den Bund mit Gott königlichen Status hat.[13]

Im Islamischen Weltreich trafen die unterschiedlichsten Kulturen und Traditionen aufeinander, die Welt der Araber war zur Entstehungszeit des Islam im 7. Jahrhundert voller Magie, die auch in die Koranlehre hinein wirksam war. In der Sure 113 (Vers 4) wird das Übel

11 Die beiden Verse lauten in Luthers Übersetzung von 1545 wie folgt:
12 darumb / das ein hoher Geist bey jm funden ward / Dazu verstand vnd klugheit Trewme zu deuten / tunckel Sprüche zu erraten / vnd verborgen Sachen zu offenbaren / nemlich / Daniel / den der König lies Beltsazer nennen. So ruffe man nu Daniel / der wird sagen was es bedeut.
16 Von dir aber höre ich / das du könnest die deutung geben / vnd das verborgen offenbaren / Kanstu nu die Schrifft lesen / vnd mir anzeigen / was sie bedeutet / So soltu mit Purpur gekleidet werden / vnd gülden Keten an deinem Halse tragen / vnd der dritte Herr sein in meinem Königreiche.

12 Gunther, Pielow, 2018, Die Geheimnisse der oberen und der unteren Welt, S. 159.

13 https://www.bibelwissenschaft.de/wibilex/das-bibellexikon/lexikon/sachwort/anzeigen/details/zizit/ch/44131c922aaab301954f988d21f96741/#h2 (abgerufen 31.01.2021).

der „Knotenbläserinnen" erwähnt, die Menschen mit ihren bösen Absichten verfolgten. Vor dem Übel dieses Zaubers suchte man Zuflucht im Gebet. Den „bösen Blick" von Neidern trachtete man durch das Knüpfen von Knoten in den Bart fernzuhalten. Selbst Mohammed sei Opfer des „Nestelknüpfens" geworden, eines nicht nur im Vorderen Orient, sondern auch in Mitteleuropa weit verbreiteten Schadenszaubers mit verknoteten dünnen ledernen Riemen (s. unten).[14]

Auch bei den liturgischen Insignien spielen Knoten, Quasten und Farben in der Rangordnung eine gewichtige Rolle. Der Bischofshut *(chapeau d'évêque)* wird als flacher grüner Hut mit je sechs geknoteten Quasten zu beiden Seiten dargestellt. Ähnlich dem Kardinalshut, der allerdings flach, rot und mit je 15 Quasten bestückt ist. Zehn Quasten zieren den grünen Erzbischofshut. Mit einem dreifachen Spezialknoten binden Franziskanermönche eine Kordel, das sog. *Zingulum* um ihre Kutte. Je nach Orden weist der weiße Strick, der über dem Habit getragen wird, drei – manchmal vier – Knoten auf. Diese stehen für die Gelübde der Armut, Keuschheit und des Gehorsams; und zuweilen als viertes für das „Marianische" Gelübde zu Ehren der Unbefleckten Empfängnis Mariens.

Vermutlich kann der Knoten auch als ein Zeichen des eisernen Widerstandes gedeutet werden, denn je mehr man an ihm zieht, desto fester wird er, umso besser kann er feindliche Mächte binden und alles Böse fesseln.

Die Bürde des heiligen Herrschers

Gerade Herrscher und hohe Priester konnten in ihrer Lebensweise besonders strengen Tabubeschränkungen unterworfen sein. Als eklatantes Beispiel für eine „Fesselung und Lähmung" von Würdenträgern führt Sigmund Freud unter Bezugnahme auf James G. Frazer (1911b, 3 f.) das Tabu-Zeremoniell des Tennō von Japan an. Durch stundenlange, statische Regungslosigkeit des Kaisers sollten Ruhe und Frieden in seinem Reiche erhalten bleiben. Noch genauer widmet

14 Gunther, Pielow, 2018, Die Geheimnisse der oberen und der unteren Welt, S. 159.

sich Frazer der konservierenden Macht tabuisierter Zeremonielle bei den römischen Priestern an folgendem Bespiel:

> *Der Flamen Dialis, der Oberpriester des Jupiter im alten Rom, hatte eine außerordentlich große Anzahl von Tabugeboten zu beobachten. Er durfte nicht reiten, kein Pferd, keine Bewaffneten sehen, keinen Ring tragen, der nicht zerbrochen war, keinen Knoten an seinen Gewändern haben, Weizenmehl und Sauerteig nicht berühren, Ziege, Hund, rohes Fleisch, Bohnen und Efeu nicht einmal beim Namen nennen.*[15]

Zu Recht wirft Freud hier die Frage auf, ob diese Beschränkungen nicht vielmehr der Intention dienten, Privilegierte vor den ihnen drohenden Gefahren zu schützen. Dies könnte zur Festigung solcher Tabus geführt und möglicherweise einen wichtigen Anteil am späteren Werden der höfischen Etikette gehabt haben.

Schadenszauber

Seit der Antike war auch im europäischen Volksglauben das Nestelknüpfen, die Kunst der *Ligatura* weit verbreitet. Dieser Brauch sollte durch Knüpfen von Knoten und Verschlingungen dünner lederner Riemen oder Schnüre den Fortgang eines Geschäfts vereiteln, das Mahlen einer Mühle verhindern oder eine bestimmte Person unauflöslich fesseln. Diesem Aberglauben zufolge war es im Mittelalter, ja sogar noch bis ins 18. Jahrhundert in einigen Teilen Europas tabu, während eines Hochzeitsfestes einen Knoten in eine Schnur oder ein Kleidungsstück zu machen bzw. Türen, Tore oder Schlösser abzuschließen, da sonst die Vereinigung des Hochzeitspaares nicht möglich *(ligatura neonymphorum)* und Kinderlosigkeit oder Missgeburten die Folge gewesen wären.[16]

15 Freud, 1922, Totem und Tabu, S. 59 f. The Project Gutenberg [EBook #37065]. In: https://www.gutenberg.org/cache/epub/37065/pg37065-images.html (abgerufen 12.12.2020).

16 Frazer, 1989, Der Goldene Zweig, S. 352 f.

Das gefürchtete Nestelknüpfen wurde durch das Salische Gesetz im 5. Jahrhundert n. Chr. zu einem schweren Verbrechen erklärt. Das Konzil zu Regensburg (1524) bedrohte diese Fertigkeit sogar mit der Strafe der Enthauptung.[17]

Das „Nesteln", das ursprüngliche Zuknoten von „Nestelschnüren", hat sich bis heute im Sprachgebrauch als Bezeichnung für ein hektisches Hantieren an der Kleidung, an Riemen oder an Verschlüssen gehalten.[18]

Um das Böse in die Knoten einzuflechten und zu binden, wurden über Kranke und vom Schicksal Geschlagene Knotenschnüre gehängt, die nur der Magier durch eine Beschwörung wieder öffnen durfte, um das Böse in den Knoten zu fesseln. Das unberechtigte Öffnen von Knoten hätte dem Volksglauben nach Unglück gebracht.[19]

Noch in späteren Kulturen lebte der Glaube, dass ein geschürzter Knoten wie ein immerwährender Kontrakt, etwas Magisches sei, der die Unauflöslichkeit eines Rechtsaktes oder die Festigkeit einer Beziehung bewirkte. In diesem Sinne sah das alte deutsche Recht noch bei Vertragsabschlüssen vor, dass jeder Zeuge *(nodator)* einen Knoten in einen Riemen knüpfte, der an dem Dokument befestigt war.[20]

Heilszauber

Die Magie der Knoten konnte aber auch wohltätige Wirkungen entfalten. So ist beim römischen Gelehrten Plinius dem Älteren (23–79 n. Chr.) zu lesen, dass der Herkulesknoten Wunden, die mit ihm geschlossen werden, schneller heile.[21]

17 Kabel, 1911/2018, Das Knotenknüpfen. In: Mein Oesterreich!, S. 318 f., in: https://de.wikisource.org/w/index.php?title=S.:Das_Knotenkn%C3%BCpfen.pdf/2&oldid=- (abgerufen am 31.01.2021).

18 Müller-Ebeling, 2002, Hexenmedizin, S. 49 f.

19 Kabel, 1911/2018, Das Knotenknüpfen. In: Mein Oesterreich!, S. 318 f., in: https://de.wikisource.org/w/index.php?title=S.:Das_Knotenkn%C3%BCpfen.pdf/2&oldid=- (abgerufen am 31.01.2021).

20 nodare: einen Knoten knüpfen.

21 Allgemeine Encyklopädie der Wissenschaften und Künste, 1829, S. 147 f. In: https://gdz.sub.uni-goettingen.de/id/PPN345284054?ti-

Bei den Kelten stand der Knoten als Zeichen des Vertrauens und der ewigen Liebe. Als Sinnbild der Unendlichkeit und des Glücks finden sich Knotenornamente auch in chinesischen und tibetanischen Kulturen. Im Kaiserreich China entwickelte sich der Knoten von der dekorativen Handwerkskunst der Tang- und Song-Dynastie (960–1279) zu einer traditionellen Kunstform.

Nach altem, weitverbreitetem Volksglauben hatten Knoten auch große Bedeutung für ein langes Leben, verhießen sogar Glück, Heilung und Segen. Dies konnte sich bei äußerst banalen Dingen des täglichen Lebens äußern, beispielsweise, wenn sich in der Angelschnur oder im Strumpfband ein Knoten befand.[22]

Völlig ohne Zauberkraft diente der Knoten bei zahlreichen Naturvölkern als Zählungsmittel und Schriftersatz. Auch bei den Inkas im alten Peru etablierte sich die Knotenschrift *Quipu* zu einem verlässlichen Kommunikations- und Dokumentationsmittel. Ohne Tabus zu verletzen, kommt der Knoten in der Astronomie, Botanik, Schifffahrt, Textilindustrie und Knüpfkunst zum Einsatz, sei es als wissenschaftliche Dokumentation oder in praktischer Anwendung.

Die Weisheit der Sprache hat bis heute die Metapher des Knotens bei Unwohlsein, Blockaden und Schwierigkeiten jeder Art in zahlreichen Redensarten bewahrt. Im Gedächtnis präsent ist uns der oft zitierte Gordische Knoten, der Knoten im Hals oder in der Zunge, aber auch die Redensart, dass jemandem der Knoten platzt, der nun endlich begreift oder seine Hemmungen überwindet. Noch heute neigen Menschen dazu, Ideen oder Dinge des täglichen Gebrauchs zu markieren, um sie nicht zu vergessen. Die Usance, einen „Knopf im Taschentuch", also einen Knoten zu machen, reicht weit in die Vergangenheit. Bereits im Alten Testament (4. Mose 15, 37-40) lesen wir vom Auftrag Gottes, die Israeliten sollten Gedenkquasten an die Zipfel ihrer Kleider befestigen, um die Gebote Gottes nicht zu vergessen.[23]

---

fy=%7B%22view%22:%22toc%22%7D (abgerufen am 17.01.2020).

22 Graupmann, 1998, Lexikon der Tabus, S. 96.

23 Luthers Übersetzung 1545: 4. Mose 15, 37-39:
37 VND der HERR sprach zu Mose /
38 Rede mit den kindern Jsrael / vnd sprich zu jnen / das sie jnen Lepplin machen

Knotensäulen – Steinerne Zeugen schützender Macht

Um dem magischen Knoten als apotropäisches, ein mit Abwehrzauber versehenes Symbol noch weiter zu erkunden, lohnt sich ein Blick auf die Architektur von Kirchenbauten, Fenstern und Portalen. Ähnlich dem Westwerk (s. Kapitel „Go West!") waren Knotensäulen als schützendes Motiv am Eingang von Kirchenbauten des 12. oder 13. Jahrhunderts dazu berufen, Gefahr, Unheil und böse Mächte noch vor Eintritt in den heiligen Raum abzuwehren. Knotensäulen stellen eine besondere Form der Romanik dar; zumeist mit einem auffallenden Mittelstück ausgestattet, dessen Schaft zu einem Knoten verschlungen zu sein scheint. Der Volksmund nannte diese Ornamente auch „Teufelsknoten", die oftmals im Gefolge fantasievoller Untiere erscheinen, wie beispielsweise auf der aus dem 12. Jahrhundert stammenden Bestiensäule in der Krypta des Freisinger Doms.[24]

Ebenso aus dem 12. Jahrhundert stammt ein bemerkenswertes Zeugnis mitteldeutscher Architektur: das „Knotensäulenportal" des nördlichen Querhauses der Merseburger Neumarktkirche in Sachsen-Anhalt. Hier stehen die Knoten als steinerne Symbole für „Festhalten", „Verbinden", aber auch für „Abwehrzauber". Auf Grund ihrer mystischen Formen und der ihnen nachgesagten apotropäischen Wirkung erfuhren sie erwartungsgemäß auch geheimnisvolle masonische Zuschreibungen.[25]

Freimaurerischen Legenden weitaus näher stehen die beiden Steinsäulen des St.-Kilians-Doms zu Würzburg. Hierbei handelt es sich um zwei romanische Knotensäulen mit eigenen Namen: die eine, „Jachin" benannte Säule ist als achtfach umschlingende Schnur mit

an den fittigen jrer Kleider vnter alle ewren Nachkomen / vnd gele Schnürlin auff die Lepplin an die fittig thun.
39 Vnd sollen euch die Lepplin da zu dienen / das jr sie ansehet / vnd gedenckt aller Gebot des HERRN / vnd thut sie / das jr nicht ewrs hertzen duncken nachrichtet / noch ewren augen nachhuret.

24 https://www.mittelalter-lexikon.de/wiki/S%C3%A4ule (abgerufen 31.01.2021).

25 http://www.portalsaeule.de/index.php?cat=Portale%2C%20Kapitelle%20und%20Fassaden%2FRomanik%2FDeutschland&page=Sachsen-Anhalt (abgerufen 31.01.2021).

viermaliger Knotung gestaltet, die andere, „Boas“ bezeichnete Säule als vierfach umschlingende Schnur mit zweimaliger Knotung. Benannt sind die beiden je 2,45 m hohen Säulen nach jenen, die König Salomon für die Vorhalle seines Jerusalemer Tempels hatte aus Erz gießen lassen. Erwähnt werden sie im Alten Testament, 1. Könige 7,13-22 EU sowie bei Jeremia 52,21–23 EU.

„Jachin“ bedeutet „gründen“, „befestigen“, der Begriff „Boas“ steht für „Macht“ und „Stärke“. Ihre Namen sollten dem Heiligtum Dauer, Stärke und Festigkeit verleihen.[26, 27]

Das Säulenpaar wurde um 1230 ursprünglich für die Vorhalle des Kilians-Doms angefertigt und zu beiden Seiten des Eingangs aufgestellt. Es sollte eine symbolische Verbindung zwischen diesem Kirchenbau und dem Salomonischen Tempel herstellen. 1644 wurde die Westvorhalle abgerissen und die beiden Säulen ins Innere verfrachtet. Bis 1967 waren sie im linken Querhaus, danach im Südschiff des Doms aufgestellt. Seit der Innenrestaurierung sind die beiden geknoteten Denkmale im Areal des Domschatzes ausgestellt und haben somit ihren einstigen prominenten Platz am Hauptportal des St.-Kilians-Dom zu Würzburg längst verloren.[28]

---

26 http://www.wuerzburg.de/media/www.wuerzburg.de/org/med_18939/200948_31.positionierung_domsaeulen_jachin_und_boas.pdf (abgerufen 31.01.2021).

27 Luthers Übersetzung von 1545:
15 VND machet zwo eherne Seulen / eine jgliche achzehen ellen hoch / vnd ein faden von zwelff ellen war das mas vmb jgliche seulen her.
16 Vnd machet zween Kneuff von ertz gegossen / oben auff die Seulen zusetzen / vnd ein jglicher knauff war fünff ellen hoch.
17 Vnd es waren an jglichem Knauff oben auff der seulen sieben geflochten Reiffe / wie keten.
18 Vnd macht an jglichem knauff zwo riegen Granatepffel vmbher / an einem reiffe / da mit der knauff bedeckt ward.
19 Vnd die kneuffe waren wie die Rosen fur der Halle / vier ellen gros.
20 Vnd der Granatepffel in den riegen vmbher waren zwey hundert / oben vnd vnten an dem reiffe der vmb den bauch des knauffs hergieng / an jglichem knauff auff beiden seulen.
21 Vnd er richtet die seulen auff / fur der Halle des Tempels / Vnd die er zur rechten hand setzet / hies er Jachin / vnd die er zur lincken hand setzet / hies er Boas.
22 Vnd es stund also oben auff den seulen wie Rosen / Also ward volendet das werck der Seulen.

28 https://www.mainpost.de/regional/wuerzburg/wertvolle-romanische-saeulen-fristen-im-dom-schattendasein-art-6292506 (abgerufen 31.01.2021).

Knotensäulen des Würzburger Doms.

Diese Tatsache untermauert die Beobachtung, dass Knotensäulen von der Amtskirche offenbar nicht besonders geschätzt werden und zudem in Kirchenbeschreibungen nur selten eine spezielle Erwähnung finden. Unter den geheimnisvollen Knotensäulen sind im deutschsprachigen Raum weiteres auch der „Knotenbildstock" von Oberstreu, St. Johann Baptist in Brendlorenzen, der „Heinrichsdom", St. Michael in Billigheim, Louisenlund, St. Pantaleon zu Mödling und Bad Wimpfen erwähnenswert. Viel häufiger sind diese seltenen verschlungenen Säulen in Italien, insbesondere in der Toskana anzutreffen, beispielsweise in der Pfarrkirche San Pietro in Gropina, am Portal der Stiftskirche von San Quirico d'Orcia oder in Lucca, hoch oben an der Fassade des Duomo San Martino, um nur einige wenige zu nennen. Überregional gehören hierzu auch die beiden wunderschönen Knotensäulen an der Kirche der Muttergottes des Meeres in Pula, Istrien.[29]

In der Aufzählung faszinierender Knotenformationen darf die weithin bekannte Kapelle von Rosslyn bei Edinburgh in Schottland nicht fehlen. Zahllose Legenden und Mythen umranken dieses einmalige und abenteuerliche Gemisch spätgotischer Säulenelemente mit verschlungenen Reliefs aus dem 15. Jahrhundert.

Angesichts der Vielzahl geheimnisvoller architektonischer Knotenformen, denen wir an den entlegensten Stellen begegnen, muss die vorliegende Auswahl unvollständig bleiben. Ihre Erwähnung sollte lediglich hervorheben, wie bedeutend und wertvoll das Knotenmotiv in der Kulturgeschichte, im Volksglauben und der damit verbundenen verbotenen Magie und dem Tabu im Besonderen ist.

29 https://freimaurer-wiki.de/index.php/Knotens%C3%A4ulen (abgerufen 31.01.2021).

„Es umschlinge diese Kette, so wie diese heilige Stätte, auch den ganzen Erdenball!"[30]

Folgen wir der Schlüsselformel zum Verständnis der Alchemie – „Solve et coagula" –, so werden auch die Parallelen zwischen alchemistischer Transmutation und magisch-rituellen Handlungen offensichtlich. Sie deuten auf das zugrundeliegende hermetische Verständnis von Materie, Lösung, Läuterung und Erhebung zu einer höheren Daseinsstufe, wie sie in der Freimaurerei symbolisch in der Knotenschnur und den einzelnen Knoten auf dem Tapis einer Loge zu finden sind.

Von der Antike bis ins Mittelalter war die Knotenschnur ein unerlässliches Arbeitsgerät, um beim Errichten eines Bauwerks Maß zu nehmen. Die Zwölfknotenschnur (3 + 4 + 5 = 12) erlaubte mit zwölf exakt gleichlangen Abständen zwischen den Knoten, Messungen mit hoher Genauigkeit durchzuführen. Gemäß dem Lehrsatz des Pythagoras konstruierten Baumeister zahlreiche Formen, indem sie Abschnitte von 3, 4 und 5 Knoten auslegten, rechte Winkel mit dem Seil spannten und damit in der Lage waren, den Goldenen Schnitt näherungsweise zu zeichnen. Jeder Baumeister besaß dazu seine eigene Knotenschnur. In dieser Weise kennzeichnete man auch in den alten Bauhütten den Mittelpunkt mit Messschnüren, die auf den Boden gelegt wurden. An den vier Ecken befanden sich Knoten und Quasten, von diesen sind zwei symbolisch auf dem Tapis bzw. dem englischen *Tracing board* erhalten geblieben. Auf dem Tapis umschließt die geschlängelte Knotenschnur die Grenze zum Osten, um diesen symbolisch mit dem Westen zu verbinden. Der Überlieferung nach soll in beiden Heiligtümern des Tempelbergs – im Salomonischen Tempel

30 Das Lied „Lasst uns mit geschlungnen Händen" ist Mozarts letztem vollendetem Werk „Eine kleine Freimaurer-Cantate", KV 623, angehängt. Überschrieben ist es mit „Anhang. Zum Schluss der Loge". Der Text stammt vermutlich von Schikaneder, als Komponist wird heute allgemein Johann Holzer, ein Klaviermeister aus Korneuburg und Stuhlmeister der Loge „Zur Wahren Eintracht" angenommen. (Für diesen Hinweis danke ich Rudolf Hopfner.)

und im Tempel Serubbabels – eine Knotenschnur den Vorhang vor dem Allerheiligsten gehalten und geschmückt haben.[31]

In der Freimaurerei symbolisiert die Knotenschnur die Gemeinschaft der Brüder in der Weltenkette der Freimaurer. Jeder Einzelne ist symbolisch miteingeschlossen, als Symbol für den Gleichen unter Gleichen, der sein Wissen, seine Erfahrungen und Erkenntnisse im Laufe seiner Reise an den Jüngeren weitergibt.

Die Knoten selbst unterliegen jedoch in einem hohen Grad subjektiver Interpretation: zuweilen auch Liebesknoten genannt, stehen sie ebenso für die Verbindung von Diesseits und Jenseits, von Menschlichem und Göttlichem sowie für das heilige Band der Menschenliebe.

Dazu noch ein abschließender Blick auf die Bedeutung der einzelnen Knoten auf dem Tapis, die unterschiedlich geknüpft sein können. Schon die einfache Schlinge auf dem Vereinigungsband weist symbolisch auf Geburt und Schicksal hin. Als Zauberknoten für ein langes Leben oder Fortleben kann der Brezelknoten aufgefasst werden, der dreimal geknüpft werden muss, um seine volle Wirksamkeit zu erhalten. Die auch heute noch als Unendlichkeitszeichen gebrauchte Lemniskate (gr. *lemniscos,* „Band, Schleife"), ein zweidimensionaler schleifenförmig liegender Achter, deren Bezeichnung auf den schweizerischen Mathematiker Jakob Bernoulli (1654–1705) zurückgeht, versinnbildlicht in der Freimaurerei den ewigen Kreislauf von Leben und Tod, symbolisiert jedoch auch die Unendlichkeit des Seins. Die Lemniskate steht auch für Freundschaft und für eine Partnerschaft, die über den Tod hinausgehen soll. Den letzten Buchstaben des klassischen griechischen Alphabets bildet der Omega-Knoten nach und deutet, wie auch das Alpha und Omega (A und Ω), auf Anfang und Ende, das alles Umfassende. Im christlichen Sinne steht er für Gott und für Christus als den Ersten und Letzten. Im spirituellen Sinn kann dieser Knoten auf ein langes und bedeutsames Leben hindeuten. Herauszulesen ist auch der lebendige Transformationsprozess,

31 https://www.bibelwissenschaft.de/wibilex/das-bibellexikon/lexikon/sachwort/anzeigen/details/serubbabel/ch/1ded4373f0f26527a2eb93c0f3ca079c/ (abgerufen 31.01.2021).

eine Sehnsucht ganz im Goetheschen Sinne von: „Stirb und werde!" So steht die Knotenschnur in symbolischer Verwandtschaft mit dem musivischen Pflaster, als Aufruf, das Schicksal selbstbestimmt in die Hand zu nehmen, im Wissen eingebettet zu sein in die unwägbaren Gesetzmäßigkeiten des großen Baumeisters. Von der Knotenschnur ist es nur ein symbolischer Schritt zur weltumspannenden Kette aller Freimaurer, wie aus dem Text des oben erwähnten Ketten- oder Bundesliedes hervorgeht. Dieses – mit zur Kette verschlungenen Händen gesungene – Lied steht für das geistige Band und den Zusammenhalt der vielfältigen Persönlichkeiten, als Sinnbild der Einheit der freimaurerischen Idee.

Poetisch und allumfassend formuliert Otto Hieber, Schriftsteller und Bruder aus dem System der Großen Landesloge von Deutschland, die Bedeutung der Vereinigungsschnur:

> *Es ist das heilige Band der Liebe, das nicht nur die Menschen mit der Gottheit, sondern auch untereinander verbindet, das alle Dinge in der Natur miteinander verknüpft und so aus der Zersplitterung ein einziges großes Ganzes herstellt, das vom Geiste der Liebe durchweht wird.*[32]

32 Hieber, „Johannislehrlingsgrad", S. 51. In Lennhoff, Posner, 1932, Internationales Freimaurer-Lexikon, https://www.freimaurer-wiki.de/index.php/Vereinigungsband (abgerufen 30.01.2021).

Vom Erdentier zur Göttin

Schlange als Tabu

„Gut und Böse sind die Vorurteile Gottes" –
sprach die Schlange und floh in Eile.[1]

Von alters her gilt die Schlange auf Grund ihrer dualen Natur als listiges, verschlagenes, zugleich auch kluges und schützenswertes Wesen. Unauffällig, geräuschlos und elegant gleitet sie aus Felsritzen oder den Tiefen des Wassers, wo alles Leben seinen Anfang nahm. Sie repräsentiert etwas Urtümliches und zutiefst Geheimnisvolles, etwas, das in Verbindung mit der Unterwelt stehen mag. Die Faszination ihrer Häutung, ihre Fähigkeit zur periodischen Erneuerung machte sie weltweit zum Sinnbild für Wiedergeburt, unvergängliche Jugend und Unsterblichkeit.

Aus der Beobachtung dieses Reptils sind zahlreiche Mythen, Legenden und Märchen hervorgegangen. Die Schlange als archaisches Symbol findet sich in fast allen Kulturen als Mittlerin zwischen Himmel und Erde, zwischen Diesseits und Jenseits.

Auf die Ambivalenz ihrer Bewertung treffen wir nicht erst im biblischen Paradies, wo sie als Verkörperung des Bösen dämonisiert wird. Ihre Verbindung zur Unterwelt verlieh ihr schon in früher Zeit mystische Kräfte, ließ sie zur Heilerin und zum Genius Loci, der Wächterin der Schwelle werden, die man mit der Totenwelt assoziierte. Hohe Verehrung kam ihr nicht nur in der europäischen Antike zu. Auch im asiatischen Raum war sie als häusliche Schutzgöttin ein wohlgelittener Gast im eigenen Anwesen. Wollte man nicht ein böses Omen heraufbeschwören, durfte sie nicht verletzt oder vertrieben werden.[2]

1 Nietzsche, 1882, Nachgelassene Fragmente. In: https://www.degruyter.com/database/NIETZSCHE/entry/W004477FB18/html (abgerufen 05.08.2020).

2 Egli, 2003, Das Schlangensymbol, S. 113-118.

Aus dem unüberblickbar reichen Fundus mythologischer, religiöser und schöpferischer Überlieferungen soll im Folgenden in exemplarischer Form eine geraffte Auswahl getroffen werden.[3]

Bereits in prähistorischen Zeiten genoss die Schlange den Anspruch, Hüterin der Quelle des Lebens zu sein. Archäologische Funde aus der Bronzezeit - auf Kreta, den Ägäischen Inseln und dem griechischen Festland - zeigen sie als heiliges Tier der Mutter Erde. Ungeachtet ihres todbringenden Bisses wurde sie als Lebensspenderin, Fruchtbarkeitssymbol, als Göttin der Wandlung, Erneuerung und Heilung hoch verehrt.

Im Gilgamesch-Epos, der ältesten überlieferten altorientalischen Dichtung der Menschheit, entwendete der Gottkönig Gilgamesch einer Schlange ein lebensspendendes Zauberkraut.

Von kraftvoller und zauberhafter Symbolik war die Schlange auch im Vorderen Orient. Hier stand sie für Weisheit und Erleuchtung, als Kennerin der tiefsten Geheimnisse des Lebens. Im vor-dynastischen Ägypten betete man die „Schlangenmutter" *Wadjet* an, setzte sie der Uräusschlange gleich, dem ägyptischen Herrschaftssymbol an der Stirn des Pharaos. Königin Kleopatra soll sich mit dem tödlichen Biss dieser Ägyptischen Kobra das Leben genommen haben.

Auch in Indien war man sich der Heilkraft dieser Kriechtiere sicher. Hohe Verehrung galt *Vasuki (Shesha)*, dem König besonderer Schlangenwesen, der *Nagas*, die mit den Göttern zusammenwirkten. Vasuki lebte um die Erde gewunden auf dem Grund des kosmischen Ozeans. Nach dem Schöpfungsmythos sollen ihn die Götter als Seil zum Aufschäumen des Urmeers verwendet haben. Als Attribut begleitet er fortan Shiva, um dessen Hals hängend.

3 Profunde Forschungsergebnisse zur mythischen und symbolhaften Schlange im internationalen und kulturellen Vergleich sind Hans Eglis Monographie „Das Schlangensymbol. Geschichte, Märchen, Mythos" (2003), Rena Nechtelbergers Dissertation „Die mythische Schlange: Symbolische Dimension und Dualismus in Mythen und bildlichen Darstellungen" aus dem Jahr 2007 und Marco Frenschkowskis Essay über antike, v. a. gnostische Schlangensymbolik „Verführung als Erleuchtung" (2011) zu verdanken.

In der buddhistischen Lehre sind Hass, Gier und Verblendung die Triebkräfte für die Wiedergeburt, symbolisiert als Schlange, Hahn und Schwein.[4]

Schon in der Tang-Zeit (618–907) setzte man in China Schlangenwein oder Schlangenleber als Heilmittel ein, das zuweilen noch heute präventiv gegen Krankheiten und Sehschwäche angewandt wird. Einer Erzählung aus Südchina zufolge, häuteten sich die Menschen ursprünglich wie Schlangen, um ewige Jugend und Leben zu erlangen.[5]

Das Phänomen der periodischen Erneuerung inspirierte die australischen Aborigines zur Legende der Regenbogenschlange, deren Bezeichnung auf den schillernden Glanz der Schlangenhaut nach der Häutung zurückzuführen ist. In den Schöpfungsmythen personifiziert die sich als Regenbogen über das Land wölbende Schlange den Ur-Zustand der Natur mit all ihren lebensspendenden und bedrohlichen Aspekten.

Verhängnisvoll erscheint in der germanischen Mythologie die im Ur-Ozean lebende Seeschlange *Midgard*. Sie umspannt die gesamte Welt und bedroht das sterbliche Göttergeschlecht der Asen. Diese Weltenschlange entspricht dem sich in den eigenen Schwanz beißenden *Ouroboros*, einem freimaurerischen Symbol, das später noch besprochen werden soll.[6]

Im antiken Griechenland war die Schlange vornehmlich ein geheimnisvolles Wesen der Erdentiefe. „[…] Wohin kein Mensch dringt, in die Himmelshöhen der Götter, schwingt sich der Adler auf, und in den Schlünden und Schlüften der Erde, wo die Unterirdischen hausen, verschwindet die Schlange. […]“[7]

Dieses chtonische, also der Mutter Erde angehörende Tier galt als Beschützerin der Unterwelt und symbolisierte die mythisch-religiöse

4 Nechtelberger, 2007, Die mythische Schlange, S. 106 u. S. 309.

5 Egli, 2003, Das Schlangensymbol, S. 59.

6 Neil, 1999, Mythen der Welt, S. 108-112.

7 Wissowa, 1893–1980, Realencyclopädie der classischen Altertumswissenschaft Art. Schlange, Spalte 509. In: https://de.wikisource.org/wiki/Paulys_Realencyclop%C3%A4die_der_classischen_Altertumswissenschaft (abgerufen 08.08.2020).

Verbindung mit dem Erdinneren. Schon bei Herodot heißt sie „Kind der Erde". Der griechische Tragödiendichter Euripides lässt sich bei der Beschreibung der Delphischen Pythonschlange sogar zur Formulierung „erdentsprossenes, riesenleibiges Scheusal, Wächter des Orakels der Gaia" hinreißen.[8]

Dem antiken Mythos nach lotste die eifersüchtige Muttergottheit Hera zwei todbringende Schlangen in die Wiege des unehelich gezeugten neugeborenen Herakles (des Sohnes von Zeus und der schönen Alkmene). Doch dieser – schon früh mit übermenschlicher Kraft gesegnet – erwürgte die beiden giftigen Reptilien.

In die ägyptische Mythologie fand die Schlange als todbringendes Wesen ebenfalls Einzug, wobei sich in diesem Fall sogar ein direkter Bezug zur Freimaurerei herstellen ließ. In seinem 1784 erschienenen Aufsatz „Ueber die Mysterien der Aegypter", einem umfangreichen Exkurs, der die Legitimität der Freimaurerei durch direkte Bezüge zur antiken Mythologie untermauern sollte, berichtet Ignaz von Born, dass auf Horus, den Sohn von Isis und Osiris, ein Mordanschlag mit einer Giftschlange verübt wurde. Den Dienern gelang es, das Tier zu erschlagen, und laut eines auf Plutarch zurückgehenden Berichts wurde zur Erinnerung an diesen Vorfall bei rituellen Handlungen ein Strick in den Tempel geworfen und in Stücke zerhauen. „Dieser Strick, der zur Mythologie der Priester gehörte, scheint nachher von denjenigen, welche die ägyptischen Geheimnisse in jene der Hebräer verwandelten und gleichsam veredelten, zu den Franzen in Salomons Tempel erhoben worden zu seyn, der auf unsern mystischen Tafeln [= Tapis] vorkömmt."[9]

Auch als Prophetin war sie den Griechen bekannt. Asklepios, Gott der Heilkunst, soll von einer Schlange auf die Wirksamkeit bestimmter Heilpflanzen hingewiesen worden sein. Auf seine Verbindung zur

8 vgl. Nesselrath, 2017, Historien, sowie Euripides: Iphigenie im Taurerlande, 1248; Übersetzung: Ernst Buschor. Wörtlich übersetzt: „Scheusal der Erde"; da der Genitiv im Altgriechischen auch die Abstammung bezeichnen kann, ist Ernst Buschors Übersetzung richtig. Vgl. http://gerthans.privat.t-online.de/49851/177105.html (abgerufen 19.08.2020).

9 Born, 1784, Ueber die Mysterien der Aegypter. In: Journal für Freymaurer, S. 107.

Schlange treffen wir detaillierter beim römischen Schlangenkult.[10] Zu den weniger bekannten Attributen der große Göttin Pallas Athene tritt neben der Eule auch die Schlange als traditionelles Symbol der Weisheit hinzu. Nicht nur die jüdisch-christliche Tradition, auch die altgriechische Vorstellung kennt einen von einer Schlange bewachten Baum: Im Garten der Hesperiden stand ein lebensspendender Apfelbaum, den die erste Titanide Gaia als Geschenk für Göttin Hera hatte wachsen lassen. Dieser wurde von Ladon, einer mehrköpfigen Schlange oder Drachen bewacht. Allein durch eine List gelang es dem Halbgott Herakles, die Äpfel dieses Baumes zu rauben, um seine elfte Arbeit vollbringen zu können.

Auf der mythischen Verbindung mit heilenden Erdkräften fußt die Karriere der Äskulap-Natter im alten Rom. Ihr Kult begann als Natter des Heilgottes Asklepios und sie erlangte bis heute als Standeszeichen für zahlreiche Heilberufe hohe Anerkennung.[11]

Der römische Geschichtsschreiber Titus Livius (59 v. Chr.) berichtet ausführlich über die Erlösung von der im Jahre 293 v. Chr. grassierenden Pestseuche durch Asklepios. Dieser soll, dem Vernehmen nach, in Gestalt einer mächtigen Schlange der römischen Gesandtschaft als Retter erschienen sein. Asklepios avancierte fortan zu einem der meistverehrten Götter der römischen Kaiserzeit.[12]

Nicht ausschließlich Götterboten vorbehalten war der *caduceus* (griech. κηρύκειον), der Schlangenstab, auch als Merkur- oder Heroldsstab bezeichnet. Diesen schmücken zwei gegenläufig gewundene Schlangen, die einander die Köpfe zuwenden sowie am oberen Ende ein Knauf mit zwei Flügeln.

Merkur avancierte über Hermes Trismegistos, den „dreifach größten" mythischen Weisen, zum Namensgeber der Hermetik. Der *caduceus* genießt eine Vielzahl an Bedeutungen. Je nach Epoche konnte er Symbol des Handels, der Wohlfahrt sein, trat als Künstlersignet auf oder als allegorische Figur beglückender Zustände,

10 https://www.planet-wissen.de/natur/reptilien_und_amphibien/schlangen/pwieschlangenmystikschlangenhabenvielegesichter100.html#Rom (abgerufen 19.08.2020).

11 Karenberg, 2005, Amor, Äskulap und Co, S. 69-71.

12 Egli, 2003, Das Schlangensymbol, S. 61.

sei es nun Fülle, Glück oder Frieden, Eintracht und Sicherheit.[13, 14] Auf die terrestrische Natur der Schlange verweist der römische Historiker und Schriftsteller Plinius der Ältere (79 n. Chr.), der in den symbolträchtigen Reptilien, solche sieht, „quos terra nasci proditur", „die, wie es heißt, von der Erde geboren werden".[15]

In der spätmittelalterlichen Exempel-Sammlung der Gesta Romanorum, einer Legenden- und Fabelauswahl aus dem 14. Jahrhundert, soll eine Schlange dem blinden römischen Kaiser Theodosius sein Augenlicht wiedergegeben haben.[16]

Diabolische Verführerin

> Der Utopist sieht das Paradies,
> der Realist das Paradies plus Schlange.[17]

In mystisch-religiösen Zusammenhängen erscheint die Schlange oft als Sinnbild für die erdgebundenen Kräfte und wird daher gerne mit teuflischen Widersachern in Verbindung gebracht. Bereits im ersten Kapitel der alttestamentarischen Schöpfungsgeschichte erfährt dieses Symbol enorme Bedeutung. Als Aufbegehren gegen das Göttliche symbolisiert die Schlange Überheblichkeit und Ungehorsam. In der Rolle der listigen Verführerin etabliert sie sich zum Symbol der Falschheit, Verführung und des Bösen schlechthin. Nach dem Sündenfall sollte sie fortan verflucht sein, auf dem Bauch kriechend Staub fressen, ein Leben lang. Sie bricht mit dem paradiesischen Zustand von Harmonie und Unwissenheit, zeigt jedoch den Weg zu Wandlung und Erkenntnis.[18]

---

13 Hermes, lat. Mercurius, Merkur.

14 Erffa, 1952, Caduceus. In: Reallexikon zur Deutschen Kunstgeschichte, Bd. III (1952), Sp. 303–308, https://www.rdklabor.de/w/?oldid=92577> (abgerufen 16.06.2021).

15 Plinius Secundus, 1975, Naturkunde, Buch VIII, 84(4).

16 Graesse, 1978, Gesta Romanorum, I, S. 99.

17 Hebbel, Tagebücher.

18 Luthers Übersetzung von 1545: 1. Mose 3,14-19:
DA sprach Gott der HERR zu der Schlangen /Weil du solches gethan hast / Seistu verflucht fur allem Vieh vnd fur allen Thieren auff dem felde / Auff deinem Bauch soltu gehen / vnd erden essen dein leben lang /.

Die Schlange verleitete zu einem unerwarteten Perspektivenwechsel. Das Erkennen von Gut und Böse führte zur Emanzipation des Menschen, weg von einem paternalistischen Gott, hin zu Autonomie und Selbstverantwortung.

Von seltsam anmutenden Schlangenbildern berichtet die Bibel. In 4. Mose Kap 21 ist von feurigen Schlangen zu lesen, die Gott dem unzufriedenen israelitischen Volk während der 40-jährigen Wüstenwanderung sandte. Erst nach dem Sündenbekenntnis sollte Moses auf Geheiß Gottes die eherne Schlange aufrichten und damit sein Volk vor dem Untergang bewahren (4. Mose – Kapitel 21,7). Eine Parallele dazu findet sich im Evangelium nach Johannes (Joh 8,21-30), wenn Jesus mit Nikodemus spricht: „Wie Mose die Schlange in der Wüste erhöht hat, so muss der Menschensohn erhöht werden, damit jeder, der an ihn glaubt, gerettet wird." Wieder treffen wir auf die ambivalente Bedeutung der Schlange, sie ist das Symbol der Sünde, aber auch der Rettung.[19]

Zu Verantwortung und Besonnenheit mahnt Matthäus (Mt 10,16) vermutlich in Anspielung auf 1. Mose 3,1, wenn er sagt, dass die Menschen so klug wie die Schlangen sein sollten. Wie auch in der Septuaginta wird das Wort „listig" im Sinne von „Klugheit" gebraucht.[20]

---

19 Luthers Übersetzung von 1545:
6 DA sandte der HERR fewrige Schlangen vnter das Volck / die bissen das volck / das ein gros volck in Jsrael starb.
7 Da kamen sie zu Mose / vnd sprachen / Wir haben gesündigt / das wir wider den HERRN vnd wider dich geredt haben / Bitte den HERRN / das er die Schlangen von vns neme / Mose bat fur das volck.
8 DA sprach der HERR zu Mose / Mache dir eine ehrne Schlange / vnd richte sie zum Zeichen auff /Wer gebissen ist / vnd sihet sie an / der sol leben.
9 Da macht Mose eine ehrne Schlange / vnd richtet sie auff zum Zeichen / Vnd wenn jemand eine Schlange beis / so sahe er die Eherne schlange an / vnd bleib leben.

20 Luthers Übersetzung von 1545: Mt 10,16:
SJhe / Jch sende euch wie Schafe / mitten vnter die Wolffe. Darumb seid klug / wie die Schlangen / vnd on falsch / wie die Tauben.
Luthers Übersetzung von 1545: 1. Mose 3,1:
VND die Schlange war listiger denn alle Thier auff dem felde / die Gott der HERR gemacht hatte /vnd sprach zu dem Weibe / Ja / solt Gott gesagt haben / Jr solt nicht essen von allerley Bewme im Garten?

Der Anthroposoph Rudolf Steiner erkennt in dem geheimnisvollen Reptil Luzifer als Lichtbringer und damit den genuinen Wegbereiter menschlicher Erkenntnis „[…] ein Symbol für die geistige Führung der Menschheit. Der Weise, der Führer heißt ‚die Schlange'. So wurde derjenige bezeichnet, welcher die Menschheit zur Erkenntnis führt. Die Schlange ist das Symbol des Luzifer […]"[21]

Die Schlange im Spiegel von Kunst, Literatur und Märchen

O heuchlerische Güte! Schmeichelnd kitzelt
Die Schlange, wo sie sticht![22]

Ob nun gottgesandte Kreaturen, diabolische Schlangenfrauen und Chaosdrachen: Literarisch-mystisch bearbeitet genießen Schlangen bis heute eine prominente Stellung in Kunst, Literatur, Mythen und Märchen. Quer durch alle Zeiten und Kulturen finden wir dieses faszinierende Reptil als Schmuck und Amulett auf Gräbern, Helmen, als dekorative Elemente in mittelalterlichen Evangelienbüchern, aber auch auf Gegenständen des Alltags.

Erinnyen verfolgen die blutschänderischen Mörder Ödipus und Orest, Gorgonen versteinern jedes Antlitz, rächende, vernichtende Schlangenwesen werden in Shakespeares *Macbeth* heraufbeschworen. Bereits in der Orakelszene herrscht düster-heidnische Atmosphäre: Im brodelnden Kessel wird, unter zischendem Feuer, von beschwörendem Hexengesang begleitet, die Zaubersuppe gebraut, deren Genuss Weissagungen ermöglicht. Ihre Zutaten: gespaltene Natternzungen sowie Fragmente anderer suspekter Kleintiere.[23]

21 Steiner, 1906-1907, Das christliche Mysterium, S. 157 f. In: http://fvn-archiv.net/PDF/GA/GA097.pdf#view=Fit (abgerufen 10.12.2020).

22 Shakespeare, 1975, Sämtliche Werke, Band 2, S. 385-389.

23 Zweite Hexe: Sumpfger Schlange Schwanz und Kopf Brat und koch im Zaubertopf: Molchesaug und Unkenzehe, Hundezung und Hirn der Krähe; Zäher Saft des Bilsenkrauts, Eidechsbein und Flaum vom Kauz. W. Shakespeare, Macbeth, Akt IV, Szene 1. In: http://www.digbib.org/William_Shakespeare_1564/De_Macbeth.pdf (abgerufen 01.08.2021).

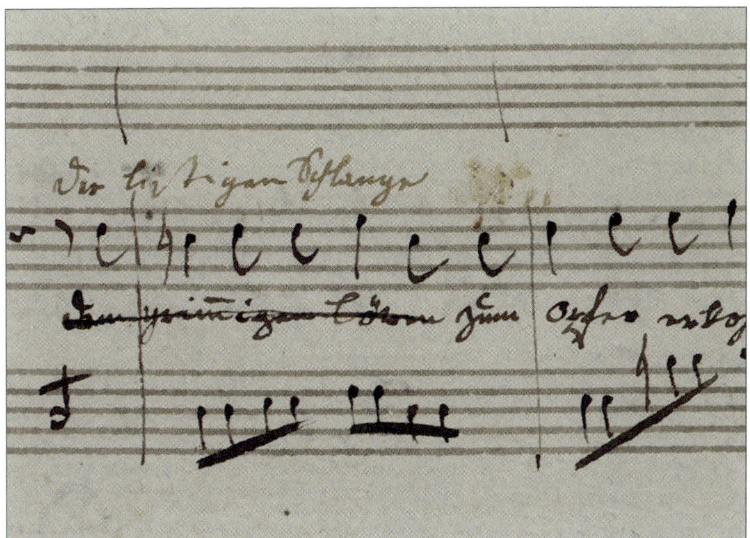

Wolfgang Amadè Mozart, Die Zauberflöte, 1. Aufzug, No. 1 Introduction. Autographe Partitur, S. 16v. Staatsbibliothek Berlin, Digitalisierte Sammlungen.

In Mozarts *Zauberflöte* ist es eine Riesenschlange, die dem Königssohn Tamino nach dem Leben trachtet. Hier darf auf ein spannendes politisches Detail verwiesen werden, das sich in dieser Personifikation verbirgt. In Mozarts Autograph lautet der Text zunächst: „dem grimmigen Löwen zum Opfer …" Doch ein historisches Ereignis vereitelte dem Leu seinen Bühnenauftritt: Kaiser Leopold II. übernahm 1790 nach dem überraschenden Tod seines Bruders, Josephs II., die Herrschaft über die habsburgischen Erblande. Die nun aufkommenden Bedenken einer möglichen Gleichsetzung auf Grund des Gleichklangs von Löwe – Leo – Leopold ließ Schikaneder den König der Tiere in eine politisch unverfängliche Schlange verwandeln, die für weitere Allegorien außerordentlich geeignet war. Nun finden wir, von eigener Hand mit anderer Tinte ausgebessert die Korrektur: „der listigen Schlange" […][24]

24 A subjective view of the work https://kupferblum.com/writes/essays/on-opera/a-subjective-view-on-the-magic-flute-die-zauberfloete-eine-subjektive-werkbetrachtung/ (abgerufen 10.08.2021). Hierbei handelt es sich nicht, wie oft fälschlich angenom-

Suchen wir die Schlange in der bildenden Kunst, so erscheint uns alsbald – abgesehen von der paradiesischen Verführerin – die Laokoon-Gruppe lebendig vor Augen, eine der berühmtesten Skulpturen der griechischen und römischen Mythologie. Diese marmorne Komposition rückt den entsetzlichen Todeskampf des griechischen Priesters und seiner unschuldigen Söhne gegen die vernichtende Übermacht der Schlangen in greifbare Nähe.

Nun soll unser nächster Schritt in die weite Welt der Legenden und Volksmärchen führen. Obwohl Schlangen häufig Weisheit und Heilkraft zugeschrieben werden, mutieren sie nicht selten zu abscheulichen Kreaturen, die mit Basilisken, Drachen, Chimären und Riesenkröten u. ä. in enger Verwandtschaft stehen.

Kinder verdanken in zahlreichen Hausmärchen ihr Gedeihen einer Schlange. Wird das „ekelerregende Tier" von besorgten Erwachsenen verstoßen oder gar vernichtet, so endet auch das junge Menschenleben wie im Grimm'schen „Märchen von der Unke". Ebenso berichtet das österreichische Märchen „Die Hausschlange" von einer dankbaren und fürsorglichen Schlange, die ein Mädchen mit Edelsteinen und goldenem Schmuck versorgt. Von dem Bündnis ihres Kindes mit dem schuppigen Kriechtier nichts ahnend, tötet die Mutter in ihrem Schrecken das Reptil und durchschneidet dadurch den Lebensfaden ihres Kindes.[25]

Die beeindruckende Bandbreite der tradierten Schlangeninterpretationen reicht von der Hüterin eines Schatzes über das Symbol der Falschheit und List bis zur Fruchtbarkeit und Botschafterin einer anderen Welt. International bekannt sind das neapolitanische Märchen „Lo serpe" von Giambattista Basile, des Weiteren „Das Natternkrönlein" von Ludwig Bechstein, „Les Fées" von Charles Perrault, „Der goldne Topf" von E.T.A. Hoffmann und „Sindbad der Seefahrer" aus Tausendundeine Nacht.

Nicht unerwähnt bleiben darf Johann Wolfgang von Goethes Schwäche für mystische und alchemistische Schriften. Der große

men, um eine erste Fassung, sondern um eine Korrektur innerhalb des Schaffensprozesses. Für diesen Hinweis danke ich dem Musikwissenschafter Rudolf Hopfner.

25 Grimm, 1999, Kinder- und Hausmärchen, S. 126–129.

Dichter verpackte das archaische Symbol der grünen Schlange in die hermetische Erzählung „Das Märchen“ (1795) und verarbeitete Teile davon für seinen Faust. Unzählig sind die Versuche, diese von mystischem Zauber geprägte Novelle zu interpretieren. Ein in literarischem und freimaurerischem Sinne wahrlich beeindruckendes Werk.[26]

Bis in die Gegenwart sind Schlangen mächtig und klug genug, um Menschen zu überwältigen, zu rächen, aber auch zu belohnen. Ihre beachtlichen Fähigkeiten werden losgelöst von der Zeit auch heute literarisch hochgeschätzt. So ist Salazar Slytherin, der schwarze Magier aus den Harry-Potter-Romanen von J. K. Rowling, ein *Parselmund*, der – ebenso wie Harry selbst – die magische Gabe besitzt, mit Schlangen zu sprechen.

Was uns der Geist der Sprache offenbart

Als Einstieg in die zentrale Thematik des Schlangentabus soll zunächst auf einen kleinen Exkurs in die etymologische Forschung eingeladen werden. Möge der gewonnene Erkenntnisgewinn das Abschweifen in diese, für das tiefere Verständnis wichtige Thematik rechtfertigen. Gerade beim Symbol der Schlange die Linguistik zu bemühen, kann dazu beitragen, in einer bewusst reflektierenden Weise über unsere Wahrnehmung nachzudenken und die kognitive Funktion von Sprache zu erkennen.

Der Sprachwissenschaftler Otto Schrader, der sich in besonderer Weise mit der Bedeutungsgeschichte urindogermanischer Begriffe auseinandergesetzt hat, merkte schon zu Beginn seines Artikels „Schlange“ an, dass die indogermanischen Sprachen reich an übereinstimmenden Benennungen dieses Tieres seien, auf die ich im Folgenden sprachvergleichend eingehen möchte. Interessant deshalb, da die Etymologie sowohl ihre mantische, die Zukunft deutende Fähigkeit, als auch den dämonisch-bösen Charakter offenbart.[27]

26 Goethe, 1966, Werke in zwölf Bänden, 5. Band, S. 135-168.

27 Otto Schrader (1855–1919) war ein deutscher Sprachwissenschaftler, der insbesondere die Bedeutungsgeschichte germanischer und urindogermanischer Begriffe erforschte. Er wird gelegentlich mit dem nicht verwandten Indologen Friedrich (oft nur F.) Otto Schrader (1876–1961) verwechselt.

Das Sprachtabu der Schlange

Als Seelentier genoss die Schlange bei den Indogermanen kultische Verehrung, sie sorgte für Wohlstand und Gedeihen. Übereinstimmend mit der Tabuisierung anderer Tiernamen war auch das Namenstabu der Schlange durch eine religiöse Scheu bedingt.

Die kriechende, sich schlängelnde Art ihrer Fortbewegung inspirierte die Bildung eines Ersatzwortes, sowohl im Deutschen, wie auch im Altiranischen. Hier wurde sie zu *Uragah*, zur „die auf dem Bauche gehende" aber auch im Lateinischen zur Schleichenden *serpens*.

Schon im 9. Jahrhundert gelangte über das Althochdeutsche *slango* der Name des Kriechtiers ins Mittelhochdeutsche, als lautlich leicht erkennbare *slange*, jedoch in der Bedeutung von Drache und Teufel und verdrängte die abgewandelten Ursprungsbezeichnungen wie Natter, Unke und Wurm. Diesem letztgenannten Ersatzwort begegnen wir auch noch in späterer historischer Zeit. Im Tiroler *Murbl*, einer sagenhaften Schlange aus dem Wurmthal, könnte es sich um eine absichtliche Verballhornung des *Wurml* handeln. In Graubünden scheute man auch diesen Ersatz und nannte die Schlange nur mit den Anfangsbuchstaben *Sch*. Der Wurm diente nicht nur im deutschsprachigen Raum als Stellvertreter, auch im Russischen hat er seine Kriechspuren mit dem Wort червь (červ) hinterlassen.[28, 29]

Ein Blick auf die Etymologie der slawischen Sprachen zeigt die enge Zugehörigkeit der Schlange змея (zmeja) zur Erde земля (zemlja). Ihre Abstammung von der urslavischen Wurzel зем (zem-, Erde) ist klar zu erkennen. Allerdings hat sich im Ukrainischen neben змія auch das ältere, vom urslavischen гадъ (gad) abgeleitete Wort für „Kriechtier, Reptil, Scheusal" gehalten. Analog dazu findet sich auch im Tschechischen und Slowakischen *had* als Bezeichnung für Schlange. Einen interessanten Zusammenhang entdeckte der Slawist Max Vasmer zwischen dem urslawischen Wort гадъ (gad) und dessen Spuren in der heutigen russischen Sprache. Hier offenbart sich die

28 Havers, 1946, Neuere Literatur zum Sprachtabu, S. 46.
29 Ad *Wurmthal*: heutige Schreibweise: Wurmtal.

Ambivalenz der Schlange im Verb гадать (gadat) in der Bedeutung „wahrsagen, erraten" wie auch im Adjektiv гадкий (gadkij), das „ekelhaft, grässlich" bedeutet.[30, 31]

Gegen die abwertende Interpretation der Schlange spricht sich der Slawist Alexander Brückner aus. Dieser Name sei als zu meidender Deckname frei gewählt worden, wie auch bei vielen anderen Tieren, die man achtete, aber auch fürchtete. In ihrer Eigenschaft als weise Prophetin – etymologisch bedeutet das Wort гадать (gadat) wie oben beschrieben „weissagen und raten" – soll sich diese Bedeutung erst später unter dem Einfluss des Christentums auf „Ekelhaftes und Widerwärtiges" übertragen haben. Auf den bösen dämonischen Charakter der Schlange weisen spätere Ersatznamen, wie худая (hudaja), aus dem altrussischen худъ (hudj) „die Böse", hin.[32]

Auch die äußere Erscheinung spielt bei der Prägung von Ersatzwörtern eine wichtige Rolle: So heißt sie bei den Litauern *igoji* (die Lange), *pik* auch *piklind* bei den Esten in der Bedeutung „der lange Vogel". In Nordindien wird sie, in Anlehnung an den erwähnten Schöpfungsmythos um *Vasuki*, auch mit „Schnur" oder „Seil" umschrieben. Wird man von der Schlange gebissen, so sagt man: „Ein Seil hat mich berührt."[33]

Am Rande bemerkt, verdankt die Schlange ihr Genus und somit ihre Weiblichkeit Luthers in sächsischer Kanzleisprache abgefassten Bibelübersetzung. Im Hebräischen ist sie dagegen maskulin und bedeutet auch „Zauberfluch" (נחש – nāchāš).

Noch heute finden sich Redensarten und vergleichende Metaphern, die Schlangen als hinterlistig, falsch, aber auch als schlau darstellen: Enttäuscht nährt man die Schlange am Busen, findet sich in

30 Vasmer, 2008, Russisches etymologisches Wörterbuch, Band 3.

31 Ad гадъ: als metaphorisches Schimpfwort: гадъ, гадина 1. Kriechtier, Reptil, 2. Scheusal, ekelhafter Mensch. In: http://www.russki-mat.net/e/mat_WChristiani.htm (abgerufen 18.08.2021).

32 Brückner, 1922. In: Zeitschrift für vergleichende Sprachforschung auf dem Gebiete der indogermanischen Sprachen, Band 48, S. 220.

33 Havers, 1946, Neuere Literatur zum Sprachtabu, S. 44.

einer Schlangengrube aus Intrigen wieder, windet sich bei Ausreden wie eine Schlange, packt sie mutig am Schwanz oder beißt sich angesichts unlösbarer Widrigkeiten in denselben hinein.

Ouroboros

„Nascentes morimur finisque ab origine pendet"

„Schon wenn wir geboren werden, sterben wir, und das Ende beginnt mit dem Anfang." Kaum treffender, als mit Marcus Manilius' Worten lässt die klare Bildsprache der sich kreisförmig windenden, sich in den Schwanz beißenden Schlange Ouroboros (griechisch: *oura*, der Schweif; *boros,* verschlingend) darstellen.[34]

Wie die Regenbogenschlange der australischen Aborigines, die ägyptische Schlangenmutter *Wadjet* oder die Midgardschlange der germanischen Mythologie gehört der Ouroboros zu den wirkmächtigsten Reptilien: ein Symbol für das ewige Leben und die Wiedergeburt.

Die sich selbst Gebärende, göttliche Weisheit, Kraft und Heilung in sich Tragende wurde zum religionsübergreifenden Emblem heiliger Rituale und hermetischen Wissens. Nicht selten begegnen wir dem Ouroboros auf alten Friedhöfen – wie z. B. auf Beethovens Gedenkstein am Wiener Zentralfriedhof, auf barocken und klassizistischen Grabmalen sowie auf zahlreichen freimaurerischen Darstellungen, als Requisite im Tempel, auf symbolischen Wappen, Schurzen, häufig in Verbindung mit Zirkel, Maßstab und Winkelmaß.[35]

Im Signet der Theosophischen Gesellschaft verkörpert der Ouroboros Evolution und Einheit der stofflichen und geistigen Bereiche der Natur. Ebenso sind die magischen Inschriften der Abraxas-Gemmen häufig durch den Ouroboros eingefasst. Abraxas, diese gnostisch-mystische

34 vgl. Hübner, 2010, Manilius „Astronomica", 4,16. Buch V.

35 Lennhoff, Posner 1932, Internationales Freimaurer-Lexikon. In: https://freimaurer-wiki.de/index.php/Wappen_der_Steinmetzen_und_Freimaurer (abgerufen 18.08.2021).

Gestalt, die C. G. Jung als einen „Gott über Gott“ beschreibt, wird gerne mit satanistischen Strömungen in Verbindung gebracht.[36, 37]

Der Ouroboros, dieses Symbol der Vereinigung von Gegensätzen, hat einen festen Platz in der Freimaurerei. Im pejorativen Sinne missbraucht als *Serpente verde* (grüne Schlange), wie in Italien die Freimaurer des Großorients wegen ihrer grünen Bänder von ihren Gegnern spöttisch genannt wurden.[38]

Masonisch steht er als Metapher einer zyklischen Wiederholung, analog dem Kreislauf der Zeit, der Erneuerung, Geburt und Tod sowie im übertragenen Sinne auch der Ewigkeit. Ohne religiöse Heilserwartung entspringt jedem Ende stets ein neuer Anfang, jeder Abschluss fordert einen Neubeginn, analog zur Lemniskate in der Knotenschnur, die häufig auf dem Tapis dargestellt ist. (s. Kap. *Solve et coagula*)

Vermutlich verbirgt sich im Symbol des Ouroboros auch das Streben des sterblichen Menschen zu höheren, geistigen Dimensionen, zur Veredelung und Arbeit über sich selbst hinaus. In geistiger Verwandtschaft mit der ursprünglich von Seneca stammenden Redewendung „per aspera ad astra“, wobei hier die Schlange selbst aus dem Staub kommend, über raue Pfade zu den Sternen gelangt.

In der Alchemie versinnbildlicht der Ouroboros die Verwandlung und Veredelung von Substanzen. Er soll auch das Symbol des Steins der Weisen sein, eines *Lapis*, eines steinernen Substrats, das Unedles in Edles verwandeln könne. Analog zur Schlange, die sich ihrer alten Haut zu entledigen vermag, wird im übertragenen Sinn vom Freimau-

36 Jung, 1916, Septem sermones ad Mortuos (1916). In: http://gnosis.org/library/7Sermons.htm (abgerufen 20.08.2021).

37 Ad Abraxas: Das Wort Abrasax oder Abraxas findet sich oft auf spätantiken Gemmen, die Kompositwesen mit Hahnenköpfen, menschlichen Armen und Schlangenfüßen zeigen, welche meist in der rechten Hand eine Peitsche und in der linken einen Schild halten. (Manchmal sind diese Gegenstände entstellt.) Gefunden wurden sie vor allem in Ägypten, Kleinasien und auch in Spanien. Solche Siegelsteine galten als Schaden abweisend und Schutz gewährend. In: Michel, 2013, Spinnenfuß und Krötenbauch, Band 16.

38 Lennhoff, Posner, 1932, Internationales Freimaurer-Lexikon. In: https://freimaurer-wiki.de/index.php/Schlange (abgerufen 22.10.2020).

Ouroboros. Zeichnung von Theodoros Pelecanos aus Synosius, einem alchemistischen Traktat aus dem Jahr 1478.

rerlehrling schon zu Beginn eine Art Selbstverwandlung verlangt. Die vielzitierte Inschrift am Apollotempel von Delphi Γνῶθι σεαυτόν (Gnő̄thi seautón) „Erkenne dich selbst“ ist Wegweiser, mahnt den Neophyten zu einem individuellen Aufbruch in eine als richtig erkannte Sinnsuche, Selbstreflexion und Veränderung: Selbsttäuschung abzuwerfen und zu überwinden, ganz im klassischen pindarischen Sinne: „Beginne zu erkennen, wer du bist.“[39]

Als masonisches Symbol im Meistergrad steht der Ouroboros für die wohl größte und komplexeste Lebensaufgabe, die jeder Mensch für sich selbst zu bewältigen hat. Den eigenen Tod zu überwinden und durch Worte und Taten im anderen weiterzuleben.

39 Pindar, 1986, Oden, S. 99.

Verehrt, gefürchtet und geliebt

Biene als Tabu

Der süßeste Honig ist bitter für jeden Menschen,
der ihn nie und nirgends genießen kann.[1]

Eine sehr alte Beziehung

Seit rund 50 Millionen Jahren bevölkern Bienen unsere Erde. Eingeschlossen in Bernstein finden sich die allerersten Relikte ihrer frühen Existenz. Aus der Zeit des Alttertiärs, vor rund 25 Millionen Jahren, stammen die ersten Funde echter Honigbienen.

Wie früh und wie eng wir Menschen in einer Beziehung zu Bienen standen, lässt sich bereits durch steinzeitliche Felsmalereien nachweisen. Die ersten künstlerischen Darstellungen des Honigsammelns und Plünderns finden sich auf anatolischen Felszeichnungen in Çatal Höyük (um 6600 v. Chr.) und in den Cuevas de la Araña – den Spinnenhöhlen in Valencia (um 6000 v. Chr.).

Die Vielfalt prähistorischer, mythologisch-religiöser und kultureller Spuren der Honigbiene ist beeindruckend. Ihr rätselhaftes Wesen, ihre Fortpflanzung, die unerklärliche Ordnung ihres Staates faszinierte und ängstigte die Menschen des Altertums gleichermaßen. Allen antiken Hochkulturen gemeinsam ist das hohe Prestige dieser leistungsstarken Lebewesen und ihrer Erzeugnisse, die seit jeher eine Ahnung von Göttlichkeit umgaben.

Beginnen wir unseren Rundgang im ägyptischen Altertum, wo die Honiggewinnung und Bienenzucht schon um 3000 v. Chr. ihre erste Blütezeit erlebte. Als Sonnensymbol verehrt, ist es vermutlich der Honigbiene (Apis mellifera lamarckii) zu verdanken, dass die

1 Hartman von Aue, 1180/1992, Gregorius.

Imkerei im Königreich am Nil einen erstaunlich hohen Standard erreichen konnte. Honig galt als Speise der Götter und Imker gehörten somit zum unentbehrlichen Tempelpersonal.[2]

Eine Legende aus dem 4. Jahrhundert v. Chr. beschreibt die Biene als Krönung der ägyptischen Weltschöpfung:

> *Bei einem furchtbaren Unheil, das über die Erde kam, weinten Götter, Menschen und Tiere. Auch der Sonnengott Re weinte. Tränen flossen von seinem Auge zur Erde. Sie verwandelten sich in Bienen. Durch das Werk der Bienen entstanden Blumen und Bäume. Das ist der Ursprung des Wachses und des Honigs aus den Tränen des Sonnengottes Re.*[3]

Honig war im pharaonischen Ägypten nicht nur als edles Süßungsmittel begehrt. Auch Ärzte nutzten dieses Bienenerzeugnis für die Heilung von Bindehautentzündungen, als Medizin und Verbandsmaterial. In magische Sprüche eingesetzt diente Honig zur Abwehr von Krankheitsdämonen. Bienenwachs war wiederum bei geheimnisvollen Zeremonien, bei Mumifizierungen oder zur luftdichten Versiegelung von Gefäßen oder Särgen von großer Bedeutung.[4]

In ihrer Metamorphose vom Ei zur Imago nimmt die Jungbiene als Larve eine „mumienförmige“ Gestalt an. Danach schlüpft sie als entwickeltes Insekt aus ihrer Zelle. In der Wahrnehmung der Ägypter durchlief sie eine Entwicklung, die dem Totengott Osiris zugeschrieben wurde. So avancierte die Biene zum göttlichen Wesen, weil sie in der Lage war, die „Totenstarre“ der Mumienform zu durchbrechen, um nach erfolgreicher Metamorphose dem Sonnenlicht entgegenzufliegen.[5]

---

2 Feierabend, 2009, Biene und Honig im pharaonischen Ägypten, S. 92-127.

3 Lehnherr, 2001, Der schweizerische Bienenvater, S. 41. In: https://books.google.at/books?id=bAbXswEACAAJ (abgerufen 11.04.2020).

4 https://www.bibelwissenschaft.de/wibilex/das-bibellexikon/lexikon/sachwort/anzeigen/details/milch-und-honig/ch/39774868b2f22ddfd09ebf46674424ce/#h0 (abgerufen 15.04.2020).

5 Feierabend, 2009, Biene und Honig im pharaonischen Ägypten, S. 226.

Die Verwandlung der Biene, ihre scheinbar todesüberwindende Kraft könnte erklären, warum sie Sinnbild für das Weiterleben nach dem Tod wurde. Dafür sprechen auch die Bienenamulette als Grabbeigaben, gedacht als Symbole für Regeneration, Schutz, Kraft und Wiedergeburt.[6]

Untrennbar miteinander verbunden, schrieb man der Biene sowohl beschützende als auch gefährliche Eigenschaften zu. Die Dualität positiver und negativer Aspekte harmonierte mit der Vorstellungswelt der alten Ägypter. In Unterägypten etablierte sich das symbolträchtige Insekt zum Wappentier, wurde bei der Einigung der Reiche ins Schriftsystem eingebunden und hier bald zum wichtigsten Zeichen: zur Königshieroglyphe. Die ihr im Mittleren Reich zugesprochenen dämonischen Kräfte, mit denen sie das Böse vernichtete, führten dazu, dass in einigen Texten der Kopf der Bienenhieroglyphe ausgespart wurde. Die ungarische Ägyptologin Hedvig Győry führt dazu aus: „Die magische Kraft der Bienen wird am besten dadurch erwiesen, daß man es im Mittleren Reich öfters notwendig hielt, sie ohne Kopf zu zeichnen, um ihre schadende Kraft zu brechen.“[7]

Auch bei den Assyrern, Babyloniern, Etruskern, Mesopotamiern, Indern und im klassischen Griechenland gibt es Überlieferungen, die die Bienenzucht belegen. Der Honig Attikas war weit über seine Grenzen hinaus bekannt, hier wurde die Biene als priesterliches Tier verehrt, weil sie alles Unreine meidet.[8]

In der griechischen Mythologie galt der Honig als Speise der Götter, Zeus selbst wurde mit Honig und Ziegenmilch aufgezogen. Die Biene war das heilige Tier der Fruchtbarkeitsgöttin Demeter. Hohepriesterin Pythia wurde als „delphische Biene“ bezeichnet, so wie auch die jungfräulichen Priesterinnen der Göttin Artemis „Melissai“ (Bienen) genannt wurden.

6 Wiese, 1996, Die Anfänge der ägyptischen Stempelsiegel-Amulette, S. 300.

7 Győry, 2002, „Öffnen des Sehens“: Artikel 47 – 56, S. 47. In: https://www.researchgate.net/publication/323486354_Offnen_des_Sehens_Gedanken_uber_das_Rezept_Ebers_344_GM_189_2002_47-56 Győry (abgerufen 12.04.2020).

8 Heimsoth, 1987, Zur Geschichte der Imkerei, S. 69-70. In: https://www.zobodat.at/pdf/KATOOENF_0010_0069-0070.pdf (abgerufen 15.04.2020).

Der griechische Arzt und Heilpflanzenkundige Pedanios Dioskurides (40–90 n. Chr.) erläutert in seiner „De materia medica" die therapeutischen Vorzüge des Honigs, wobei er die Dualität der Wirkung besonders hervorhebt: Seiner Meinung nach war Honig für den Gesunden süß, während der Geschmack für Dämonen und Tote derart bitter war, dass diese durch ihn vertrieben und Kranke auf magische Weise geheilt werden konnten.

Die Römer ehrten Mellonia als ihre Bienengöttin und opferten ihr Honig, der Unsterblichkeit verlieh. Vergil (70–19 v. Chr.) sprach Bienen ein Stück der göttlichen Intelligenz zu. Zudem sahen der Dichter sowie die Kirchenväter in der Bienengesellschaft ein für die Menschen perfektes soziales Modell. Vom üppigen Gebrauch des süßen Bienenprodukts berichtet auch die antike römische Küche. Nahezu alle Speisen und Getränke wurden mit dem göttlichen *mel* versüßt.

Hingegen galt der Genuss von Honig als Nahrungsmittels den Essäern und Pythagoreern als Zeichen der Enthaltsamkeit und Mäßigung.[9]

Goldener Bienensaft fließt auch durch die einflussreichsten Dichtungen der abendländischen Literatur und findet sich in metaphorischem Sinne in der gesamten Antike (Homer, Ilias 18, 108–110, Odyssee 12, 187).

Auch der germanische Göttervater Odin verzehrte Honig und verdankte diesem seine Weisheit, Kraft und Unsterblichkeit. Kämpfe mussten bei Anwesenheit der als heilig verehrten Bienen unterbrochen werden. Dem fränkischen König Childerich I. wurden auf seinem „Bienenweg" zu den Seelen der Toten 300 goldene bienenförmige Juwelen als Grabbeigabe mitgegeben.[10]

Auf der Suche nach einer neuen Insignie wählte der selbsternannte Kaiser Napoleon I. die Biene als königliches Symbol der korsischen Familie Buonaparte. Vermutlich war dies ein bewusster Rückgriff auf die Merowinger, jene fränkische Dynastie, deren Kleinkönig Childerich I. (457–482) Frankreich im Mittelalter regiert hatte.

9 Schauberg, 1861, Vergleichendes Handbuch der Symbolik der Freimaurerei, S. 553 f.

10 Mogk, 1898/2017, Germanische Mythologie, S. 41. In: https://nbn-resolving.org/urn:nbn:de:101:1-2019020921553126993297 (abgerufen 05.05.2020).

Biene und Honig in den Weltreligionen

Im Judentum gehört nach biblischer Überlieferung der koschere Bienenhonig zu den guten Gaben eines fruchtbaren Landes, dient als Geschenk, als gesegnete Speise, Heilmittel und Opfergabe. Im Alten Testament wird Honig mehr als sechzigmal erwähnt. Im 2. Buch Moses (3,8) verheißt Gott den Juden sie in ein Land zu führen, in dem Milch und Honig fließen. Auf die Nützlichkeit dieser Insekten nimmt Jesus Sirach 11,3 Bezug, indem sie trotz ihrer Kleinheit den besten Ertrag, nämlich den Honig bringen. Wegen seiner Süße und seines hohen Nährwerts wird er gern als Metapher oder Symbol für die Tora benutzt.[11]

Ebenso bedient sich die Auslegung zum Deuteronomium im Midrasch Debarim 1,1 in der Bienenmetapher dieser Dualität: „Sowie von der Biene der Honig süß, der Stachel aber bitter ist, so sind auch die Worte des Gesetzes, wer ihnen zuwiderhandelt, zieht sich das Todesurtheil zu […].“[12]

Erstaunlich erscheint das prominente Auftreten der Biene im Koran. Sure 16 ist sogar nach ihr benannt. Dank ihrer göttlichen Eingebung genießen diese arbeitssamen Insekten einen besonderen Status, da sie ihr Leben sorgfältig organisieren, ihre Bedürfnisse zu erfüllen imstande sind und den Herausforderungen des Lebens trotzen. Die göttliche Anrede der Biene soll die Gleichheit aller an der gesamten Schöpfung Beteiligten zum Ausdruck bringen.

> *Und dein Herr hat der Biene eingegeben: Mach dir Häuser aus den Bergen und aus den Bäumen und aus dem, was die Menschen (an Reblauben oder Hütten) errichten! Hierauf iß von allen Früchten und zieh auf den Wegen deines Herrn, (die dir) gebahnt (sind), dahin! Aus dem Leib der Bienen kommt ein für*

11 Luthers Übersetzung von 1545:
Denn die Biene ist ein kleins Vögelin / vnd gibt doch die allersüsseste Frucht.

12 Wünsche, 2018, Der Midrasch Debarim Rabba 1,1.

die Menschen heilsames Getränk von verschiedenen Arten heraus. Darin liegt ein Zeichen für Leute, die nachdenken.[13]

In gleicher Weise wollte sich die frühchristliche Mystik der Bienen-Metapher nicht entziehen. Galt doch die Unermüdlichkeit der Bienen bei der Honigsuche, die dem Wohle ihrer Gemeinschaft diente, als vorbildlich. Im christlichen Kultus wurde das Leben der „keuschen Biene" zum Symbol Mariens. Ihre parthenogenetische Fortpflanzung, bei der männliche Drohnen aus den unbefruchteten Eiern der Königin schlüpfen, schien perfekt zur Jungfräulichkeit Mariens zu passen. Tugendhafte Menschen sollen von Bienenstichen verschont, böse und unkeusche hingegen mit schmerzhaften Stichen traktiert werden. Ebenso galt das Bienenwachs der Kerzen als heilig, da es rein und unverderblich von der „göttlichen" Biene hervorgebracht wurde.

Vom 5. bis ins 16. Jahrhundert erfuhr die Bienenzucht der Kirche einen ungewöhnlichen Aufschwung, da diese für ihre kultischen Handlungen zunehmend Bienenwachs benötigte und sogar den Gebrauch von reinen Bienenwachskerzen im Gottesdienst vorschrieb. Bis in das Mittelalter betrieben die Klöster Bienenzucht, auch hier, wie im pharaonischen Ägypten, standen professionelle Imker im Dienste der Kirche.

Der Anthropologe Hans Biedermann verweist auf die abendländische Bedeutung der Biene als Seelen-Symbol: „Wer im Traum eine Biene sieht, hat den nahen Tod – die davonschwirrende Seele – vor Augen. Wenn aber eine Biene einem Toten in den Mund fliegt, wird er wieder lebendig."[14]

Der Honig als Inbegriff der Süße hatte schon im Alten Testament Symbolcharakter: als Metapher für eine schmeichelnde Rede oder für das göttliche Wort.

Eine besondere Hochachtung für Bienen lässt sich aus dem Neuen Testament herauslesen. Das Evangelium nach Markus berichtet

13 Paret, 2012, Der Koran, Sure 16 Vers 68–69.

14 vgl. Biedermann, 1998, Lexikon der magischen Künste.

von Johannes dem Täufer, der sich von Heuschrecken und wildem Honig ernährte (Mk 1,6; Mt 3,4).[15]

Doch auch die dunkle Seite der Bienenmetapher findet im Buch Deuteronium (Dtn 1,44) Erwähnung: in Form eines Vergleiches mit den angreifenden Völkerscharen, den Feinden Israels.[16]

Die christliche Legende belohnte sämtliche Erzeugnisse der Biene mit einer besonderen Erhöhung: „Als Christus ans Kreuz geschlagen wurde, tropfte sein Blut auf die Erde; angelockt durch die Süße der roten Tropfen flogen Bienen herbei und sammelten das Blut Christi ein." Honig wurde zum Sinnbild des Blutes Christi, für Tod und Auferstehung. Vermutlich ist auch der Gebrauch von Wachskerzen im Gottesdienst auf eine frühchristliche Erzählung zurückzuführen, nach der Bienen beim Auszug aus dem Paradies einen besonderen Segen erhalten haben sollen. Nach Augustinus ist der Honig ein Bild für die Zärtlichkeit Gottes und seiner Güte. Auch heute noch erklingt zu Beginn der Osternacht im *Praeconium paschale* der christlichen Liturgie das „Lob der Biene".[17]

Ein Bienenerlebnis der besonderen Art wurde dem Heiligen Ambrosius von Mailand (339–397) zuteil. Er soll im zarten Säuglingsalter von einem Bienenschwarm heimgesucht und genährt worden sein. Eingedenk dieses Ereignisses verglich er später die Kirche mit dem Bienenkorb, die frommen Miglieder der Gemeinde mit den Bienen, die ohne Hoffart von allen Blüten nur das Beste sammeln. Die Süße des Honigs wurde zum Symbol Ambrosius' „honigsüßer" Beredsamkeit. Zum Gedenktag dieses ältesten der vier großen lateinischen Kirchenväter und Schutzpatrons der Imker, Wachszieher und Lebkuchenbäcker wird bis heute weltweit der 7. Dezember als Tag

15 Luthers Übersetzung von 1545:
Mk 1,6: Johannes aber war bekleidet mit Kameelharen / vnd mit einem leddern Gürtel vmb seine Lenden / vnd ass Hewschrecken vnd Wildhonig.

16 Luthers Übersetzung von 1545:
Dtn 1,44: Da zogen die Amoriter aus / die auff dem gebirge woneten / euch entgegen / vnd jagten euch / wie die Bienen thun / vnd schlugen euch zu Seir / bis gen Harma

17 https://www.bibelwissenschaft.de/wibilex/das-bibellexikon/lexikon/sachwort/anzeigen/details/milch-und-honig/ch/39774868b2f22ddfd09ebf46674424ce/#h0 (abgerufen 20.04.2020).

des Honigs begangen. Im Ornat des Bischofs dargestellt, trägt der Hl. Ambrosius oft als Attribut einen Bienenkorb.

Im Mittelalter reduzierte sich Honig zur frommen Fastenspeise und Medizin, blieb aber auch als Heil- und Süßungsmittel für die Konservierung von Lebensmitteln lange Zeit im Einsatz.[18]

Profane Tugenden: vom Bienen- zum Menschenstaat

Wie ein roter Faden spinnt sich die Metapher vom Bienenstaat als Sinnbild für Herrscher und seine Untertanen durch die Geschichte. Forscht man tiefer nach dem Grund dieses Vergleichs, so stößt man auf ein kleines Detail: Die Bienenkönigin wurde von antiken Autoren noch fälschlich als männlicher Bienenkönig bezeichnet - heute noch wird sie auch „der Weisel" genannt. Dank ihrer vermeintlichen Männlichkeit konnte sie das musterhafte Vorbild eines friedfertigen, stachellosen Idealherrschers abgeben. Auch im Mittelalter finden wir antike Überlieferungen über den Bienenkönig.

Schon Aristoteles zog in seiner „Historia animalium" einen analogen Vergleich zwischen Biene und Mensch: Als *zoon politikon* bezeichnete er sie beide, als soziale und gemeinschaftsbildende Geschöpfe. Ihr Daseinszweck ist es, die Erreichung eines „guten Lebens" im Kollektiv zu verwirklichen. Der römische Historiker Plinius der Ältere (24 n. Chr.–79 n. Chr.) vermutete im Bienenkollektiv sogar ein konkretes Staatswesen (res publica) mit eigener Ratsversammlung (*consilia*).[19]

Auch im weiteren Verlauf der Geschichte war es nicht einfach, der althergebrachten Anthropomorphismus-Falle zu entkommen. Allzu zahlreich sind doch die Verweise auf den Zusammenhang dieser staatenbildenden Insekten mit der von Menschen geschaffenen *res publica*. Ob es sich um die erwähnten Goldbienen des fränkischen Kleinkönigs Childerich I. handelte oder um Napoleon I., dessen purpurner bienenbestickter Krönungsmantel zu einem selbstbewussten Symbol

18 Hörandner, 1993, Von Bienen und Imkern, von Wachs und vom Honig, S. 39-43.

19 vgl. Unterkircher, 1986, Bestiarium, Bd. 3.

wurde, um sich von den lilientragenden Bourbonen abzugrenzen. Auch William Shakespeare griff zu dieser Metapher und benutzte in seinem Stück *Heinrich V.* den Bienenstock als Beispiel für ein wohlgeordnetes Königreich. (1. Akt, 2. Szene).

So work the honey-bees,
Creatures that by a rule in nature teach
The art of order to a peopled kingdom.[20]

Doch nicht alleine Königen blieb dieses Symbol vorbehalten. Die Päpste Urban VII. (1521–1590) und Urban VIII. (1568–1644) integrierten die Biene als Attribut in ihr päpstliches Wappen.[21]

Ordnung, Fleiß und Organisationsform der Biene soll auch Inspirationsquelle für den im Jahre 1703 gestifteten französischen Ritterorden „Orden der Biene", oft auch als „Orden der Honigbiene" bezeichnet, gewesen sein. Symbolträchtig ist die Ordensdevise, wie sie auch auf dem Medaillon zu sehen ist: Eine Biene mit der Umschrift: „Je suis petite, mais mes piqueurs sont profondes" und „Piccola si, ma fa pur gravi le ferite" in der Bedeutung: „Ich bin zwar klein, mache aber doch schwere Wunden."[22]

„Die Symbolkraft der Biene ist eine Menschheitskonstante", resümiert Ralph Dutli in seiner Kulturgeschichte der Biene. Sie sei besser als jedes andere Wesen geeignet, Sehnsüchten, Vergleichen und idealisierten Vorstellungen eine ideale Projektionsfläche zu bieten. So sind Naturwissenschaft, Kultur, Magie und Glaube im Bienenthema eng verflochten.[23]

Von der Antike bis heute haben sich Bienen und der Bienenstock als Symbol vieler karitativ-sozialer Vereinigungen, Banken und

20 Shakespeare, King Henry V. 1. Akt, 2. Szene. In: https://www.freimaurer-wiki.de/index.php/En:_The_Lost_Symbols_of_Freemasonry:_The_Beehive.

21 Peil, 1983, Untersuchungen zur Staats- und Herrschaftsmetaphorik, S. 322.

22 Der Bazar, 1857, S. 227. In https://freimaurer-wiki.de/index.php/Orden_der_Bienen (abgerufen 20.04.2020).

23 Dutli, 2012, Das Lied vom Honig, S. 11 f.

Versicherungsgesellschaften etabliert. Sie dienen als Sinnbild produktiver Zusammenarbeit, als Allegorie der Sparsamkeit und des ehrlichen Gewerbes.

Das Tabu der Biene

Nach diesem Exkurs durch die Kulturgeschichte der Biene wenden wir uns der seltsamen Frage zu, wie es überhaupt zu einer Tabuisierung dieses harmlosen Honiglieferanten kommen konnte.

Aus der Tabuforschung wissen wir, dass Tiere, die dem Menschen nützlich sind, auch sprachlich eine ganz spezielle Rücksichtnahme verlangen, die nicht selten zu Nennungsverboten und paraphrasierenden Umschreibungen führt.

Bei diesem wertvollen Tier ist die Herkunft seiner Benennung erst durch das Mittelhochdeutsche *bine, bin*, das Althochdeutsche *bina, bini* gesichert, das ursprüngliche Wort innerhalb des Indogermanischen, wie Indo-Iranischen, Armenischen, Griechischen und Italischen ist verloren gegangen.[24]

Bei vielen Völkern ist der Grund für den Verlust des Ursprungsnamens in einer Art religiöser Scheu diesem nützlichen Insekt gegenüber zu suchen. *Lind, mezi lind* „kleines Vögelchen" oder „Honigvogel" lauten die tabuisierenden Umschreibungen im finnisch-ugrischen Sprachbereich. Auch im finnischen Nationalepos, der *Kalewala,* heißt die Biene „der Lüfte Vogel". Als heiliges Wesen *mouche à miel* auch *mouêsse* (Fliege) *du bon Dieu* [sic!] summt sie durch das mittelalterliche Nordfrankreich. Später einfach mit *belles* angesprochen, namentlich vom Bienenvater, bei dem Versuch sie anzulocken.

Namenlos, lediglich angedeutet blieb sie im gesamten Kaukasusgebiet. Als Tabuwort umschrieben mit „was mit dem Baum, Wald oder Klotz zu tun hat", *pu-t'k àri* (georgisch), *pu-t'uk'-i* (mingrelisch) oder einfach als *tút'tat'* „Fliege", „Honigfliege" bezeichnet.[25]

24 Havers, 1946, Neuere Literatur zum Sprachtabu, S. 32-35.

25 Beitl, 1977, Anthropos, S. 951. In: https://www.volkskundemuseum.at/jart/prj3/volkskundemuseum/data/publikation/1533519999114/1533519999114.pdf (abgerufen 18.04.2020).

Aus Nordrhein-Westfalen stammt der Beleg für einen analogen deutschen Ersatz: *Hunnig-flég* („Honigfliege“).[26]

Wiewohl die Ersetzung des ursprünglichen Tiernamens auf eine Tabuisierung zurückgeführt werden kann, so stellt sich doch weiterhin die berechtigte Frage, wie dieses Tabu zu verstehen ist, handelt es sich doch um *une créature bienfaisante ete amie*, wie es der Tabuforscher Robert Gauthiot so treffend formulierte.

Eine Namensnennung weist in der archaischen Denkweise immer auf etwas sehr Intimes, etwas zutiefst Vertrauliches hin. Da der Name in der sympathetischen Magie stets ein lebendiges Stück seiner Träger darstellt, muss dieser immer mit Vorsicht und Respekt behandelt werden. Die Nichtbeachtung der Tabuisierung könnte vom ehrfurchtgebietenden Namensträger als Verletzung einer gebührenden Distanz empfunden werden. Wollte man keine üblen Folgen auf sich ziehen, so war darauf zu achten, die Namen irdischer Wesen nicht leichtfertig auszusprechen, um sie nicht zu kränken oder ihre Hilfe zu verlieren.

Die Biene wurde vielfach als höheres, geradezu heiliges Wesen betrachtet. Die Tabuisierung ist hier nicht auf Meidung des Tieres, ob seiner Gefährlichkeit zurückzuführen, als vielmehr darauf, dass respektvolle Ehrfurcht vor dem wertvollen Insekt empfunden wurde. Bei der Biene ist also in erster Linie die Furcht vor dem Verlust dieses für Menschen so nützlichen Insekts das Motiv, um sie mit höchstem Respekt zu behandeln. Das Tier sollte durch die Nennung des wirklichen Namens nicht vertrieben werden. Den Mongolen galten Biene und Wespe sogar als Seelentiere und durften niemals getötet werden.[27]

26 Leithaeuser, 1906, Volkskundliches aus dem Bergischen Lande, I., S. 7.

27 Havers, 1946, Neuere Literatur zum Sprachtabu, S. 32-35 u. S. 52-55.

The Mason Bee – Die Biene in der Freimaurerei

Nichts gleicht der Seele so sehr wie die Biene,
sie fliegt von Blüte zu Blüte wie die Seele von Stern zu Stern,
und sie bringt den Honig heim wie die Seele das Licht.[28]

Bei unserem Rundgang durch die unterschiedlichen Kulturen und Religionen sind uns Biene, Honig und Bienenstock in mannigfaltigster Bedeutung begegnet. Bedenkt man die der Biene zugeschriebenen überaus positiven Eigenschaften und ihre systematische Arbeitsweise, so ist es nicht verwunderlich, dass auch die Freimaurerei Biene und Bienenstock als Symbol des Fleißes, der Weisheit, der Regeneration und Ordnung sowie der uneigennützigen Unterstützung von Notleidenden übernommen hat. Auch ihre Metamorphose, die scheinbare Überwindung des Todes – wie wir sie in den Mysterien finden – eignet sich als Metapher der Wiedergeburt.

Biene, Bienenkorb und Bienenstock gelten als sehr alte freimaurerische Symbole. Die früheste bekannte freimaurerische Erwähnung dieser Trias findet sich in einem masonischen Werk mit dem Titel „A Letter from the Grand Mistress of the Female Free-Masons to Mr. Harding the Printer“ in der Royal Irish Academy in Dublin. Dieses Dokument, eine Travestie über unechte Rituale dieser Zeit, wurde vermutlich zwischen 1727 und 1730 erstellt. Obwohl es ursprünglich dem satirischen Schriftsteller Jonathan Swift zugeschrieben wurde, bleibt der wahre Autor unbekannt.[29]

In freimaurerischen Darstellungen versinnbildlicht der Bienenstock eine Arbeitsloge. Oftmals umschwirrt von sieben Bienen, womit die Zahl sieben als perfekte Bauhütte angedeutet wird. Der Honig illustriert als Gleichnis moralische Lehren, die Kunst der Beredsamkeit, unaufhörlichen Fleiß und warnt vor Übermaß.

28 Victor Hugo , 1793 – Das Jahr des Schreckens (Quatrevingt-treize)

29 Harrison, Peace, 2015. In: https://freimaurer-wiki.de/index.php/En:_The_Lost_Symbols_of_Freemasonry:_The_Beehive (abgerufen 18.04.2020).

Baumeister und Architekt

Charles Clyde Hunt zitiert aus einem Katechismus von 1511 (?): „Was ist das, ein Baumeister und doch kein Mann, macht, was kein Mann machen kann und dient dabei Gott und Menschen? Antwort: Die Biene.“[30]

Der Rätselhaftigkeit dieses mit unermüdlichem Fleiß ausgestatteten Lebewesens, das derart formvollendete, mathematisch exakte Behausungen erbaut und über ausgeprägte soziale Fähigkeiten verfügt, wollen wir uns im folgenden Abschnitt widmen.

Die Biene als Baumeister, Architekt und Mathematiker wird mit größter Vorliebe in Analogie gesetzt. Der Bienendichter und Entomologe Jean-Henri Casimir Fabre (1823–1915) widmete den kleinen Baumeistern ohne Meisterbrief eine eigene Abhandlung: „The Mason Bees“. Beschrieben werden dabei die Mauerbienen der Gattung Osmia aus der Familie der Megachilidae. Ihre mit unermüdlichem Fleiß und bestechender Präzision gebauten sechseckigen Wabenzellen dienten bald als Vorbild für gelungenes Bauhandwerk. Es war naheliegend, diese Metapher auf das masonische Ideal, der Errichtung eines Tempels der Humanität zu übertragen.[31]

Versucht man den Ruf der Biene als „Mathematikerin“ nachzuvollziehen, darf in diesem Zusammenhang die Genealogie der Drohnen, die bemerkenswerte arithmetische Besonderheiten aufweist, nicht unerwähnt bleiben. Es braucht ein Stückchen Rechenkunst, um ihren merkwürdigen Stammbaum zu durchschauen: Während die weiblichen Arbeitsbienen aus befruchteten Eiern schlüpfen, entstehen die Bienenmännchen, die nicht arbeitenden Drohnen, aus unbefruchteten Eiern einer Bienenkönigin. Drohnen haben somit nur eine Mutter und keinen Vater. Die Anzahl ihrer Vorfahren steht demnach in unmittelbarem Zusammenhang mit der Fibonacci-Zahlenreihe: 0, 1, 2, 3, 5, 8, 13, 21, 34, 55 etc., bei der jede weitere Zahl die Summe

30 Hunt, 2010, Masonic Symbolism. In: Lennhoff/Posner, 1932, Internationales Freimaurer-Lexikon, https://freimaurer-wiki.de/index.php (abgerufen 18.04.2020).

31 The Mason Bees, 1925. In: http://www.gutenberg.org/files/2884/2884-h/2884-h.htm (abgerufen 17.04.2020).

ihrer beiden Vorgänger bildet: 0+1, 1+1, 1+2, 2+3, 3+5, 5+8, 8+13, 13+21, 21+34, 34+55 etc.[32]

Der biologisch-mathematische Zusammenhang mag nun geklärt sein. Die magische Bedeutung dieser Zahlenreihe ergibt sich jedoch erst durch Übertragung auf die „göttliche Proportion“ des goldenen Schnittes, wie wir ihn in der Natur, im menschlichen Körper, in der Kunst, Architektur und nicht zuletzt im Pentagramm vorfinden. In der *Proportio Divina* sind Harmonie und Schönheit vereint – Schlüsselsymbole der Freimaurerei.

Der Mensch hat seit alters her die Geheimnisse der Schöpfung zu ergründen gesucht. Besondere Zahlen standen schon immer für eine verborgene Weltenschöpfung, für etwas Mystisches, das Menschen mit hohen moralischen Anforderungen in ihrer Erkenntnis beflügeln soll. Es verwundert also nicht, dass ausschließlich jene, die über Tugendhaftigkeit, Rechtschaffenheit und edles Betragen verfügten, um die Geheimnisse der Schöpfung wissen sollten. Erstrebenswerte masonische Verhaltensnormen, die seit 1723 in den *Alten Pflichten* verankert sind.

Bienen sind nicht nur emsige Baumeister, sie scheinen auch um ihren Platz und ihren individuellen Wert im Zusammenleben der Gemeinschaft Bescheid zu wissen. Unermüdlich und selbstlos arbeiten sie für das gemeinsame Wohl und die Aufzucht der nächsten Generation. Auch dies mag im übertragenen Sinne ein wesentliches Verbindungsmerkmal zur Freimaurerei sein.

Masonisches Bienensterben

Fanden sich im 18. und 19. Jahrhundert Bienen und Bienenstock noch häufig in freimaurerischen Illustrationen, verschwanden sie jedoch in England und Wales nach der Vereinigung zur United Grand Lodge of England (UGLE) im Jahr 1813 aus der masonischen Symbolwelt. Der Archäologe und Freimaurerspezialist David Harrison äußert die

32 https://freimaurer-wiki.de/index.php/Biene#Biene.2C_Bienenkorb (abgerufen 17.04.2020).

vorsichtige Vermutung, dass möglicherweise durch den Bienenstaat die einfache Arbeiterklasse allzu dominant präsent gewesen sei und dieser deshalb von der UGLE zugunsten edlerer werkmaurerischer Symbole fallengelassen wurde.[33]

Vereinzelt findet sich in einigen älteren Logen aus der Zeit vor 1813 der Bienenstock als Symbol des 3. Grades. Die folgende Textstelle aus der Cumberland-Loge Nr. 41 in Bath, deren Ritual auf das 18. Jahrhundert zurückgeht, liefert folgenden Hinweis auf den Bienenstock:

> *The Beehive teaches us that as we are born into the world rational and intelligent beings, so ought we also to be industrious ones, and not stand idly by or gaze with listless indifference on even the meanest of our fellow creatures in a state of distress if it is in our power to help them without detriment to ourselves or our connections […]*[34]

Wird der Fleiß der Biene zwar heute noch hochgelobt, so beginnt die aktuelle Bienenforschung diesen Mythos zu relativieren. Wie überall, gibt es auch im Bienenvolk Fleißige und Faule, ebenso wie in der Freimaurerei. Eine strenge Warnung vor intellektueller Faulheit findet sich dazu im amerikanischen Preston-Webb-Ritual:

> *[…] he that will so demean himself as not to be endeavoring to add to the common stock of knowledge and understanding, may be deemed a drone in the hive of nature, a useless member of society, and unworthy of our protection as Masons.*[35]

33 Harrison, Peace, 2015. In: https://freimaurer-wiki.de/index.php/En:_The_Lost_Symbols_of_Freemasonry:_The_Beehive (abgerufen 18.04.2020).

34 Street, 1922, Symbolism of The Three Degrees. In: https://freimaurer- wiki.de/index.php/En:_The_Lost_Symbols_of_Freemasonry:_The_Beehive (abgerufen 20.04.2020).

35 Harrison, Peace, 2015. In: https://freimaurer-wiki.de/index.php/En:_The_Lost_Symbols_of_Freemasonry:_The_Beehive (abgerufen 20.04.2020).

Mit ebensolcher Härte urteilt Johann Christoph Wöllner (1732–1800) in seinem Signatstern:

> *Der größte Teil der Maurer sind das, was die Drohnen unter den Bienen sind. Arm am* [sic!] *Geist, wie sie am Fleiße; unwirksam, wie sie; der Faulheit und den Lüsten frönend, wie sie.*[36]

Summa summarum hat sich dieser nützliche Gliederfüßer seinen hohen Stellenwert redlich verdient: als Symbol eifriger Gemeinschaftsarbeit, der Umsicht und Besonnenheit und nicht zuletzt als geschätztes Symbol in der Freimaurerei, wo sich Bienenkorb und Bienen auf Münzen, Siegeln, Schurzen und Bijous erhalten haben.[37]

Auch sprachlich konnte die Biene das Logenleben mancherorts befruchten. Soll die Gründung einer neuen Loge angedacht werden, hat sich bis heute in der englischen Freimaurerei *swarming* (Ausschwärmen) als verdeckter Begriff erhalten.[38, 39]

Bis in unsere Tage erklingt in der Großloge der Alten Freien und Angenommenen Maurer von Deutschland sowie in den nach historischen, schottischen Ritualen arbeitenden österreichischen Logen am Ende einer rituellen Arbeit eine Aufforderung zur besonnenen Tat. Eine Mahnung, die ein wenig an das Ausschwärmen der emsigen, sich für eine gute Sache einsetzenden Bienen erinnern mag.

> *Geht hinaus in die Welt, meine Schwestern und Brüder, und bewährt euch als Freimaurer. Kehrt niemals der Not und dem Elend den Rücken, seid achtsam auf euch selbst!*

---

36 Wöllner, 1801, Der Signatstern. In: https://freimaurer-wiki.de/index.php/En:_The_Lost_Symbols_of_Freemasonry:_The_Beehive (abgerufen 20.04.2020).

37 vgl. Dosch, 2011, Deutsches Freimaurerlexikon.

38 What Modern Masons call a Lodge was for the above Reasons by Antiquity call'd a HIVE of Free-Masons, and for the same Reasons when a Dissention happens in a Lodge the going off and forming another Lodge is to this Day call'd SWARMING.

39 Harrison, Peace, 2015. In: https://freimaurer-wiki.de/index.php/En:_The_Lost_Symbols_of_Freemasonry:_The_Beehive (abgerufen 20.04.2020).

Vom Wölflein zum Lufton

Wolf als Tabu

Wenn auch thematisch randständig, erscheint es dennoch lohnenswert und spannend, den Wolf als tabuisiertes Tier in unsere Betrachtungen miteinzubeziehen. Wagen wir nun einen ungewöhnlichen Brückenschlag von diesem in archaischen Zeiten gefürchteten und verehrten Wesen hin zur Freimaurerei.

„Die Sprache ist wesentlich Beschwörung", versichert der Linguist Walter Porzig. Die beschwörende Kraft ist noch heute spürbar: Scheuen wir uns nicht auch heutzutage, unheilbedeutende Worte auszusprechen? Überreste eines auf Wortmagie beruhenden archaischen Sprachtabus tragen wir in uns, wenn wir z. B. sagen, dass wir etwas nicht „verschreien" oder „den Teufel nicht an die Wand malen" wollen. Die Furcht, dass sich das Gemeinte einstellt, dass das Feindliche Gestalt annimmt, wenn man es bei seinem Namen ruft, findet sich auch umgangssprachlich im Sprichwort: „Wenn man den Wolf nennt, dann kommt er g'rennt." Nach Porzig „sind das nicht Reste einer urtümlichen, zum Verschwinden verurteilten Geistigkeit, sondern Urtatsachen menschlichen Seelenlebens, die gelten werden, solange es Menschen und die menschliche Rede gibt".[1]

Der Wolf als Tabu – Tier und Sinnbild der Kraft

Außerordentlich facettenreich gestalten sich in den verschiedenen Kulturen die historischen Ersatznamen für dieses bedrohliche Tier. Bei Wilhelm Havers, einem der akribischsten Tabuforscher, erfahren wir beispielsweise, dass der Wolf in der Zeit der „Rauhnächte", den zwölf Nächten von Weihnachten bis zum Dreikönigstag, besonders strengen Sprachtabus unterlag. So war er bei den Belorussen колядник *(koljadnik)*, der „Weihnachtssänger", bei den Franzosen *pied gris* der

1 Porzig, 1971, Das Wunder der Sprache, S. 211.

„Graufuß“, norwegisch *skrubb*, „der Magere“, in der deutschen Poesie „Gevatter Graupfote“ oder „Vater Isegrim“ in der Bedeutung „der mit der grauen Maske“. Bei den Esten wird das Wort Wolf mit „der Langschwänzige“, in Ungarn „der mit dem Schwanz“ paraphrasiert. Im Volksglauben der nordischen Völker unterliegen Wolf und Hund sogar einem Nahrungstabu. Diese Tiere nicht zu verspeisen, basiert auf dem Glauben, sie seien von Dämonen besessen.

Im Indogermanischen ist das Wort „Wolf“ häufig in der Namensgebung anzutreffen. Dahinter verbirgt sich wohl die archaische Angst vor diesem gefährlichen Tier, das man freundlich zu stimmen versuchte. Besonders in Familien mit hoher Kindersterblichkeit war es üblich, dem Neugeborenen einen kraftvollen „Wolf“-Namen, wie Wolfgang, Wolfdietrich, Wolfram oder Wolfhard zu geben, um es gegen böse Dämonen oder Hexen zu schützen.[2]

„Die Stärke des Wolfs ist das Rudel. Die Stärke des Rudels ist der Wolf."[3]

Das Krafttier Wolf genießt in zahlreichen Mythologien eminente Bedeutung, sei es als Bruder, als Identifikationsfigur, als Ahnherr eines Volkes oder in der Rolle des Protagonisten im dämonischen Werwolf-Mythos. „Wolf“ war auch der Name, den Indianer den Besten unter ihren jungen Kriegern gaben.

Um den positiven Attributen des Wolfes innerhalb einer Gruppe auf die Spur zu kommen, möchte ich in einem kurzen Exkurs auf zwei für unsere Betrachtung relevante Persönlichkeiten eingehen:

Der Gründer der Pfadfinderbewegung, Lord Robert Baden-Powell berichtet in seinem Buch „The Matabele-Campaign“ 1897 von seiner Dienstzeit im Matabeleland im heutigen Simbabwe. Dort soll er von den Ureinwohnern den inspirierenden Namen „Impeesa“, in der Bedeutung „der Wolf, der nie schläft“, erhalten haben. Baden-

2 Havers, 1946, Neuere Literatur zum Sprachtabu, S. 37-43.

3 Kipling, Das Gesetz der Wölfe, aus dem 2. Kapitel des 2. Dschungelbuchs, 1895. Der Satz wurde in einem Gedicht von Rudyard Kipling verwendet, um die Verpflichtungen und das Verhalten eines Wolfes in einem Rudel zu beschreiben.

Powell war sehr eng mit dem Schriftsteller, Literaturnobelpreisträger und Freimaurer Rudyard Kipling befreundet, gehörte aber selbst keiner Loge an. Gemeinsam mit Kipling entwickelte Baden-Powell die Vision einer humanitären Jugendvereinigung, deren Prinzipien jenen der Freimaurerei geistesverwandt sind und begründete 1907 die Pfadfinderbewegung. Wie eng die Grundideen der Freimaurerei mit dieser Pfadfinderbewegung verflochten sind, zeigt die in vielerlei Hinsicht übereinstimmende Struktur und Symbolik. Sei es nun die Erziehung zur Selbstständigkeit und Verantwortung für sich und die Gemeinschaft, die Entwicklungs- und Erkenntnisstufen oder beispielsweise auch die auf neun Kammern basierende Geheimschrift, deren Kodierungsschemen analog zur Freimaurerschrift aufgebaut sind.

In Anlehnung an Kiplings „Dschungelbücher", vielleicht auch angeregt durch seinen Ehrennamen im Matabeleland, nannte Baden-Powell die jüngste Altersstufe bei den Pfadfindern „Wölfling" (engl. *Cubs* – Wolfsjunges, Jungtier). Wie Mowgli in das Wolfsrudel, werden die Buben in das Wölflings-Rudel aufgenommen und lernen, sich dort zurechtzufinden. Zahlreiche Begriffe und Geschichten aus den Dschungelbüchern gelangten als integraler Bestandteil in die Pfadfinder-Arbeit der Wölflinge und bilden die Grundlage für die dort bis heute verwendeten Abläufe. Auch die Gründung von Pfadfinder-Freimaurerlogen soll auf – den freimaurerischen Idealen nahe stehenden – Baden-Powell zurückgehen, wie die Entstehungsgeschichte der 1960 in Würzburg gegründeten Loge „Zur Weißen Lilie" darlegt.[4]

Wie schlüpft der Wolf nun in den Freimaurerpelz?

In unseren Breiten ist das Mindestalter für die Aufnahme in den Bund der Freimaurer rund 24 Jahre. Eine Ausnahme gilt für die Söhne von Freimaurern: Diese „Luftons" – wie sie im deutschsprachigen Raum genannt werden – können bereits mit 21 Jahren aufgenommen werden.

4 http://www.zur-weissen-lilie.net/index.html (abgerufen 15.03.2020).

Woher kommt diese ungewöhnliche Bezeichnung? Das Wort „Lufton" stammt von dem französischen *louveton* oder *louveteau* in der heutigen Bedeutung „junger Wolf, Wölfling" ab. Ursprünglich, wie auch das englische *lewis,* bezeichnete es eine Art Krampe (ein U-förmiger Haken), mit deren Hilfe im Bauhandwerk Lasten gehoben wurden. Die erstmalige masonische Erwähnung findet sich laut August Horneffer im Konstitutionenbuch von 1738. „In der Baukunst bedeutet das Wort eine Klammer, die in ein viereckiges Loch in der Mitte des Quadratsteines gesenkt wird, um diesen leicht in die Höhe zu heben."[5]

Um die Analogie zwischen den verschiedenen Bedeutungen von *louveteau* als Hebevorrichtung, Wolfskind und Freimaurer-Sohn zu ergründen, wollen wir uns nun den unterschiedlichen Interpretationen dieses komplexen Zusammenhangs widmen:

Der französische Essayist und Freimaurer Robert Ambelain interpretiert die Bedeutung der Steingreifer-Zange – also jener Klammer, mit der die Steine gegriffen und gehoben werden – in moralischem, übertragenem Sinne als Verantwortung des Sohnes gegenüber dem Vater, der hier durch den Stein symbolisiert wird. Durch diese Klammer *louveton,* engl. *lewis,* wird er stützend gehalten, wenn er alt und gebrechlich ist.[6]

In einer späteren Fußnote (106) konkretisiert Ambelain den Begriff *louveteau* im Sinne „Wolfsjunges", als Sohn eines Freimaurers und trifft eine feine Unterscheidung zu dem in der englischen Tradition verwendeten *Lewis*:

> *The term 'louveteau' has been retained here. It translates as 'wolf-cub' and refers to the son of a Mason. While the term 'lewis' is used in English Masonry, the concept of 'louveteau' is*

5 A. Horneffer, 1953, Der Katerchismus der Lehrlinge, S. 45.

6 The French word used is Louveteau, which literally means 'wolf-cub'. In English tradition the son of a Mason is traditionally termed a Lewis, after the cramp which is used to grip stones when being raised by pulleys, probably to indicate his responsibility for looking after his father, represented by the stone. However, since the French word carries other connotations it has been preserved here.
In: https://de.scribd.com/doc/65892939/Ceremonies-and-Rituals-From-the-Rites-of-Memphis-Misraim (abgerufen 15.11.2019).

> *slightly different. A 'lewis' has the right to be made a Mason at 18, and if there is more than one candidate that night, he is initiated first. The 'louveteau' ritual is performed upon the son of a Mason when he is around 12 – 14, and is a form of Masonic adoption by the Lodge of his father.*[7]

Ein weiterer Hinweis auf den gesuchten Wolf findet sich im Katechismus der Gesellen nach dem Ritual der Großloge der Alten Freien und Angenommenen Maurer von Deutschland. Dort treffen wir auf folgende Rede- und Antwort-Sequenz: „Welches ist der Name eines Maurers?" – „Gabanon." – „Und der eines Maurersohnes?" – „Lufton." Auch hier folgt in der Fußnote die bekannte Erklärung:

> *Das Wort stammt von dem französischen „louveton" oder „louveteau" ab. Letzteres bezeichnet wie das englische „lewis" eine Art Krampe, mit deren Hilfe im Bauhandwerk Lasten gehoben wurden, „louveteau" hat heute die Bedeutung „junger Wolf".*[8]

In Boos' Geschichte der Freimaurerei aus dem 18. Jahrhundert erfährt der Wolf abermals eine Unterstützung. „So auch bei den Freimaurern, wo sie Lufton heißen; franz. *louveton*, eng. *lewis*, der Wolf, d. i. die Klammer, womit Steine in die Höhe gehoben werden."[9]

Gedanklich noch einen Schritt tiefer in die Esoterik wagt sich Charles W. Heckethorn und führt *louveteau* für „Lufton" in der Bedeutung junger Wolf auf die altägyptischen Isis-Mysterien zurück, „bei denen der Aufnahmebewerber eine Wolfsmaske tragen musste; von daher waren in diesen Mysterien Wolf und Kandidat bereits synonyme Begriffe". Daran anknüpfend berichtet Heckethorn von einer Gruppe französischer profaner Gesellen-Verbindungen, den „Söhnen Salomonis", deren Mitglieder sich ebenso „Wölfe" nennen.[10]

7 Ambelain, 2006, Freemasonry in Olden Times, S. 139 pdf. In: https://www.yumpu.com/en/document/read/21469515/freemasonry-in-olden-times (abgerufen 10.11.2019).

8 Freimaurer Großloge A.F.u.A.M.v.D., 1995, Lehrgespräche II.

9 Boos, 1906/2013, Geschichte der Freimaurerei, S. 284 f.

10 Heckethorn, 1900, Geheime Gesellschaften, Geheimbünde und Geheimlehren, S. 218.

Wenig spekulativ und von einem pragmatischen Realitätssinn getragen, verweist hingegen das *Internationale Freimaurer-Lexikon* von Lennhoff und Posner auf den Ursprung des ungewöhnlichen Wortes *Lewis, Louveteau, Louvetou* oder eingedeutscht *Loufon* [sic!]: „Lewis bedeutet Kraft und wird hier dargestellt durch eine Eisenklammer, die in Verbindung mit einem Hebezeug oder Rollzug dem Werkmauer die Hebung schwerer Steine ohne große Anstrengung gestattet. Lufton heißt auch der Sohn eines Maurers."

Als Erklärung wird folgende anekdotische Begebenheit hinzugefügt:

> *Als Friedrich Ludwig von Wales in den Bund aufgenommen wurde (1737), erwartete seine Gattin ihre Niederkunft. Ein Bruder Goston verfaßte ein Lied, in dem die Zeile vorkam: „May a Lewis be born", möge ein Ludwig geboren werden! Das Lied ist abgedruckt im Konstitutionenbuch von 1738 und wurde bei Tafellogen gesungen. Zu dieser Stelle, deren ursprünglicher Sinn in Vergessenheit geriet, wurde aus dem sprachlichen Gleichklang mit Lewis (Steinklammer) ein Werksymbol gefunden und die Bezeichnung für den Sohn eines Freimaurers abgeleitet. Im Französischen heißt lewis, der Steinkeil, louve.*[11]

Am Ende dieses kleinen Exkurses um die raue Wolfsnatur unseres jungen „Lufton" bleibt festzuhalten, dass es – wie so oft in der Freimaurerei – auch hier eine kaum überschaubare Vielfalt von Auffassungen gibt. Doch selbst, wenn historisch nicht überprüfbare Auslegungen und fantastische Erzählungen keinen Anspruch auf „Wahrheit" genießen, sind sie eine Einladung zu außergewöhnlichen Gedankenexperimenten. Wir können sie sinnstiftend immer wieder aufgreifen, weiterentwickeln und im Sinne eines undogmatischen Erkenntnisgewinns neu deuten.

11 Lennhoff/Posner, 1932, Internationales Freimaurer-Lexikon. In: https://www.freimaurer-wiki.de/index.php/Lufton#Louveton (abgerufen 20.03.2020).

Von dunkler Macht zu göttlichem Licht

Pentagramm als Tabu

Das Pentagramma macht dir Pein?
Ei sage mir, du Sohn der Hölle,
Wenn das dich bannt, wie kamst du denn herein?
Wie ward ein solcher Geist betrogen?[1]

Ob gestürztes Pentagramm oder umgedrehtes Kreuz – die Symbole des Bösen sind vielgestaltig. Ihr Ursprung liegt meist im Dunklen, dennoch haben diese geheimnisvollen Zeichen ihre Faszination bis in unsere Gegenwart nicht verloren. Im Besonderen gilt das Pentagramm als eines der mächtigsten und ausdrucksstärksten Symbole der Menschheitsgeschichte. Nur wenige Zeichen haben im Verlauf der Jahrhunderte ihre Bedeutung so oft verändert wie dieses. Kulturübergreifend war das Pentagramm, dem von alters her magische Kräfte zugesprochen wurden, fast allen großen antiken Zivilisationen bekannt.

Sein Zauber hat sich bis in die Gegenwart gehalten. Wer von uns denkt beim Anblick eines Pentagramms oder Drudenfußes nicht sofort an etwas Okkultes, Verbotenes oder gar Satanisches? Fantasievolle Gothic-Anmutung auf Kleidungsstücken, Ringen und Amuletten rufen auch in unseren Tagen ein Reenactment des Kinoklassikers „Blair Witch Project“ in Erinnerung.

Wo Fakten, Symbolik und Volksglaube so sehr verschmelzen, wandelt sich naturgemäß auch die Bedeutung. Die Ursprünge des Pentagramms waren jedoch auch anderer Natur und sind nicht ausschließlich in der Wiege dunkler Mächte zu suchen. Angesichts der umfassenden Deutungsvielfalt soll in geraffter Form und ohne Anspruch auf Vollständigkeit der Weg aufgezeigt werden, der dieses,

1 Goethe, 1808/1966, Faust, I. Teil, Szene: Studierzimmer, S. 184.

einst hochgeschätzte, später von der Kirche des Christentums tabuisierte Symbol zu einem Attribut schwarzer Magie werden ließ.

Begeben wir uns nun auf Spurensuche zu den Ursprüngen dieses besonderen Fünfsterns: Um 3500 v. Chr. findet er sich zum ersten Mal als jungsteinzeitliches Graffiti in sumerische Höhlenwände geritzt. Wollte man sich mit höheren Mächten in Verbindung setzen, zeichnete man mit Kreide ein Schutzzeichen. Auf dem Boden angebracht, weihte man damit diesen Raum, der abwehrende oder anziehende Bedeutung annehmen konnte. Als solches Schutzzeichen diente auch das Pentagramm, das dreidimensional ohne andere Hilfsmittel sogar mit Schnüren und Pflöcken konstruiert werden kann. Schon die Baumeister der Steinkreise der Megalithkulturen konnten nachweislich Pentagramme und davon abgeleitete Vielecke konstruieren. Welche Bedeutung das Zeichen für die damaligen Künstler hatte, lässt sich heute nicht eindeutig zuordnen.

Im Orient war es ein Symbol geheimnisvoller Vollkommenheit, das Zeichen des Weltalls, ein Zauberzeichen der Gesundheit und des Lebens. Herrscher wählten es als Symbol ihrer imperialen Macht über alle vier Himmelsrichtungen.[2]

Götterwelt

Die mesopotamische Gottheit Ištar verkörperte als Morgen- und Abendstern den Planeten Venus. Sie trug neben dem achtzackigen Stern auch ein Pentagramm. Und das aus gutem Grund: Auch der Göttin Venus wurde später das Pentagramm als Symbol zugeschrieben, da dieser Planet von der Erde aus gesehen im Laufe von acht Jahren während seines Umlaufs um die Sonne ein Pentagramm am Sternenhimmel umschreibt. Auf dieses astronomische Detail wollen wir später in einem kleinen Exkurs zurückkehren.

Im antiken Griechenland war das Pentagramm als der „Stern der Erkenntnis“ mit den Vegetationsgöttinnen Kore (Persephone) und deren Mutter Demeter verbunden. Als gemeinsames Nebenattribut

2 Walker, 1996, Das geheime Wissen der Frauen, S. 850.

tragen beide einen fünfzackigen Stern und einen Apfel, der in zwei Hälften geschnitten, in seiner Mitte deutlich wieder ein Pentagramm erkennen lässt.

Der weise Göttervater Odin ließ für seine Gemahlin Freya von den Brisingen, den Schmieden der Zwerge, ein Amulett anfertigen. Damit erschuf er das Brisingamen-Pentagramm, das die Gegensätze zwischen Liebe und Hass, Krieg und Frieden in sich vereint.

Gleichermaßen sollen die Ägypter diese Figur und auch ihre festgelegte Bedeutung gekannt haben. Bei den Kelten war das Pentagramm das Zeichen der Erdgöttin Morgan: Sonnenheld Gawein trug es – die fünf ritterlichen Tugenden symbolisierend – voller Stolz auf seinem Schild.[3]

War das Pentagramm zwar in vielen antiken Kulturen tief verankert, ist es doch vermutlich den Pythagoreern (5. Jh. v. Chr.) zu verdanken, dass es so tief in unsere abendländische Tradition eindringen konnte. Sie schrieben dem Pentagramm als Symbol der Gesundheit magische, heilende Kräfte zu und verwendeten es auch als Erkennungszeichen ihrer Mitgliedschaft zu ihrem Geheimbund: Die fünf Zacken oder Winkel des Pentagramms trugen das Akronym ihres Namens *UGIEIA* (Hygeia), der Göttin der Heilkunst, symbolisch auch als Bezeichnung der fünf Elemente.[4]

Ausschlaggebend dafür war der Mathematiker und Philosoph Pythagoras (um 570–510 v. Chr.). Für diesen großen Griechen war „fünf" die Zahl des Menschen. Jede der fünf Spitzen des Pentagramms war nach seiner Lehre einem Element zugeordnet: Feuer, Wasser, Luft, Erde und die Psyche als Quintessenz. Alle wesentlichen mathematischen Gesetze der Pythagoreer wurden aus dem Pentagramm abgeleitet.

„Der ganze Himmel ist Harmonie und Zahl", lehrte Pythagoras und regte seine Schüler an, die Gesetze der Musik und das Wesen der Zahlen zu erforschen, nach der Harmonie zu suchen, welche Himmel und Erde, Sterne und Seele in Wohlklang vereint. Er war fester Über-

3 Biedermann, 1998, Lexikon der magischen Künste, S. 58.

4 Die Akronyme stehen für: H: Hudor: Wassser, G: Gaia, Erde, I: Idea: Form, Idee, ein göttliches heiliges Ding, EI: Heile: Sonnenwärme, A: Aer: Luft.

zeugung, dass die in dem Symbol enthaltenen Proportionen und Zahlenverhältnisse die gesamte Schöpfung abbilden würden. Dies führte, angefangen von einem geometrisch-arithmetischen Paradigmenwechsel über seine Entdeckung der irrationalen Zahlen, schließlich zum Goldenen Schnitt, dessen mathematische Aspekte den großen Mathematiker und Philosophen am brennendsten interessierten.

Auf der Suche nach den Grundbausteinen dieser Welt erkannte der Philosoph Platon im Pentagramm das größte und mächtigste aller Zeichen. Seinen Namen sollten fortan alle regelmäßigen Polyeder – die platonischen Körper – tragen.

Mit Vorliebe widmete sich auch der große Arzt, Alchemist, Mystiker und Philosoph Theophrastus Paracelsus (1493–1541) den Geheimwissenschaften und der magischen Symbolik. In seiner „philosophia occulta" vertrat er die Meinung, das Pentagramm sei „viel trefflicher" in seiner „großen Heilkraft und vermögenden Tugend" und daher weit über das Hexagramm zu stellen. Wobei Paracelsus in den magischen Kräften nichts Übernatürliches vermutete, sondern diese Phänomene nahtlos in sein ganzheitliches Weltbild zu Beginn der Neuzeit einfügte.[5]

Das Pentagramm war nicht zuletzt auch für die Hebräer von großer Bedeutung, entsprach doch die Fünfzahl der göttlichen Wahrheit. Es war das Zeichen für die Einheit der fünf Bücher Moses, des Pentateuch, eine Zusammensetzung aus dem griechischen *πέντε* (pente) „fünf" und *τεῦχος* (teuchos) „Gefäß", metonymisch für eine Papyrusrolle. In der Zeit von ca. 300 bis 150 v. Chr. diente es als offizielles Siegel der Stadt Jerusalem und fand sich auch auf Waffen und Schilden.[6]

In einzelnen jüdischen Gemeinden dürfte sich das Pentagramm als offizielles Symbol über lange Zeit erhalten haben. Über ein besonderes Detail berichtet dazu Gershom Scholem, demzufolge der ungarische König Matthias Corvinus bei seinem Einzug in Budapest 1476 von der dortigen jüdischen Gemeinde mit einer Fahne, die einen

5 Vgl. Gantenbein et. al. 2002, Nova ACTA Paracelsica: Band 16.

6 Oswald, 2016, Geschichte Israels. In: https://www.bibelwissenschaft.de/fileadmin/buh_bibelmodul/media/wibi/pdf/Pentateuch__2019-09-23_11_09.pdf (abgerufen 20.06.2021).

„fünfeckigen Drudenfuß" zeigt, begrüßt worden sei. Als Zeichen jüdischer Gemeinden auf Siegeln und Gebäuden setzte sich jedoch das Hexagramm gegen das Pentagramm durch, verbreitete sich ab dem 17. Jahrhundert über die gesamte österreichisch-ungarische Monarchie und ziert heute die Staatsflagge Israels.[7]

Bis in das hohe Mittelalter hinein war das Pentagramm auch im Christentum ein hoch geschätztes Symbol. Zunächst versinnbildlichte es Christus, den Auferstandenen, der fünf Wundmale trägt. Konstantin der Große, der erste christliche Kaiser, führte das Pentagramm in seinem Siegel. Als Symbol der Epiphanie findet sich der Fünfzack auch im Stern zu Bethlehem, der den Weisen aus dem Morgenland den Weg zur Krippe zeigte.

Pentagramm und Goldener Schnitt entwickelten sich zu bestimmenden Elementen für den mittelalterlichen Sakralbau. In zahlreichen Kathedralen und Kirchen finden sich Grundriss-Fünfecke und fünfstrahlige Formen an Fensterrosetten als Schutzsymbol gegen Dämonen, Feuer und Seuchen. Im häuslichen Alltag an Gebäuden, Türen und Fenstern angebracht oder als Amulett getragen, sollte sich aber schon bald die inverte Verbindung zur dunklen Magie abzeichnen.

Die Saat des Bösen

In seiner Bedeutung als Symbol der „Weisheit" genoss das Pentagramm auch in heidnischen, ketzerischen Kreisen besondere Anerkennung. Die ersten kirchlichen Verdächtigungen des Pentagramms als „die Saat des Bösen" stehen im Zusammenhang mit dem Kampf gegen die Ketzerei des späten Mittelalters. Denn das Pentagramm wurde auch von jenen verehrt, die noch dem Naturgott Pan und anderen heidnischen Gottheiten huldigten. So entwickelte sich der Kampf der Kirche gegen Häretiker auch gleichzeitig als Feldzug gegen das Pentagramm. Nun offiziell von kirchlicher und weltlicher Macht energisch bekämpft,

7 Diem, 1995, Die Symbole Österreichs. In: https://austria-forum.org/af/Wissenssammlungen/Symbole/Hexagramm_-_Judenstern (abgerufen 18.06.2021).

fand sich hinter verschlossenen Studierstuben, Laboratorien oder in exklusiven Zirkeln ein fruchtbarer Nährboden für geheimen Wissensaustausch. Hier konnte sich die verbotene Gedankenwelt antiker Mysterien und Sekten aus dem Umkreis der Gnosis ausbreiten. Allen Bemühungen zum Trotz, ließ sich die Faszination der fünffachen Orientierung bei weitem nicht aus der kirchlichen Symbolik verdrängen.[8]

Unerschütterlich hielten sich im christlich wenig geprägten Volksglauben heidnische Vorstellungen, in denen sich, wie Stephan Quensel präzisiert, „weiße und schwarze Magie nicht immer voneinander trennen ließen. Enthalten doch die Zauberformeln bereits seit dem frühen Mittelalter ein krauses Gemisch von Christlichem und Heidnischem; neben Anrufungen Gottes und der Heiligen und neben Kreuzen stehen Beschwörungsworte und -zeichen aus dem germanischen Götterglauben, aus der jüdischen Kabbala und der volkstümlichen Teufelskunst: man versuchte sich eben oft nach mehreren Seiten hin zu sichern."[9]

Diese Tendenz forderte die Kirche zum verstärkten Kampf gegen den anwachsenden Glauben an Magie. Das einstige christliche Schutzsymbol mutierte schrittweise zum Zeichen des Satans. Bald fand sich das Pentagramm nur noch im Kontext der schwarzen Magie okkulter Gesellschaften und alchemistischer Kreise, die ab der Renaissance ihre Blütezeit erlebten. Die Inquisition hatte sich als wichtigstes Instrument der Kirche gegen Häresie bewährt. Sie warf den Hexen nicht nur Schadenszauber, sondern auch Satanismus und fleischliche Vereinigung mit dem Teufel vor. So nimmt es nicht Wunder, dass Hexen, gefährliche Dämonen und Druden zu einer Schreckensgestalt verschmolzen, die man zu fürchten hatte.[10]

Im Kampf gegen die Früchte satanischer Verführung erließ Papst Innozenz VIII. im Jahr 1484 die berüchtigte Hexenbulle, auf deren Grundlage das nach Johann Dieffenbach „verruchteste und zugleich läppischste, das verrückteste und dennoch unheilvollste Buch" der

8 Biedermann, 1990, Der Drudenfuss, S. 88-96.
9 Quensel, 2017, Hexen, Satan, Inquisition, S. 51.
10 Rummel, 2008, Hexen und Hexenverfolgung in der Frühen Neuzeit, S. 74.

Weltliteratur, der *Malleus Maleficarum* („Hexenhammer") entstand, der Tausenden von Menschen einen grauenvollen Tod brachte.[11]

Die brutal verfolgten Lehren verschwanden jedoch nur scheinbar – ihre Verfechter zogen sich in den Untergrund zurück, betätigten sich dort im Verborgenen und konnten auf diese Weise ihr Wissen über die Jahrhunderte hinweg bis in die Neuzeit hinüberretten.

Ein interessantes Detail dazu aus der jüngsten Vergangenheit: Das Wappen von Papst Franziskus wurde 2013 leicht modifiziert. Der Stern im linken unteren Teil ist nicht mehr fünfzackig, wie bei der ersten Präsentation, sondern weist nun acht Zacken auf – dies als Symbol für die besondere Verehrung der Heiligen Jungfrau und des Heiligen Josef. Sollte dadurch etwa jede Ähnlichkeit mit dem okkulten Fünfstern ausgeschlossen werden?

Die Kunst seiner Differenzierung und Konstruktion

Nach diesem einführenden kulturhistorischen Überblick wollen wir nun der Frage nachgehen, was unter einem Pentagramm in geometrisch-arithmetischer Hinsicht zu verstehen ist. In erster Linie ist das Pentagramm nichts weiter als ein fünfzackiger Stern. Er ergibt sich aus den Diagonalen, welche in einem Pentagon, einem Fünfeck, gezogen werden. Der Begriff kommt aus dem Griechischen *Pentagrammos (πεντάγραμμος)* und heißt wörtlich *mit fünf Linien* oder *Strichen.* Dieser Fünfstern wurde durch eine Vielzahl von Namen bekannt. In der Antike als *Pentalpha* (die „fünffache Durchdringung des Alpha") bezeichnet, weil es sich durch fünf ineinanderstehende Alphas bilden lässt, oder auch *Pentakel* oder *Drudenfuß.*

Das Pentagramm hat also fünf Spitzen. Es kann mit einer Spitze nach oben oder einer Spitze nach unten dargestellt werden, wobei letzteres im Volksmund auch als *Drudenfuß, Alpfuß* oder *Alpkreuz* bezeichnet wurde. Da es korrekt in einem Zug gezeichnet werden soll, heißt diese Formation im englischen *endless knot* (Endlosknoten) und

11 Diefenbach, 1998, Der Hexenwahn vor und nach der Glaubensspaltung in Deutschland, S. 124.

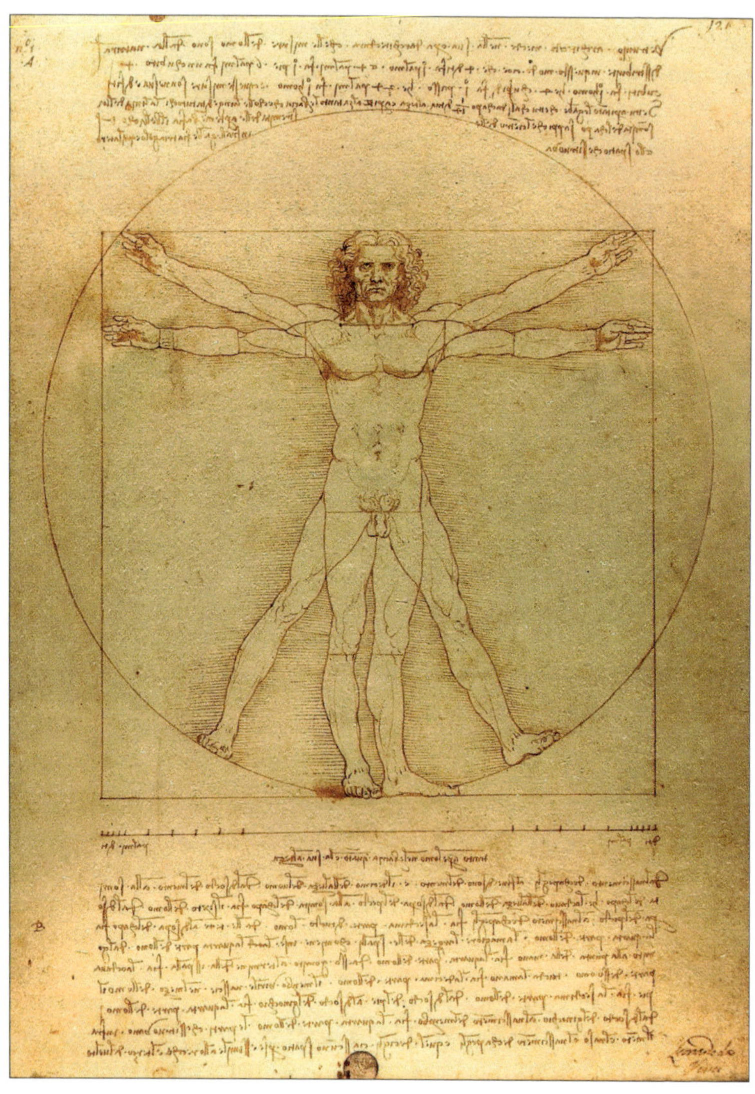

Leonardo da Vinci: Der vitruvianische Mensch, ca. 1490,
Feder und Tinte auf Papier, 34,4 × 24,5 cm, Galleria dell' Accademia, Venedig.

kann somit auch als Symbol für den Kreislauf des Lebens verstanden werden.

Ein Pentagramm korrekt zu zeichnen, erfordert schon einiges an Talent, gewissermaßen eine höhere Stufe des Wissens. Alleinstellungsmerkmal dieser Formation: Zu jeder Strecke und Teilstrecke findet sich ein korrespondierendes Gegenüber, das mit ihr im Verhältnis des Goldenen Schnitts steht.[12]

Für Leonardo Da Vinci ließ sich im Pentagramm die Perfektion des Menschen darstellen. Der große Künstler und Wissenschaftler zeichnete in das Innere des Fünfsterns die Gestalt eines aufrecht stehenden Mannes mit ausgestreckten Extremitäten in zwei überlagerten Positionen. Mit den Fingerspitzen und den Sohlen berührt die Figur einerseits ein umgebendes Quadrat und andererseits einen Kreis. Die Idee des vitruvianischen Menschen, der sich sowohl in die Geometrie eines Quadrates, als auch in die eines Kreises einfügen kann, ist jedoch weitaus älter und stammt von dem römischen Architekten, Ingenieur und Namensgeber Vitruv, aus dem 1. Jahrhundert vor Christus.

Des Pudels Kern

Beschaut es recht! Es ist nicht gut gezogen:
Der eine Winkel, der nach außen zu,
ist, wie du siehst, ein wenig offen.[13]

Eine besondere mythische Aufladung erfährt das Pentagramm in Goethes Faust. Im ersten Teil der Tragödie (Vers 1395 f.) gelingt es Mephistopheles in Gestalt eines arglosen Pudels durch ein am Boden aufgezeichnetes magisches *Pentagramma Veneris* in Fausts Gelehrtenstube einzudringen. Als ausgewachsener Teufel, in den er sich hernach verwandelt, scheint ihm der Weg aus dem Bannkreis des Magiers

12 Als Goldener Schnitt wird das Teilungsverhältnis einer Strecke oder anderen Größe bezeichnet, bei dem das Verhältnis des Ganzen zu seinem größeren Teil dem Verhältnis des größeren zum kleineren Teil gleich ist. In: https://de.wikipedia.org/wiki/Goldener_Schnitt (abgerufen 19.06.2021).

13 Goethe, 1808/1966, Faust, I. Teil, Szene: Studierzimmer, S. 184.

jedoch zunächst verwehrt. Erst durch eine Spitzfindigkeit bahnt er sich mit Hilfe einer Ratte, die das Holz der Schwelle an der störenden Spitze des Pentagramms abnagt, den Weg in die Freiheit.[14]

Des Rätsels Lösung, wie es dem Satan gelingen konnte zu entkommen, liegt in einem besonderen astronomischen Phänomen, dem Venus-Pentagramm: Im Laufe von acht Jahren beschreibt die Venus aus irdischer Sicht ein beinahe regelmäßiges Fünfeck am Himmel, wenn man die fünf Konjunktionen mit der Sonne verbindet. Zeichnet man das Venuspentagramm exakt in den Jahreskreis ein, so ergibt sich jedoch kein glatter Schluss in den Linien dieses hier beschriebenen fünfzackigen Sternes. Es klafft eine Lücke von 2,6 Tagen. Der Grund dafür ist im Verhältnis der Umlaufzeiten von Erde und Venus zueinander zu suchen, das nicht exakt 8 zu 13, sondern 8 zu 13,004 beträgt. Somit bilden die gedachten Verbindungen der Konjunktionen von Venus und Sonne ein nicht vollständig geschlossenes Pentagramm. Dieses wird als *Pentagramma Veneris* bezeichnet. Die Beziehung zwischen Venus und Erde und die Gleichsetzung der Venus mit dem Pentagramm gehört zum ältesten astronomischen Wissen der Menschheit. Dank dieses Wissens um das nicht vollständig geschlossene Fünfeck gelingt es dem listigen Mephisto, den Zauber des magischen Pentagramms mit Hilfe des kleinen Nagers zu durchbrechen.

Venus und Luzifer

Wie nun aus dem *Pentagramma Veneris* ein Symbol Luzifers, des Satans, wurde und als teuflisches Attribut in das öffentliche Bewusstsein drang, ist eine äußerst komplexe, auf zahlreichen Fehlinterpretationen beruhende Geschichte. Der bekannte Beiname des Teufels, „Luzifer“, wirft an sich schon ein Paradoxon auf: Wie kommt es, dass der Herr über Hölle und Finsternis, der „kein Freund des Lichts“ ist, ausgerechnet ein „Träger des Lichts“ sein soll?

14 Diem, 2009, 2015, Der Stern. In: *https://austria-forum.org/af/Wissenssammlungen/Symbole/Stern* (abgerufen 18.06.2021).

Um dies zu klären, beginnen wir bei der Bezeichnung des Höllenfürsten aus der Faustsage: „Mephistopheles", dem später zu Mephisto verkürzten Widersacher Gottes. Die griechische Bedeutung dieses Namens ist eine Zusammensetzung aus *me phostos* (griechisch *μή* (mē) – „nicht", und *φῶς*, *φωτός* (phōs, photós)) – „Licht" sowie *philos* – „Freund". Mephistopheles ist also der, „der das Licht nicht liebt". Der Name „Luzifer" fügt sich aus dem Genitiv *lucis* des lat. Substantivs *lux* „Licht" und dem Verb *ferre* „tragen, bringen" zusammen und bedeutet wörtlich zunächst nichts weiter als „Träger des Lichts".

Um der Auflösung dieses Widerspruchs näher zu kommen, wenden wir uns zunächst der Septuaginta (250 v. Chr.), der ältesten durchgehenden Übersetzung der hebräisch-aramäischen Bibel ins Altgriechische zu. Hier übersetzten die jüdischen Gelehrten, *Hêlêl ben Shahar*, Hêlêl mit *Εωσφόρος* (Eosphoros) *als* „der glänzende Sohn der Morgenröte" und setzten ihn dem Tagesanbruch gleich.

In der Vulgata, der lateinischen Fassung der Bibel erscheint „Lucifer" in Jesaja 14,12-14 als Übersetzung des griechischen Wortes *Εωσφόρος* („Träger der Morgenröte") als Beiname der Venus. In dieser Textstelle treffen wir auf die Allegorie eines untergehenden Morgensterns. Eine höhnische Passage über den Hochmut Nebukadnezars, den König von Babel, der „den Himmel ersteigen und seinen Thron über den Sternen Gottes aufstellen" wollte. Zur Strafe wurde dieser „in die Unterwelt hinabgeworfen [...], in die äußerste Tiefe", „hingeworfen ohne Begräbnis wie ein verachteter Bastard". Diese prophetische Vision des Jesaja, in der er Nebukadnezar und das weitere Schicksal Babylons mit dem „schönen Morgenstern", der vom „Himmel gefallen" war, gleichsetzte, ebneten dem Missverständnis von „Lichtbringer" und „Gefallenem" den weiteren Weg. Die Verbindung von Luzifer, dem gefürchteten Höllenfürsten, zur Venus, dem „strahlendsten Stern" am Abend- oder Morgenhimmel, beginnt sich somit allmählich zu klären.

Als der Kirchenvater Hieronymus (347–419/420) in der Vulgata das ursprünglich hebräische *Hêlêl* (Morgenstern) mit „Lucifer" übersetzte, mutierte die Venus zum Stern des gefallenen Engels, dessen strahlendes Licht sich – nun in Sünde gefallen – verfinsterte. Ganz nebenbei kamen dadurch auch alle feminin-sinnlichen Attribute der Venus dauerhaft in Verruf. Die Gleichsetzung Luzifers mit dem Satan verfestigte sich im Laufe des Mittelalters, insbesondere in der Kombination von Jesaja 14,12 und Lukas 10,18.[15, 16]

Basierend auf diesen Interpretationen nahm der Mythos, Luzifer sei der gefallene Engel Satan, der aus dem Himmel verbannt worden sei (Offenbarung 12,9) seinen Anfang. In der christlichen Tradition befindet sich Luzifer auf gleicher Ebene wie Satan oder Mephistopheles als Teufel und Gegenspieler Gottes. Im Judentum wird Hêlêl nicht als Satan interpretiert, sondern mit Babylon und seinen Göttern gleichgesetzt.[17]

Die Zauberwirkung des Drudenfußes

Auf unserer Spurensuche nach archaischen Sprachtabus erreichen wir nun das mystische Symbolzeichen des Drudenfußes – so lautet eine volkstümliche Bezeichnung des Pentagramms. In diesem verrufenen Wort steckt der Name der altgermanischen *Drud* oder *Trud* und weist etymologisch auf ein hexenartiges Wesen hin, das schlafende Men-

15 Luthers Übersetzung von 1545:
Jesaja 14,12: WJe bistu vom Himel gefallen / du schöner Morgenstern? Wie bistu zur Erden gefellet / der du die Heiden schwechtest?
vgl. Lukas 10, 18: Er sprach aber zu ihnen: Ich sah wohl den Satanas vom Himmel fallen als einen Blitz.

16 Kremser, 2021, Hêlêl ben Schachar – Lucifer [Jes 14,12]. In: https://www.academia.edu/49313171/Hêlêl_ben_Schachar_Lucifer_Jes_14_12_Von_der_Entmythologisierung_zur_Apokalyptisierung (abgerufen 23.07.2021).

17 Luthers Übersetzung von 1545:
Offenbarung 12,9: Und es ward ausgeworfen der große Drache, die alte Schlange, die da heißt der Teufel und Satanas, der die ganze Welt verführt, und ward geworfen auf die Erde, und seine Engel wurden auch dahin geworfen.
In der jüdischen religiösen Tradition hat die Figur, die Helel bedeutet und im Christentum mit Luzifer übersetzt wird und auf einer Allegorie eines untergehenden Morgensterns (Venus) beruht, nichts mit dem christlichen gefallenen Engel Luzifer zu tun, sondern bezieht sich auf den Untergang des babylonischen Reiches und seines Königs Nebukadnezar, der mit dem Morgenstern verglichen und von der Sonne, die Israel darstellt, überstrahlt wird. Vertiefendes dazu s. https://de.wikipedia.org/wiki/Helel (abgerufen 01.06.2021).

schen bedrängt. Die *Drud* wird meist weiblich, der Trud jedoch eher männlich konnotiert. Drückt jemanden nächtens die *Drud*, so leidet dieser unter Beklemmungen und Albträumen.[18]

Völlig harmlos erscheint der Drudenfuß in der Heraldik und wird dort als Stern mit fünf Spitzen beschrieben, ganz gleich ob die Figur mit der Spitze nach oben oder unten zeigt.[19]

Im ursprünglichen Sinne bedeutete *thrûdhr* (Trud) Jungfrau. Auch eine der Walküren trug den Namen *Thrûdhr*, weshalb *die Drud* als Botin und Dienerin der alten germanisch-keltischen Götter aufgefasst werden kann. Die *Drud* oder der *Alb* werden auch „Nachtmahr" genannt.[20]

Wie ist das Fünfwinkelzeichen zu einem Fuß gekommen?

Wie das Pentagramm zu seiner Bezeichnung „Mahrfuß" gekommen ist, erschließt sich nur über Umwege. Hans Biedermann liefert hierfür eine überzeugende Hypothese: Fußabdrücke spielen in der Symbolforschung eine große Rolle. Es heißt, der Fuß einer Drude, wie auch der einer Hexe, sei dem einer Krähe ähnlich. Nach Friedrich Kluge ist auch der Zusammenhang zwischen dem mittelhochdeutschen *trute* zum gotischen *trudan* und „treten" nicht ausgeschlossen. Demnach wäre der Drudenfuß ein Tretfuß.[21]

Einst lebte in den Menschen die mystische Vorstellung dämonenhafter Wesen, die mit ihren Vogelfüßen Spuren im Sand oder in der Asche hinterließen. Ein reguläres Pentagramm, das durch Eindrücken der fünf Finger einer hohlen Hand in Erde abgebildet werden kann, weist symbolisch darauf hin, dass derjenige diesen Ort schon einmal betreten habe. Biedermann geht davon aus, dass diese Fertigkeit in Einweihungsritualen vermittelt wurde – vermutlich mit Belehrungen über die magische Kraft der Hand, die Fünfzahl und deren Bedeu-

18 Petzoldt, 2003, Kleines Lexikon der Dämonen und Elementargeister, S. 53.
19 Oswald, 1985, Lexikon der Heraldik.
20 Og, 2005, Lexikon der Symbolsprache und Zeichenkunde, S. 123-125.
21 Kluge, 2011, Etymologisches Wörterbuch der deutschen Sprache.

tungsvielfalt. Konnte der Eingeweihte den Drudenfuß korrekt zeichnen, besaß er auch Macht, Dämonen und Krankheiten zu bannen.[22]

Doch Obacht bei der Konstruktion: Der Okkultist Éliphas Lévi manifestiert endgültig den Bezug zum Satanismus und warnt eindringlich davor, die Spitze des Pentagramms nach unten weisen zu lassen, denn, auf den Kopf gestellt, diene es bösen Zwecken. Das gestürzte Pentagramm wurde von jeher als etwas Übermächtiges, Kraftstrotzendes aufgefasst, das durch seine Macht von einfachen Menschen als „magisches Symbol" gefürchtet, aber auch respektiert werden musste. In diesem Sinne war es im Volksglauben ein ambivalentes Zeichen, das einerseits auf eine atemabschneidende Spukgestalt hinwies, andererseits aber auch vor ihren nächtlichen Heimsuchungen schützte.[23]

Ungezählt sind die Belege im gesamten deutschsprachigen Gebiet und vielen Teilen Europas, dass der Drudenfuß in den vergangenen Jahrhunderten in der bäuerlichen Bevölkerung ganz bewusst als apotropäisches Mittel im Hause eingesetzt wurde, wie auf Truhen, Betten, Kästen und Türen. So mancher Landwirt ritzte noch bis in die dreißiger Jahre des letzten Jahrhunderts dieses Signum auf Stalltüren oder Geräte. Es findet sich auf Kirchen und Häusern, ja bis in die Neuzeit auf Ehebetten, Werkzeug und Körben – ja sogar auf einstigen Kinderwiegen und Särgen. Volkstümliche Fundstücke hierfür ließen sich ad Infinitum fortsetzen. Wie tiefverwurzelt der Glaube an die Macht des Drudenfußes auch amtlich war, zeigt eine Verfügung der bayerischen Herrscher aus dem Jahre 1611. In dieser wird ausdrücklich erwähnt, dass man den Drudenfuß als ketzerisches Zeichen nicht verwenden und nicht an ihn oder seine Macht glauben dürfe.[24]

Die Faszination des Pentagramms hat sich bis in die Gegenwart gehalten. So huldigen beispielsweise die aus England stammenden

---

22 Biedermann, 1990, Der Drudenfuss, S. 102.

23 […] Zeigt das Pentagramm mit zwei seiner Strahlen nach oben, so stellt es den Satan oder den Bock des Sabbat dar, ist nur einer seiner Strahlen nach oben gerichtet, so bezeichnet es den Erlöser […] Lévi, 1997, Geschichte der Magie, S. 345. In: http://www.loge-hoya.de/index.php?id=118 (abgerufen 20.05.2020).

24 Biedermann, 1990, Der Drudenfuss, S. 128-129.

neuen Hexenkreise dem Wicca-Kult und führen das Pentakel als ihr Emblem. Auch der 1966 von Anton Szandor LaVey in San Francisco gegründete satanische Verbund „Church of Satan" trägt als Zeichen das Siegel des Baphomet, ein gestürztes Pentagramm. Die *Metal*-Szene der 1980er Jahre bediente sich ebenso des invertierten Fünfsterns als schwarzes Symbol. Resümierend lässt sich für heute die Beobachtung machen, dass das Pentagramm in seinen mannigfaltigen Funktionen und Ausprägungen als eine Art übernatürliche Energiequelle gesehen wird – sei es nun im kraftspendenden oder destruktiven Sinne.

Meister über die Geister – das Pentagramm in der Königlichen Kunst

Wer sie nicht kennte,
die Elemente,
ihre Kraft,
und Eigenschaft,
wäre kein Meister,
über die Geister[25]

Von den Dombauhütten und Steinmetzbruderschaften war es für dieses besondere regelmäßige Fünfeck nur noch ein kleiner Schritt zur Symbolsprache der spekulativen Freimaurer. Geometrie, die mit Zirkel und Winkelmaß ausgeübt wurde, war für die alten Maurer eine Königliche Kunst. Die archaische Bedeutung der Fünfzahl und die daraus gebildeten fünffachsymmetrischen Formen waren seit langem in den antiken Mysterienbünden von eminenter Bedeutung. Denken wir nur an Pythagoras, in dessen von asketischer Strenge geprägten Schule den Neulingen fünf Jahre Schweigen vorgeschrieben waren.

In der Freimaurerei genießt dieser Stern als übergeordnetes Symbol unterschiedliche Deutungen. Seine fünf Spitzen werden den Tugenden Klugheit, Gerechtigkeit, Stärke, Mäßigung und Fleiß wie auch dem Alter des Gesellen zugeschrieben. Die aufrechtstehende Form

25 Goethe, 1808/1966, Faust, I. Teil, Szene: Studierzimmer, S. 180.

eines menschlichen Körpers, die Idee des vitruvianischen Menschen ist ihm ebenso immanent wie die fünf Sinne und die Finger einer Hand. Legt man das Pentagramm über den Grundriss einer Loge, entspricht es der Position der leitenden Beamten, wobei die Aufseher den unteren Gliedmaßen entsprechen und gemeinsam mit dem Sekretär und dem Redner ein Viereck bildend das Weltliche symbolisieren. Das Haupt entspricht dem Meister.

Nach historisch-esoterischer Auslegung verkörpert das Pentagramm die Vereinigung der fünf Elemente. Ordnet man die Elemente Erde, Wasser, Feuer, Luft und darüber den Äther, die *quinta essentia*, den Beamten einer Loge zu, so hat der 1. Aufseher die Feuerseite inne, der 2. Aufseher die Wasserseite, dem Sekretär entspricht die Luft, dem Redner die Erde. Der Meister vom Stuhl verkörpert das übergeordnete Prinzip, die Quintessenz. Symbolisch sind fünf Stufen zu erklimmen, wobei die Bewältigung jedes, der den Menschen fesselnden Elemente als eine Art Katharsis zu sehen ist. Die fünfte Stufe kann nur erreicht werden, wenn die Purifikation, die Loslösung von den Elementen – Erde, Wasser, Feuer, Luft – vollzogen ist. Die Quintessenz, das geistige Prinzip der Welt, rundet durch Hinzufügung eines göttlichen „Äthers" die überwundenen Elemente zur Pentade ab.[26]

Der flammende Stern

In der freimaurerischen Symbolik erscheint das aus Alchemie, Heilkunst und den magischen Disziplinen wohl bekannte Pentagramm als „flammender Stern", als masonischer Leitstern, der in seinem Ursprung auf eine alte Tradition, auf die sich nach den Sternen orientierende Schifffahrt hinweist. Entstanden als Vereinigung der drei Symbole – Pentagramm, Stern und des als Buchstabe „G" gedeuteten Ideogramms. Das Lexikon von Lennhoff und Posner bezeichnet ihn als *blazing star* als Hinweis auf die Sonne, „welche die Erde mit ihren Strahlen erleuchtet und der Menschheit ihre Siedlungen zuteil werden lässt". Er ist das Symbol der menschlichen Vernunft, des erwachten

26 Schuster, 1986, Geheime Gesellschaften, Verbindungen und Orden, S. 113.

Geistes und dient als weiser Leitstern, als das Licht aus dem Osten.[27] Dieser fünfzackige Stern im Strahlenkranz, der den Buchstaben „G" in seinem Zentrum eingeschrieben hat, ist eines der ältesten und wichtigsten Symbole der Freimaurerei. Bereits 1735 in England als Bestandteil bei der Einrichtung einer Loge erwähnt, kommt er aber erst 1813, beim Zusammenschluss der beiden englischen Großlogen, der „Moderns" und „Ancients", zu hohem Prestige. Die Interpretation dieses Sterns unterscheidet sich in den verschiedenen Systemen und Graden. Er wird in England dem Lehrling, auf dem Kontinent dem Gesellen als Symbol zugewiesen.

Die lodernden Flammengarben heben den Stern als etwas Besonderes hervor. Der Wiener Freimaurer Joseph Baurnjöpel schreibt dazu im Jahr 1793:

> *der flammende Stern ist nicht nur die vornehmste Zierde der Loge. Er ist die höchste Stuffe* [sic!] *im Orden, denn er bildet die Allgegenwart Gottes vor, den Wir als den allmächtigen Baumeister aller Welten anbetten* [sic!] *und verehren.*[28]

Eine spannende Parallele zu dieser lodernden Nimbus-Darstellung entdecken wir in der biblisch-hebräischen Vorstellung der *Schechina* (hebr. *šəkhînāh*). Dort hat sie die Bedeutung der Anwesenheit Gottes, seiner „Herrlichkeit", „Lichtglanz als Offenbarungsform, der Wesenheit JHWHs" (*kāvōd*) inne.[29]

Die früh entwickelte Idee des Nimbus findet sich auch in der katholischen Kirche durch den Heiligenschein, die *corona radiata,* dargestellt. Allerdings trugen auch schon antike Götter, wie Helios, die siebenstrahlige Gloriole über dem Haupte.

---

27 Lennhoff/Posner, 1975, Internationales Freimaurer-Lexikon.

28 Joseph Michael Baurnjöpel (1739-1795) war Mitglied der Asiatischen Brüder, einer esoterisch ausgerichteten Splittergruppe der Freimaurer. In: Eine Wiener Freimaurerhandschrift aus dem 18 Jahrhundert, 1793, herausgegeben und transkribiert von Friedrich Gottschalk, 1986.

29 Porzig P., 2019, Art. Schechina. In: https://www.bibelwissenschaft.de/fileadmin/buh_bibelmodul/media/wibi/pdf/Schechina__2019-01-25_11_02.pdf (abgerufen 15.06.2021).

Resümierend bleibt festzustellen, dass das Pentagramm im Laufe der Ideengeschichte eine äußerst ambivalente Bewertung erfuhr – vom Zeichen satanischer Mächte bis zum Symbol des göttlichen Lichtes. Seine Herkunft ist – wie wir gezeigt haben – eng mit dem *Pentagramma Veneris* verbunden und damit auch mit dem „lichtbringenden" Luzifer, dem Satan höchstpersönlich. Die jeder Symbolik anhaftende individuelle Deutung greift auch bei diesem Zeichen, das die Menschheit seit Jahrtausenden begleitet. Trotz der komplexen und facettenreichen Interpretationen führt es zu einem gemeinsamen Symbol, zu einem Begriff von Harmonie, der die *essentia quinta* jedes gerechten und nach Vollkommenheit strebenden Verhaltens ist. Der Flammende Stern soll nicht nur Wegweiser auf dem Weg im Streben zum Licht, sondern Mahner sein, sich nicht in Bedeutungslosigkeiten zu verlieren, sondern das Wesentliche, die Quintessenz zu suchen. Eine Richtschnur für den Eingeweihten, sich den Versuchungen der Welt zu widersetzen, ein Symbol des autonomen und souveränen Willens. In der Freimaurerei stets als etwas Außergewöhnliches, im Profanen oftmals als streng Tabuisiertes gesehen, blieb es allerorten bis in die Gegenwart mit „großer Magie und Zauberkraft" verbunden.

Goldener Zweig – heilige Akazie

Akazie als Tabu

Pflanzen und ihre auf uns Menschen wirkenden Heilkräfte waren von alters her in vielen Kulturen mit Legenden, Aberglauben und Tabus behaftet. Besonders hervorzuheben ist in diesem Zusammenhang zunächst die Mistel, ein immergrüner auf Bäumen wachsender Schmarotzer mit hoher Lebens- und Widerstandskraft, die es ihr ermöglicht, auch noch viele Jahre auf abgestorbenem Gehölz zu überleben. Gerade ihre Fähigkeit, den Tod ihrer Wirtspflanze zu überwinden, hat stets einen besonderen Zauber auf uns sterbliche Menschen ausgeübt. Eine rätselhafte Faszination, die, durch einen möglichen Übertragungsfehler bedingt, in Form der Akazie ihren Weg in die freimaurerische Symbolik gefunden haben mag.

Das gewagte Vorhaben, damit auch der Akazie eine Tabuisierung zuzuschreiben, stützt sich auf James G. Frazers Werk „Der goldene Zweig" und die herausragenden Rolle, die hier der Mistel zukommt. Worum geht es in diesem monumentalen Werk zur Religions- und Mythentheorie? Einem Werk, das in wissenschaftlichen Kreisen zu jenen gehört, die – spitzzüngig gesagt – kaum gelesen, aber häufig zitiert werden.

Frazer entwirft in „Der goldene Zweig" eine Universalgeschichte der menschlichen Entwicklung. Über verschlungene Pfade führt er uns von einem hohen Priesterkönig über die Gesetze der Magie und Tabus zu Tiergöttern, Baumgeistern und Vegetationskulten, um schließlich wieder an den See von Nemi zurückzukehren, aus dessen Wäldern einstmals Äneas den goldenen Zweig – nach Frazer die heilige Mistel – geholt hatte, der ihm den Abstieg in den Tartarus und die Wiederkehr auf die Erde ermöglichte.[1]

Wagen wir uns nun in das schier undurchdringliche Dickicht mythischer Überlieferungen und mannigfaltiger Interpretationen. Auf

1 Frazer, 1928/1989, Der goldene Zweig.

diesem Weg sollte es gelingen eine brauchbare Parallele zwischen der Akazie, dem „heiligen Baum der Maurer“, wie Schauberg sie nennt, und der goldenen Mistel herauszulesen.[2]

Die Mistel – Magische Schmarotzerin zwischen Himmel und Erde

Zunächst wollen wir der bedeutungsschweren Symbolgeschichte dieses an sich unscheinbaren Gestrüpps nachgehen. Diese ist seit jeher eine Allegorie der geistigen und göttlichen Lebensessenz und Symbol der Fruchtbarkeit. Nur wenige Pflanzen dürfen sich so vieler mythologischer Geschichten rühmen wie die Mistel (*Viscum album*). Diese reichen weit zurück bis in die Anfänge der Menschheitsgeschichte. Der Legende nach soll sogar schon im Garten Eden, in den Zweigen des Baumes der Erkenntnis eine Mistel gewachsen sein.

Und auch der Flammende Dornenbusch, aus dem heraus Gott zu Moses sprach, kommt nicht ohne die Mistel aus: eine besondere Art, die im Heiligen Land auf Akazien wächst, mit orangeroten Stängeln, deren Blätter und Früchte wie Flammen aussehen. Im Alten Testament (2. Mose 3, 2) heißt es: „Und er sah, dass der Busch im Feuer brannte und doch nicht verzehrt wurde.“ Kein Wunder also, sondern lediglich eine Rotmistel auf einem Akazienzweig.[3, 4]

Die immergrüne Baum-Schmarotzerin erfreute sich auch im Altertum großer Wertschätzung und wurde von den keltischen Druiden als „Allheilerin“ bezeichnet. Die geheimnisvolle Mistel diente diesen dabei als Zauberstab, der nur zur Wintersonnenwende geerntet werden durfte.

2 Schauberg, 1861, Vergleichendes Handbuch der Symbolik der Freimaurerei, S. 149. In: https://www.deutschestextarchiv.de/book/show/schauberg_freimaurerei01_1861 (abgerufen 20.06.2020).

3 Luthers Übersetzung von 1545:
2 VND der Engel des HERRN erschein jm in einer fewrigen Flammen aus dem Pusch / Vnd er sahe / das der Pusch mit fewr brandte / vnd ward doch nicht verzeret Das zweite Buch Mose (EXODUS). In: https://www.bibelwissenschaft.de/bibelstelle/ex3/ (abgerufen 03.06.2020).

4 Hepper, 1992, Pflanzenwelt der Bibel, S. 57.

Bei den Germanen galt die Mistel als Zeichen für Unglück und Tod, aber auch für Unsterblichkeit. Hoch oben an einer Eiche wachsend, von der Muttergöttin Freya aus Rache am Tod ihres Sohnes in luftige Höhen verbannt, weder Blume, Busch noch Baum, galt sie auch als Symbol der Freiheit und des Ur-Chaos.

Die griechischen Mythen erzählen von Hermes, dem Götterboten Psychopompos, der die Seelen der Verstorbenen zum Hades geleitet und dabei die Pforte zum Totenreich mit einem Mistelzweig öffnet. Nach einer Erzählung Vergils (70–19 v. Chr.) nutzte der trojanische Held Äneas die „Goldene Zauberrute", um in die Unterwelt abzusteigen und dank dieses magischen Mistelzweiges wieder ins Leben zurückzugelangen.

Sogar Plinius der Ältere (23/24–79 n. Chr.) berichtete von weißgewandeten Druiden, die, hoch in einer Baumkrone sitzend, mit ihrer goldenen Sichel Misteln schnitten.

> *[...] Nichts haben ihre Priester Heiligeres als die Mistel und den Baum, auf dem sie wächst, ganz besonders wenn es eine Eiche ist. An sich schon suchen sie Eichenhaine auf und verrichten dort ihre kultischen Handlungen. Alles, was auf Eichen wächst, betrachten sie als Himmelsgabe und als ein Zeichen dafür, dass dieser Baum von ihren Göttern selbst auserwählt sei [...]*[5]

Auch im Mittelalter schrieb man der Mistel magische Kräfte zu. Sie half verschlossene Türen zu öffnen, Diebe zu ergreifen und vergrabene Schätze zu finden. So genoss die Mistel damals in unseren Breiten hohe Beliebtheit, ebenso wie in ihrer fernen Heimat Asien.

Kurioses weiß die christliche Legende zu berichten. Die „baumnahe" Mistel zählte zu den vielen Pflanzen, aus denen das Kreuz des Erlösers geschnitzt worden sein soll. Vor Schande ob dieser Grausamkeit soll dieser Baum eingetrocknet sein, um sich in eine Pflanze zu verwandeln, die von nun an nur Gutes bewirken wollte.

5 Plinius, 1975, Naturalis Historiae, Band XVI, S. 249-251.

Die Kirche hat es über Jahrhunderte nicht geschafft, blasphemische Baumkulte, wie insbesondere den Mistelkult, auszurotten oder die als gotteslästerlich angesehene Kraft des heidnischen Parasiten in der Volksmeinung zu brechen. Weder die Konzile von Arles (452), Tours (567) oder Nantes (568) konnten gegen die Mistel etwas ausrichten. Ganz im Gegenteil: Dieser von der Kirche tabuisierte Kult nistete sich organisch teils bis heute in das europäische Brauchtum ein. Zu Christi Geburt etwa, dem ursprünglich heidnischen Fest der Wintersonnenwende, werden in England bis heute Mistelzweige in den Kirchen aufgehängt und Weihnachten unter Mistelzweigen gefeiert.[6]

Auch im heimischen Brauchtum gibt es Indizien dafür, dass die weißbeerige Mistel (*Viscum album*) als Heilmittel und Zaubertrank zur Stärkung und Fruchtbarkeit eingesetzt wurde. Der glückverheißende Kuss unter dem Mistelzweig – ein Relikt aus alten Fruchtbarkeits- und Hochzeitsmythen – ist zu einem noch heute gängigen Brauch geworden.[7]

Die Akazie – Geist eines besonderen Holzes

Magisch-göttliche Eigenschaften, wie jene der Mistel, werden in gleicher Weise auch der Akazie zugeschrieben. Ihr außergewöhnlich hartes, dauerhaftes Holz hat diese Pflanze zu einem Bild der Reinheit, Sittenstrenge und des unsterblichen Lebens werden lassen. Beide, sich durch Lebenskraft auszeichnende Pflanzen, waren seit Menschengedenken Symbole der zeugenden und sich ewig verjüngenden Natur und deren Gottheiten. Dazu gehörte auch die Vorstellung, die Seele eines Menschen könne durch einen Baum oder eine Pflanze in ein anderes Leben übertreten. So begegnen uns bis heute auf Gräbern immergrüne Pflanzen als Zeichen dieser Unvergänglichkeit.

6 Becker L., 2014, Die Mythologie der Bäume. In: https://docplayer.org/23807003-Mythologie-der-baeume.html (abgerufen 15.06.2020).

7 https://botanikus.de/informatives/giftpflanzen/alle-giftpflanzen/mistel/ (abgerufen 20.06.2020).

In der Bibel besitzen botanisch spezifizierte Bäume, wie Weinstock, Ölbaum, Feigenbaum, Granatapfelbaum, Zypresse oder die Akazie, eine essenzielle Bedeutung. Angesichts des Klimas galten für die Bewohner heißer Gebiete, wie jenem um das Tote Meer, viele dort seltene grüne Pflanzen und Bäume als Fruchtbarkeitssymbole. Wie Zedern, Myrten und Ölbäume soll auch die Akazie ein Zeichen des Heils in der Wüste verheißen. Das zweite Buch Mose (2. Mose 25,10) beschreibt die Anweisung für den Bau der Bundeslade, die wegen ihrer heilsamen Wirkung aus vergoldetem Akazienholz geschnitzt werden sollte. In der Septuaginta wird Akazie mit „unverfaulbares Holz" ins Griechische übersetzt (ξύλον ἀσήπτον, xylon asēpton).[8]

In späteren christlichen Legenden wird auch im Akazienbaum das Holz, aus dem das Kreuz Christi geschnitzt worden sei, erkannt.[9]

Die Akazie als Symbol für ewiges Leben und Licht

In der freimaurerischen Symbolik genießt die Akazie im Meistergrad einen hohen Stellenwert. Als Attribut des Meisters Hiram wird sie zum Sinnbild der Unsterblichkeit. Bereits Josef Schauberg stellt in seinem für freimaurerische Forschung unentbehrlichen Handbuch die maurerische Akazie in Analogie zu mannigfaltigen heiligen Pflanzen, die als Symbol für das niemals vergehende und sich stets neu verjüngende

---

8 Hier sei auf eine Abweichung von Luthers Übersetzung von 1545 hingewiesen: Dort heißt es: „Machet eine Lade von foern holtz / Drithalb ellen sol die lenge sein / anderthalb ellen die breite / vnd anderhalb ellen die höhe. Vnd solt sie mit feinem gold vberziehen / inwendig vnd auswendig / Vnd mache einen gülden Krantz oben vmbher."
Vermutlich empfand Luther die Föhre/Kiefer als eine vertraute Spezies, die Akazie dagegen als allzu exotisch. In den später revidierten Fassungen wurde anstatt der Föhre das ursprüngliche (Hebräisch: שִׁטִּים, *acacia*) edlere Akazienholz wieder in den Text aufgenommen.
So lautet die Textstelle 2. Mose 25,10 in der Lutherbibel 1912: „Macht eine Lade aus Akazienholz; dritthalb Ellen soll die Länge sein, anderthalb Ellen die Breite und anderthalb Ellen die Höhe." In: https://bibeltext.com/exodus/25-10.htm (abgerufen 20.06.2020).

9 Solberg, 2017, Vom Baum als Symbol im Christentum und in der germanischen Religion. S. 34 f. In: https://silo.tips/download/vom-baum-als-symbol-im-christentum-und-in-der-germanischen-religion (abgerufen 15.05.2020).

Leben angesehen wird. Zu diesen zählt er auch die ägyptisch-indische Lotosblume, den alt-ägyptischen Persea-Baum, die immergrüne Tamariske des Osiris, den Lorbeerbaum des Horus und des Apollo, den Ölbaum des ägyptischen Thot, Granatapfel und Granatapfelbaum, die immergrüne Eiche des Zeus und nicht zuletzt auch die heilige Mistel der Druiden.[10]

Der Akazie begegnen wir auf dem Tapis des Meisters, auf Schurzen und Ansstecknadeln. In Trauerlogen dient sie der feierlichen Verzierung und auf masonischen Todesanzeigen als Sinnbild der Unsterblichkeit, als Symbol des vollendeten Meisters.

Im folgenden Abschnitt wollen wir der Frage nachgehen, ob die Akazie wirklich von allem Anfang an das maurerische Symbol des Meisters war. In den frühesten Versionen des Meistergrades wird nirgendwo ein Akazienzweig erwähnt. Vielmehr ist von einem Zweig der Cassia die Rede, die einer anderen Familie der Hülsenfrüchtler *(Fabaceae)* angehört, nämlich jener der Johannisbaumgewächse *(Caesalpinioideae)*. Die Gattung *Cassia* (Kassien) umfasst heute etwa 30 bis über 70 Arten und galt schon den alten Ägyptern als Lebensbaum. Im Unterschied dazu gehört die Pflanzengattung *Acacia* (Akazien) mit ihren rund 1 300 Arten zur Unterfamilie der Mimosengewächse *(Mimosoideae)*, zählt aber ebenso zur Familie der Hülsenfrüchtler. Akazien sind in den wärmeren Regionen der ganzen Welt verbreitet. Im Volksmund wird auch die Robinie *(Robinia pseudoacacia)* gerne als „Akazie" bezeichnet, die mit ihren gefiederten Blättern, Dornen und der typischen verflochtenen Rindenstruktur manchen Akazien-Arten ähnelt.

Welche Erklärungen gibt es nun für die unterschiedliche Erwähnung dieser beiden Pflanzen in den frühen freimaurerischen Ritualen?

Lennhoff/Posner vermuten lediglich einen Übertragungsfehler, auf Grund dessen *Acacia* anstelle der *Cassia* in die alten maurerischen Rituale gelangt sein könnte.[11]

10 Schauberg, 1861, Vergleichendes Handbuch der Symbolik der Freimaurerei, S. 149-162.

11 Lennhoff/Posner, 1932, Internationales Freimaurer-Lexikon, S. 35.

In Prichards 1730 erschienenen Verräterschrift zur „zergliederten Freimaurerei“ wird die *Cassia* als jener Zweig genannt, den die Gesellen auf das Grab des erschlagenen Meisters Hiram steckten, ehe sie zu König Salomon gingen um ihm zu berichten.

> *So they cover'd him closely, and as a farther Ornament placed a Sprig of Cassia at the Head of his Grave, and went and acquainted King Solomon.*[12]

Die Ähnlichkeit des Wortes *Acacia* mit *Cassia* liefert nach Schauberg einen klaren Hinweis darauf, dass die ägyptischen Mysterien der Bauleute über das Römische Reich Eingang in die Freimaurerei gefunden haben und damit dem Maurermeister zugleich der phönizische Name *Cassia* zugekommen sei. Diese heute ungebräuchliche Bezeichnung könnte von dem, den alten Ägyptern heiligen Lebensbaum herrühren, der als Symbol der Unsterblichkeit auf den Meister übertragen wurde.

> *Ex. What's a Master-Mason nam'd.*
> *R. Cassia is my Name, and from a Just and Perfect Lodge I came.*[13, 14]

12 Sam. Prichard's Masonry dissected, 1730. In: http://www.phoenixmasonry.org/masonry_dissected.htm (abgerufen 22.06.2020).

13 Sam.Prichard's Masonry dissected, 1730. In: http://www.phoenixmasonry.org/masonry_dissected.htm (abgerufen 22.06.2020).

14 Auf eine interessante, mit Cassia in Zusammenhang stehende Stelle im Ritual stößt man in „Freemasonry for the Ladies“. Im 3. Grad werden viele Versatzstücke aus dem Alten Testament zusammengetragen und auch Tapisserien, die die vier Erdteile repräsentieren. Für Asien steht eine Dame, die Cassia-Zweige in den Händen hält. Dazu findet sich folgende Beschreibung:
"Asia is represented by a female clad in a rich vestment embroidered, wearing a garland-of various flowers and fruits, holding in her right hand branches with roots of cassia, pepper and cloves, and in her left hand a censor smoaking, and by her a camel on its knees." 1792, London, printed, and Dublin, reprinted, by Thomas Wilkinson, Nr. 40, Wine-tavern-Street.

Im Weiteren verweist Schauberg auf eine übersetzte Stelle der vierten Ausgabe des Konstitutionen-Buches von Anderson über die Einbalsamierung des Leichnams von Herodot. Wie damals bei Balsamierungen üblich, sei hierbei eine *Cassia* verwendet worden. Dies stellt er in unmittelbare Beziehung zum Zweig der *Cassia* (in der Bedeutung *Acacia*), die zur Kennzeichnung der Fundstelle von Hirams Leichnam gedient habe.[15]

Nach Hans Bankl könnte aus sprachlicher Sicht die Vermischung von *Acacia* und *Cassia* in den verschiedenen Ritualen schlichtweg darauf zurückzuführen sein, dass *cassia* im Französischen den Akazienbaum bezeichnet. Auch im Deutschen wird die Süße Akazie (*Vachellia farnesiana*) als *Cassia* etikettiert, womit zur sprachlichen Möglichkeit einer Verwechslung auch eine botanische hinzukommt. Auch wenn eine botanische Diskussion über *Acacia* und *Cassia* akademisch erscheint, so ist es nach Bankl dennoch bemerkenswert, dass im Arabischen *cassia* Vollendung und Tod bedeutet.[16]

Ohne genauer auf die botanische Zuordnung unserer Akazie einzugehen, interpretiert August Horneffer die Symbolik dieses rauen Gesträuchs als moralischen Hinweis auf die dornigen Pfade des Lebens, die Meister in Erfüllung ihrer Pflicht auch angesichts des Todes nicht scheuen dürfen.[17]

Irgendwann zwischen den 1730er Jahren und 1745 kam es zu einer Änderung auf breiter Front und *Cassia* wurde im freimaurerischen Ritual zur *Akazie*.

15 Schauberg, 1861, Vergleichendes Handbuch der Symbolik der Freimaurerei, Band II. – Kapitel XLV. In: https://www.hermetik-international.com/de/mediathek/freimaurer/josef-schauberg-die-semitischen-namen-und-heiligen-worte-der-maurer-hiram/ (abgerufen 20.06.2020).

16 Bankl, 1999, Hiram, S. 130 f.

17 A. Horneffer, 1953, III., S. 34 f.

Der „goldene Zweig" – eine Akazie?

Nach dem diffizilen Versuch einer Zuordnung der beiden legendenbehafteten Pflanzen *Acacia* und *Cassia* wollen wir uns nun der Frage widmen, ob es nicht auch denkbar wäre, dass es sich bei der symbolischen Akazie der Freimaurer um den „goldenen Zweig", die „heilige Mistel" handeln könnte, nach der James G. Frazer sein monumentales Werk zur Menschheitsgeschichte benannt hat.[18]

Folgen wir zur Untermauerung dieser ungewöhnlichen Spur dem Ethnologen Frazer für ein paar Schritte in die Albaner Berge zu einem weiteren geheimnisvollen Geschehen in seinem Epos „Der goldene Zweig": Am Lago di Nemi – ein Stückchen südlich von Rom – lag eine der ältesten Städte Latiums, Aricia (heute Ariccia), in deren Nähe der heilige Hain der Diana Nemorensis zu finden war. Hier soll noch bis zum 1. Jahrhundert der „Priester und König des Waldes" (*Rex nemorensis*) einen eigens ausgewählten Baum mit seinem Leben bewacht haben. Ein flüchtiger Sklave hatte jederzeit das Recht, einen Zweig von diesem Baum zu brechen und damit den König zum Duell auf Leben und Tod zu fordern. Auf diesem blutigen Weg gingen das Priesteramt und der Titel des *Rex nemorensis* auf den meist jüngeren Überlebenden über, bis auch dieser in einem blutigen Zweikampf wiederum seinem Herausforderer weichen musste. Dieser barbarische Brauch sollte verhindern, dass ein alter kraftloser Priester-König zum Schaden seines Volkes zu lange an der Macht war. Frazer geht davon aus, dass dieser besondere Zweig, der den tödlichen Kampf legitimierte, ein auf der heiligen Eiche wachsender Mistelbusch gewesen sei.[19]

In dieser Kultsitte offenbart sich ein Zusammenhang zwischen der Tötung eines hochstehenden Menschen und einem symbolischen, auf Erneuerung hinweisenden Zweig, die Mistel. Die Namensähnlichkeit des heiligen Ortes *Aricia* mit der den Tod überwindenden Mistel

18 Vgl. Kaiser 2011, Das Sündenbockritual. In: https://nbn-resolving.org/urn:nbn:de:101:1-201310263818 (abgerufen 10.06.2019).

19 Der Name der italienischen Gemeinde leitet sich vom lateinischen Namen des heiligen Hains, *nemus Aricinum*, ab; der zweite Namensbestandteil wurde namensgebend für den Nachbarort *Ariccia*, historisch *Aricia*.

und der auf Meister Hiram hinweisenden *Acacia* führt ebenfalls zu spannenden Vermutungen. Könnte *Acacia* nicht auch eine Verschreibung von *Aricia* sein?

Mystische Riten, magische Bräuche, die weit in die Vergangenheit reichen, haben Eingang in die Freimaurerei gefunden. Die Überwindung des Todes und die Hoffnung auf Wiedergeburt sind elementare Grundmotive zahlreicher Kulte, wie wir sie auch von Mithras, Osiris, Adonis bis zum Osterfest als Symbol für die wiedererwachende Natur und Fruchtbarkeit kennen. Der goldene Mistelzweig diente auch Äneas als Schlüssel zum Tor der Unterwelt und damit zur Überwindung des Todes. Mit Hilfe der Akazie, eines Lebensbaums, wird das Hiramsgrab gefunden, ohne welches der symbolische Akt der Überwindung des Todes durch die fünf Punkte der Meisterschaft in der Freimaurerei nicht möglich wäre.[20]

Seien es nun böse Gesellen, die die Leiche ihres Opfers nicht konsequent verstecken, sondern den Grabeshügel noch mit einem Zweig kennzeichnen, oder ein Priesterkönig, der in einem grausamen Zweikampf entthront wird: Ein verborgener Querbezug zwischen mit Pflanzen assoziierten Kulthandlungen ist nicht ausgeschlossen. Ob der hohe Amtsträger nun sein Leben lassen muss, um ein Geheimnis zu wahren oder Platz zu machen hat für Verjüngung und Wiedergeburt, ist von untergeordneter Bedeutung. Symbolisch ist es auch unerheblich, ob nun eine Akazie oder eine dereinst tabuisierte, mit sympathetischer Magie behaftete Mistel in den Totenkult eingeflochten wird. Der Sinnzusammenhang zwischen der Tötung eines geachteten, verdienten Menschen und einem symbolischen, auf Unsterblichkeit hinweisenden Zweig, ist in beiden archaischen Kultsitten zu erkennen.

20 Die symbolische Übertragung dieses Mythos auf den biblischen Hiram ist vermutlich erst mit der Schaffung der Hiramslegende, einer Kunstsage, nach 1723 erfolgt.

Go west![1]

Westen als Tabu

In der gesamten Kultur- und Religionsgeschichte war die Beachtung der Himmelsrichtungen und die daraus gewonnene kosmologische Orientierung ein bestimmendes Element im Leben der Menschen. Schon im Mittelalter verband man mit dem Westen jene Himmelsrichtung, die dem Heil der aufgehenden Sonne entgegengesetzt war. Dort verortete man das Reich der Finsternis, des Bösen, den Sitz dämonischer Kräfte. Dementsprechend repräsentierte auch in den Kirchenbauten die Ostseite den sakralen Bereich, die Westseite hingegen war der profanen Welt zugewandt, von dort sollte sie ihre Aufgabe als Schutzherrin vor unbekannten oder bösen Mächten wahrnehmen. Das frühe Christentum hielt am Prinzip der Ostung fest, sei es bei der Ausrichtung der Kirchengebäude, bei der Messfeier oder der Bestattung. Die Worte Christi: *Oriens orientium universum obtinet* – sich nach dem „Aufgang aller, das All regierenden Aufgänge", somit dem Osten zuzuwenden, wurde eins mit der Hinwendung zum Herrn.[2, 3]

Da in der menschlichen Vorstellungswelt Gefahren und Dämonen immer vom Westen her zu befürchten waren, brauchte es dort eine besondere Form der baulichen Abwehr. Eine dieser Formen findet sich in der frühmittelalterlichen Sakralarchitektur, wo sich das Westwerk zunächst als selbstständig vorgesetzter Bauteil von Kirchengebäuden herausbildete. In der Funktion einer Wehrkirche hatte dieses auch die symbolische Bedeutung eines *Castellums*, um das Kirchengebäude gegen Westen vor Fremden zu schützen. Das West-

---

1 „go west!": Die umgangssprachliche Redensart „to go west" in der Bedeutung „draufgehen, dran glauben müssen, ins Gras beißen", go west – to be killed, to die. The most popular euphemism of this type. From "Go west towards the setting sun", vgl. Breverton, 2014, Breverton's First World War Curiosities.

2 Vgl. Gamber, 1984, Liturgie – Dienst vor Gott. Die Ostung.

3 Ad „Oriens orientium universum obtinet": Thuswaldner, 2015, Spätgotische Westemporen in Österreich, S. 36 f.

werk romanischer Kaiserdome war häufig von einem oder mehreren wehrhaften Türmen flankiert. Es war Zentrum und Symbol weltlicher Macht. Auf Reisen diente es dem Kaiser als Aufenthaltsort, zuweilen auch als Gerichtsplatz und Versammlungsort. Da der Thron des Herrschers einige Stockwerke über dem Volk stand, demonstrierte der Herrscher von hier aus unbegrenzte weltliche Macht, auch gegenüber dem Klerus im Hochchor. Die im Westen befindlichen Altare oder Kapellen waren oftmals Erzengel Michael, dem Anführer der himmlischen Heerscharen und Bezwinger des Satans gewidmet. Hier stand er bereit, den Kampf mit den aus dem Westen andrängenden Mächten der Finsternis aufzunehmen. Oftmals diente das Westwerk auch als letzte Ruhestätte für die Stifter des Gotteshauses, während Heilige im Osten, im Chorraum und in der Krypta, nahe dem Altar ihre Grabesstätte fanden. Eindrucksvoll ist auch Franz J. Dölgers Hinweis, dass im altchristlichen Taufritual die Abschwörung an den Teufel nach Westen und die Zusage an Christus nach Osten erfolgen musste.[4]

„Dies ist die Stunde, das Zugseil zu ṛichten zum westlichen Lichtland, des Abstiegs der Barke über den Westen"[5]

Nicht erst im Mittelalter haben die Himmelsrichtungen das Denken und Handeln beeinflusst. Werfen wir zunächst einen Blick auf die ersten frühen Hochkulturen der Menschheit. Auf dem gesamten Erdenball haben Osten und Westen die Bestimmung durch den Sonnenlauf gemeinsam. Der Westen als Ort des Sonnenuntergangs ist in zahlreichen Kulturen verbunden mit Tod, Dunkelheit und Kälte. Sei es im alten Ägypten, im Buddhismus oder bei den Kelten, immer ist das Reich des Todes im Westen angesiedelt.

Wie kaum eine andere Religion kam die Alt-Ägyptische dem archaischen Verlangen nach Orientierung im Totenreich nach. Die Ne-

4 Dölger, 1920, Sol salutis, S. 33 f.

5 Assmann, 1999, Ägyptische Hymnen und Gebete, S. 88. In: https://www.zora.uzh.ch/id/eprint/141091/1/Assmann_1999_Aegyptische_Hymnen_und_Gebete.pdf (aufgerufen 01.06.2020).

kropolen lagen vorwiegend westlich des Nils, in Richtung der Ahnenkräfte. Sonnengott Re fährt mit seiner Barke im Westen in die Unterwelt. Schon die ältesten Bezeichnungen für das Reich der Toten geben beredtes Zeugnis von den frühesten Vorstellungen dieser Menschen. So wurde die Unterwelt als „Großer Sand", „Land des Sonnenuntergangs" oder schlichtweg als „Westen" bezeichnet. Die Toten nannte man „die Westlichen" und Anubis, der schakalköpfige Totengott, wurde als „Erster der Westlichen" paraphrasiert.

Ausführliche Details zur Bestattungskultur der Ägypter finden wir bei Hans Bonnet. Die ältesten jungsteinzeitlichen Leichenfunde aus der Tasa-Kultur in Oberägypten zeigen, dass der Kopf des in Nord-Süd-Richtung auf der Seite liegenden Körpers nach Westen ins Totenreich blicken sollte. Mit Beginn des Alten Reiches (2700–2200 v. Chr.) änderte man die Blickrichtung der Toten nach Osten, um sie dem Licht der siegreich aufgehenden Sonne zuzuwenden. Die Bestattung in West-Ost-Richtung begann erst mit dem Neuen Reich (1550–1070 v. Chr.). Von da an sollte das Haupt im Westen, am Tor des Totenreiches liegen, die Augen jedoch der aufgehenden Sonne entgegenblicken.[6]

„Gottes ist der Orient, Gottes ist der Okzident"[7]

In den Mythen zahlreicher Kulturen ist der Westen Heimat der Toten, der Dämonen, mitunter auch der Hunde, Wölfe und Schakale, die als Seelenführer der Verstorbenen angesehen wurden. Bekannte Parallelen begegnen uns ebenso in der frühgriechischen Vorstellung der Unterwelt. Seelengeleiter Hermes führt, dem ägyptischen Anubis gleich, die Verstorbenen an das Ufer des Styx in den Hades. Der Eingang soll sich im Westen jenseits des Ozeans, wo die Sonne untergeht,

6 Bonnet, 1952/2000, Reallexikon der ägyptischen Religionsgeschichte, S. 565 f.

7 Goethe, 1819/1999, West-östlicher Divan, Talismane „Gottes ist der Orient! Gottes ist der Occident!" In der Übertragung des Koran-Verses (Sure 2, 142) verwendet Goethe statt „Allah" „Gott". Das Gedicht „Talismane" diente nach den Kriegswirren und dem napoleonischen Ägyptenfeldzug als verbindende Brücke zu Menschen beider Kulturen.

befunden haben. Dysis, Schutzgöttin des Sonnenuntergangs, bewacht das westliche Portal vor Zephyr, dem Westwind. Sie wird auch als Amme der Mondgöttin Selene beschrieben.

Die Begriffspaare Abendland und Morgenland, resp. Okzident und Orient, entspringen der antiken Vorstellung vom europäischen Kontinent als dem westlichsten, der untergehenden Abendsonne am nächsten gelegenen Erdteil. Schon bald nannte man die Heimat des Ostwindes das Morgenland und das Gebiet, das gegenüberliegt, analog dazu Abendland. Politische Absichten waren hinter diesem Gedankengang, der sich nur an den geografischen Bedingtheiten orientierte, nicht zu vermuten. Morgenland, das war einfach ein Teil der Erde, in dem die Sonne allmählich zu scheinen begann, wohingegen im Abendland, wie es der Name schon verrät, die Strahlen gemächlich verblassten. Im Römischen Reich stand der lateinische Begriff *occidens [sol]* („die untergehende Sonne") für die westliche Himmelsrichtung.

Für das christlich geprägte Europa etablierte sich erst viel später der Begriff des Abendlandes und dazu als Gegensatz das Morgenland im Osten, wo aus europäischer Perspektive die Sonne aufgeht. Einzug ins Deutsche fand der Begriff Morgenland im 16. Jahrhundert durch Martin Luther, der in seiner Bibelübersetzung für die Textstelle bei Matthäus (Mt 2,1-23) Μάγοι ἀπό ἀνατολών (Mágoi apó anatolôn) „Weisen aus dem Morgenland" wählte. Wörtlich kamen die drei Könige aus ἀνατολή (anatolḗ) in der Bedeutung „Aufgang, Sonnenaufgang", als Synonym für östlich gelegene Gebiete.[8, 9]

Wirft man einen kurzen Blick in die Literatur, so findet sich die Vorstellung, dass das Göttliche im Osten und das Dämonische im Westen zu Hause sei, auch in Goethes *Faust II*: Hier lässt er Homun-

8 Luthers Übersetzung von 1545:
Matthäus 2,1-23: DA Jhesus geborn war zu Bethlehem / im Jüdischenlande zur zeit des königes Herodis / Sihe / da kamen die Weisen vom Morgenland gen Jerusalem / vnd sprachen / 2 Wo ist der newgeborne König der Jüden? Wir haben seinen Sternen gesehen im Morgenland / vnd sind komen jn an zu beten.

9 Ad *Morgenland*: https://www.lexas.de/regionen/morgenland.aspx (abgerufen 17.12.2020).

culus folgende Worte zu Mephistopheles sprechen: „Nordwestlich Satan ist dein Lustrevier; südöstlich dießmal aber segeln wir."[10]

Die Zuordnung bestimmter Qualitäten für jede der Himmelsrichtungen geht also weit in die Geschichte zurück. Heute zählt sie zu den esoterischen Kunstfertigkeiten der Geomantie. Denn zahlreich sind die Beispiele für Bauwerke, die nach den Himmelsrichtungen, dem Lauf der Sterne oder nach der Wirkung bestimmter Erdkräfte und Elemente ausgerichtet sind. Führt man sich die Symbolik des im Westen liegenden Sonnenuntergangs vor Augen, so lässt sich die Analogie des Abschiednehmens, des „Eins-Werdens" mit der Erde gut nachvollziehen. Mit dem Loslassen verbunden ist auch das Sterben: Vielleicht auch ein Grund, warum der Heilige Michael mit der Seelenwaage zumeist im Westen der Kirche zu finden ist?[11]

Westen – ein Sprachtabu?

Beginnen wir unsere Untersuchung zum Westen als Sprachtabu bei Wilhelm Havers, dem Wegbereiter der linguistischen Tabuforschung. Vom Tabu des Todes und seinen euphemistischen Verhüllungen spannt er zunächst einen historisch weiten Bogen in die Zeit der Merowinger, um uns dort mit einem ungewöhnlichen Tabu bekannt zu machen: Dem Tabu des Westens und seiner symbolischen Gleichstellung mit Vergehen, Tod und dämonischen Kräften, dem Reich der Finsternis und Verderbnis.[12]

Folgen wir nun Havers Gedankengang mit einem Exkurs weit zurück in die Geschichte: Nach dem Tod des Frankenkönigs Chlothar I. im Jahre 561 n. Chr. kam es zu Rivalitäten unter seinen Söhnen. Während dieser Kämpfe zwischen den Merowingern bildeten sich drei Teilreiche: Austrasien, Neustrien und Burgund. Die Benennungen „Auster, Austria oder Austrasia" bezeichneten den Osten des

10 Goethe, 1832/1966, Faust. Der Tragödie zweiter Teil, S. 363.

11 z. B. in Wien, am Portikus der Michaelerkirche von Lorenzo Mattielli aus dem Jahre 1725.

12 Havers, 1946, Neuere Literatur zum Sprachtabu, S. 102-104.

Frankenreiches, „Neustria" den Westen. Der dritte Teil „(Franko-) Burgund" bestand im Wesentlichen aus dem alten Burgunderreich.

Von Anbeginn sollte dabei die Herkunft des Namens „Neustria" die Forschung vor ein Rätsel stellen. Denn weshalb wurde die Bezeichnung „Westria" vermieden und durch „Neustria" („Neu Austria") ersetzt? Nach Havers besteht kein Zweifel daran, dass „Austrasia" vom urgermanischen Wort für „Osten", „auster", abgeleitet ist und so viel wie „östlich" oder „im Osten, Ostland, Ostreich" bedeutet. Auch in der älteren Bezeichnung *Ostarrîchi* für Österreich lässt sich die Wurzel *ôstar-* erkennen.

Es wäre nun naheliegend, analog zu „Ostland" ein Westland zu erwarten, das demnach „Westria" von germanisch „Wester" heißen müsste. Der Linguist Paul Kretschmer setzte sich ausführlich mit der Frage auseinander, wie sich die Namensform von *Neustria* als offenbares Gegenstück zu *Austria* sprachlich erklären ließe, denn die Benennungen *Austria* und *Neustria* waren gebräuchlich, nirgendwo jedoch gab es das Gebiet *Westria*. Kretschmer führt die merkwürdige Tatsache, dass die Franken westlich von ihren Stammsitzen liegende Gebiete als „Neustria" bezeichneten, auf deren mystische Scheu vor dem Westen zurück.[13]

Ausgangspunkt von Kretschmers weit zurückreichender Argumentation ist das ursprüngliche Fehlen des Namens *Westgoten* neben den *Austrogoti, Ostrogothae, Ostgoten*. Der später als *Westgoten* (Wisigoth) bezeichnete Teilstamm der Goten – aus dem gotischen Volk der *Thervingen* („Waldleute") – soll sich im Verlauf des 5. Jahrhunderts herausgebildet und sich selbst die prunkvolle Bezeichnung „Vesi" oder „Visi", später „Visigothi" oder „Vesgothae" in der Bedeutung „die Guten, die Edlen, die Wackeren", verliehen haben. Simplifizierten, mitunter anachronistischen Vorstellungen zufolge wurden diese Bezeichnungen fälschlicherweise, wie auch in der Getica des Jordanes im 6. Jahrhundert, als „Westgoten" gedeutet. Auf diesem Wege

13 Kretschmer, 1938, Eine Studie über spätlateinische Ländernamen, S. 207-240, insb. S. 222, 229.

etablierte sich in der deutschen Geschichtsforschung die Bezeichnung „Westgoten“ für die wackeren „Visigothen“.[14]

Zusammenfassend konstatiert Havers, übereinstimmend mit Kretschmer, eine „abergläubische Scheu“ vor Benennungen von Ländern und Völkern nach der westlichen Himmelsgegend, die insbesondere in der germanischen Frühzeit zu beobachten ist und später verlorengeht. Architektur und antike Sprache bewahrten die weitverbreitete Vorstellung vom Gegensatz der Himmelsrichtungen Ost und West, die mit den Gegensatzpaaren von Licht und Finsternis, Gott und Dämon, Leben und Tod, Gut und Böse gleichgesetzt wurden. Schützte man sich in der germanisch-christlichen Baukunst durch imposante Westwerke gegen die vom Westen drohenden dämonischen Einflüsse, so ging die Sprache germanischer Völker dem gefährlichen Wort „Westen“ durch Meidung und Umschreibung aus dem Wege.[15]

To the West – der symbolische Gang durch die Unterwelt

Where are you a going?
To the West.
What are you a going to do there?
To look for that which was lost and is now found.[16]

Den Bauhüttentraditionen folgend arbeiten Freimaurer in einem hermetisch abgeschlossenen Tempel, der im kultischen Sinne als heiliger Raum, als *sacrum* gedeutet wird. Vornehmlich ermöglicht dieser von der Welt des Alltags, durch feierliche Abläufe geschaffene Tempel Distanzierung vom Profanen und dient der emotionalen und intellektuellen Fokussierung auf die gemeinsame geistige Arbeit. Das Innere ist geprägt durch Klarheit und Präzision der symbolischen Anordnung.

14 Jordanes, 2012, Die Gotengeschichte, S. 82 f.
15 Havers, 1946, Neuere Literatur zum Sprachtabu, S. 104.
16 Prichard, 1730, Masonry Dissected. In: http://www.phoenixmasonry.org/masonry_dissected.htm (abgerufen 17.12.2020).

Den vier Himmelsrichtungen kommt in diesem Tempel elementare Bedeutung zu, die jedoch nur sinnbildlich zu verstehen ist. Im Gegensatz zu zahlreichen christlichen Kirchen des Mittelalters ist der freimaurerische Tempel nicht zwingend geostet, sondern folgt seinem inneren Kompass. Die symbolische Schwerpunktsetzung des Raumes bildet nach Helmut Reinalter ein „kosmogonisches Modell", das den Weg zum Licht auch räumlich nachvollziehbar macht und Orientierung ermöglicht.[17]

Dieser heilige Raum wird zum Abbild der Welt und des Lebens. Die von seiner Mitte, der *axis mundi*, ausgehenden Richtungen, die als Nord, Süd, Ost und West definiert werden, leiten sich aus dem Lauf der Sonne und der Gestirne ab. Diesen geordneten archaischen Strukturen folgend, vollzieht sich der Erkenntnisweg des Freimaurers zur stufenweisen Entwicklung seiner Persönlichkeit. Aus der Dunkelheit des Irdischen über den „Raum der verlorenen Schritte" kommend, erlangt der Freimaurer nach ritueller Prüfung durch die Aufseher am westlichen Tor – wo es stets fremde Eindringlinge abzuwehren galt – Einlass in die Loge. Sein Erkenntnisweg führt ihn „per aspera ad astra" über den Norden nach Osten. Aus der Dunkelheit zum Licht, von der materiellen auf die immaterielle Ebene, um schließlich am Ende seines Lebens in den ewigen Osten überzugehen. Die Lehrlinge haben ihre Plätze stets im dunklen Norden, symbolische Lichtöffnungen befinden sich nur im Osten, Süden und im Westen.

„Denn du bist Erden und sollst zu Erde werden"[18]

In zahlreichen Mysterien werden Elementarproben beschrieben, die der Kandidat auf seinem Weg zu höherer Erkenntnis zu bestehen hat. Elemente der Alchemie waren bis ins 18. Jahrhundert auch in zahlreichen masonischen Bauhütten stark vertreten. Bis heute haben sich

17 Reinalter, 2016, Die Freimaurer, S. 32.

18 Luthers Übersetzung von 1545:
1. Mose 3,19: Im Schweis deines Angesichts soltu dein Brot essen / Bis das du wider zu Erden werdest / da von du genomen bist / Denn du bist Erden / vnd solt zu Erden werden.

in den schottisch-französisch orientierten Riten zahlreiche Elemente des Hermetismus und der Alchemie erhalten. Die Initianden müssen Proben bestehen, die den vier Elementen zugeordnet sind: Erde – Luft – Wasser – Feuer.[19]

Werfen wir dazu noch einen näheren Blick auf schottisch-französische Einweihungsrituale: Noch vor Antritt der allerersten symbolischen Reise muss der Kandidat beim westlichen Tor, an der Schwelle zum Tempel, die Erdenprobe bestehen. Diese dient der sinnbildlichen Erneuerung im tiefsten Inneren, um Falsches und Wesensfremdes abzustreifen. Hierbei werden Suchende vom Zeremonienmeister oder Großexperten veranlasst, sich tief zu Boden zu beugen und die rechte Hand in ein mit Erde gefülltes Gefäß zu legen. Der Zeremonienmeister führt die Hand des Suchenden und spricht dazu: „Kandidat, wir lassen Sie die Erde berühren, unser aller Mutter, aus der wir kommen und zu der wir zurückkehren." Die Berührung der Erde an der Westpforte dient dabei als Symbol des Versinkens in sich selbst, um der Suche nach Wahrheit näher zu kommen, aber auch, um auf die Unausweichlichkeit des Todes hinzuweisen. Hier, im Westen, verbindet sich die traditionelle Symbolik der Erde als fruchtbare und fürsorgende Mutter mit dem Motiv des Todes im Bild der Erde, die am Ende ihre Kinder wieder zu sich nimmt.

An den Schluss dieses Kapitels möchte ich eines der schönsten literarischen Beispiele für den Westen und seiner Gleichsetzung mit der Unterwelt setzen, als jenem Ort, an dem sich Himmel und Erde vereinen und das Licht aus der Welt entschwindet. Im altägyptischen Klagelied des Nefersecheru aus der Zeit Ramses II. lesen wir folgende Totenklage der Witwe Mutnefret:

19 Fischer H., 2018, Die Alchemie, S. 75-86.

In schwieriger Lage sind die im Westen
und schlimm ist ihr Zustand.
Wie unbeweglich ist der, der zu ihnen gegangen ist.
Nicht kann er von seinem Befinden erzählen.
An seinem einsamen Platz ruht er
und die Ewigkeit ist bei ihm in Finsternis.[20]

20 Assmann, 2005, Das Paar, die Liebe und der Tod, S. 9-28. In: http://archiv.ub.uni-heidelberg.de/propylaeumdok/3020/1/Assmann_Das_Paar_die_Liebe_2005.pdf (abgerufen 22.06.2020).

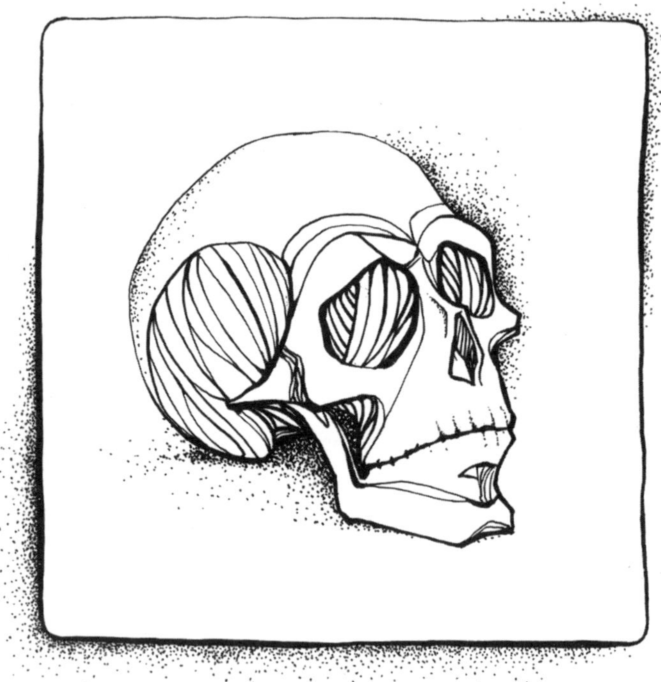

Media in vita in morte sumus[1]

Tod als Tabu

„Media in vita in morte sumus" – mitten im Leben sind wir vom Tod umfangen – heißt es in einem gregorianischen Choral, den Luther ins Deutsche übertragen und weit über die Landesgrenzen hinaus bekannt gemacht hat.

Befragt man Menschen zu ihrer Einstellung dem Tod gegenüber, so stößt man rasch auf eine spürbare Ambivalenz. Obwohl die rationale Antwort übereinstimmend lautet, der Tod gehöre zum Leben, haben Menschen seit jeher um alles, was mit dem Tod zusammenhängt, einen Kokon von Tabus gesponnen, der sich in unzähligen Riten, Zeremonien und Verboten manifestiert. Schon die ältesten Kulturen lassen erkennen, dass der Mensch, der als einziges Lebewesen um sein Lebensende Bescheid weiß, den Tod immer gefürchtet hat.

Im abendländischen Denken durchdringt zwar das Wissen um den Tod jeden Augenblick des Lebens, dennoch wird er als kaum zu bewältigende Krise des Individuums, oftmals als furchtbarer Bruch im irdischen Ablauf erlebt. In den modernen Gesellschaften hat sich ein tiefgreifender sozialer und kulturell-religiöser Wandel im Umgang mit Sterben, Tod und Trauer vollzogen. Die gesellschaftliche Verdrängung und Privatisierung von Tod und Trauer sind ein Phänomen unserer Zeit. Nur noch in ländlichen Gebieten findet man jahrhundertealte, von religiösen Vorstellungen geprägte Rituale. Die moderne Gesellschaft verarbeitet das Sterben in der Routine spezialisierter Institutionen. In einer Zeit, in der das naturwissenschaftliche Denken vermeintlich die einzige Wahrheitsautorität darstellt, unterliegt der Tod einer ungeheuren Kommunikationshemmung. Es gibt

1 *Media vita in morte sumus,* ist der Beginn eines gregorianischen Chorals, der Notker I. von St. Gallen zugeschrieben wird, aber wahrscheinlich schon um das Jahr 750 in Frankreich entstanden ist. In: Hahn/Henkys, 2004, Liederkunde zum Evangelischen Gesangbuch, Nr. 9, S. 69–78.

keinen Platz, den Tod durch eine symbolische Sinndimension aufzufangen oder begreifbar zu machen.[2]

Die Auseinandersetzung mit Tod und Sterben erfolgt meist nur dann, wenn man durch den Verlust von oder aus Angst um andere an die eigene Sterblichkeit erinnert wird. Prägnant fasst dieses Phänomen der katholische Philosoph Robert Spaemann zusammen: „[…] Das Wissen vom Ende des Lebens eröffnet erst die Dimension von Sinn, in der dann auch das Gefühl der Sinnlosigkeit möglich ist.“[3]

Der verdrängten Omnipräsenz des Todes entspricht nicht nur seine Tabuisierung, sondern auch eine Vielfalt von Auseinandersetzungen und Zugängen.

Wortmagie – Todesangst – Religion

Freuds kulturtheoretisches Werk „Totem und Tabu“ gehört vermutlich zu seinen umstrittensten, vom ihm selbst jedoch am meisten geliebten Texten. Obwohl viele seiner Ausführungen fachwissenschaftlich widerlegt sind, verdienen seine Betrachtungen primitiver Gesellschaften, bei denen das Tabu des Todes und der Toten ein schweres Verbot darstellte, einen kurzen Exkurs: Tote durften nicht berührt, der Name eines Toten vielerorts nicht ausgesprochen werden. Bei manchen afrikanischen Völkern, z. B. den Massai, ging man sogar zu der Praxis über, den Namen des Verstorbenen direkt nach dessen Tod zu ändern. Das Aussprechen des Namens eines Menschen nach dessen Lebensende wurde einem Mord gleichgesetzt. Manche australische Stämme waren so bedachtsam, dass die Träger von Namen, die dem des Verstorbenen ähnlich oder gleich waren, neue Namen annehmen mussten. An manchen Orten erhielt sogar die ganze Familie neue Namen, unabhängig davon, ob sie dem des Verstorbenen ähnlich waren oder nicht. Viele Naturvölker behandelten den Namen des Toten als einen Teil seiner Persönlichkeit und wischten sämtliche physischen oder sprachlichen Spuren aus Angst vor dem Geist des Toten aus.[4]

2 Pennington, 2001, Memento mori, S. 77.

3 Spaemann, 2006, Sterben – Heutzutage, Bd. 35, Heft 2, S. 177-179.

4 Freud, 1922, Totem und Tabu, S. 75-76. In: https://www.gutenberg.org/cache/epub/37065/pg37065-images.html (abgerufen 12.12.2020).

Um uns dem Hauptgedanken dieses Kapitels zu nähern, möchte ich im Folgenden einen stark gerafften Überblick über die unterschiedlichen Todesvorstellungen in den fünf Weltreligionen geben.

Nach jüdischem Verständnis ist der Tod der Anfang eines neuen Abschnitts. Die Vorstellung einer Auferstehung taucht schon in den frühen rabbinischen Schriften auf. Die jüdische Religion ist stark diesseitsorientiert und betrachtet den Tod als Teil des Lebens, so wie die Nacht, die zwischen zwei Tagen liegt. Der Erhalt des Lebens ist der höchste Wert des Judentums. Strenge Prinzipien und Traditionen begleiten die Sterbenden und Toten, die von Angehörigen nicht mehr alleine gelassen und möglichst innerhalb von 24 Stunden bestattet werden sollen.

Muslime betrachten das irdische Leben als ein Geschenk und eine Aufgabe Allahs. Es ist eine beschränkte, vorbestimmte Zeit der Bewährung, nach deren Ende der Mensch zu Allah abberufen wird. Der Tod ist für Muslime trotz Schmerz und Trauer die Erfüllung des göttlichen Willens. Am jüngsten Tag, dem Tag der Auferstehung, vereinigen sich Leib und unsterbliche Seele.

Im Hinduismus verschmelzen mehrere religiöse Systeme. Tod und Leben bilden einen Kreislauf, den ein Hindu mit dem persönlichen Karma zu durchbrechen versucht, um eines Tages mit dem Brahman-Nirwana, dem Ewigen Absoluten, eins zu werden. Tod bedeutet nicht Verzweiflung, sondern Befreiung und den Übergang in eine neue Existenz.

Auch der Buddhismus greift die Vorstellung einer Wiedergeburt auf. Verschiedene Daseinszustände gilt es zu durchlaufen, bis man am Ende durch rechte Erkenntnis und Achtsamkeit zum achtfachen Pfad, ins Nirwana gelangt. Der Tod ist ein Übergang in einen neuen Seinszustand, einem sich wiederholenden, unaufhaltsamen Kreislauf von Existenzen, dem Samsara.

Wie sich Christen ein Leben nach dem Tod vorstellen, eröffnet sich dem Gläubigen durch die Bibel. Der Glaube an das ewige Leben ist durch die Auferstehung Christi ein fester Bestandteil des Christentums. Ebenso die Abwägung der guten und bösen Taten am Tag des Jüngsten Gerichts.

So unterschiedlich die Vorstellungen auch sind, so haben sie eines gemeinsam: den Glauben an ein Leben nach dem Tod. Die Angst vor dem Sterben ist vermutlich ein universelles Empfinden, eine anthropologische Konstante. Jede Gesellschaft, jede Kultur hat ihre eigenen Denk- und Handlungsweisen hervorgebracht, die letztlich der Abwehr dieser Todesangst dienen – denn ohne Tod gäbe es vermutlich keine Religionen.

Ob eine göttliche Macht, Bestimmung oder das atheistische Erlöschen aller Lebensvorgänge eines Bioorganismus – übereinstimmend bei allen Zugangsweisen ist die Tatsache, dass der Tod ein dem Menschen unzugängliches Geheimnis bleibt. Die Nichtfassbarkeit des Todes wird der einfacheren Erträglichkeit willen gerne mythologisch gefärbt, kunstvoll entschärft oder bleibt gänzlich unausgesprochen.

„De mortuis nil nisi bene"

Schon hier begegnet uns ein sprachliches Tabu, das sich aus irrealer Angst, bizarrem Geister- und Aberglauben zusammensetzt. Die Gegenwart eines Toten und das Geschehen um seinen Leichnam kann sonderbare Fantasien entfachen. Heute noch lebt das lateinische Zitat, welches beim Tod eines zu Lebzeiten umstrittenen Menschen mahnend zitiert wird: „De mortuis nil nisi bene." „Über die Toten nicht, wenn nicht wohlwollend zu sprechen", als eine Warnung, Kritik und Streit gegenüber dem nun wehrlosen Verstorbenen ruhen zu lassen. Sein Ursprung wurzelt in der magischen Vorstellung, der Tote könnte aus Rache zurückkehren, um Lebende aus dieser Welt zu reißen.[5]

Tatsächlich beschrieb der christliche Mystiker Joseph von Görres noch 1840 Wiedergänger oder Nachzehrer als personifizierte Untote, die die Lebenden in unheilvoller Absicht heimsuchten.[6]

5 *De mortuis nil nisi bonum dicendum est*, lateinische Übersetzung einer gleichbedeutenden, ursprünglich Chilon von Sparta zugeschriebenen griechischen Wendung: Τὸν τεθνηκότα μὴ κακολογεῖν, γῆρας τιμᾶν. *(Ton tethnēkota mē kakologein, gēras tīmān.)* https://de.wikipedia.org/wiki/Liste_lateinischer_Phrasen/D (abgerufen 12.12.2020).

6 Görres, 1879/1989, Die christliche Mystik, 3. Band, S. 151.

Sigmund Freud ortete die Angst, Verstorbene könnten sich nach dem Tode zu Dämonen verwandeln, als Projektion unbewusster Feindseligkeit, einer Art Ambivalenz aus Demut und Furcht.

Obwohl sich der Umgang mit dem Tod heutzutage radikal gewandelt hat, bleibt er dennoch ein Schrecknis. Die Angst vor ihm ist geblieben, selbst wenn wir glauben, sie in unserer Kultur längst überwunden zu haben.[7]

Dabei ist paradoxerweise gerade das virtuelle Sterben überaus populär geworden, man denke nur an die bereits als Klassiker geführten Thriller, Horrorfilme und Kriminalfilme, die den Tod anderer Menschen in nur 90 Minuten vor uns abspulen. Film, Fernsehen und Computerspiele stellen damit den Tod aus einer bis dahin noch nie dagewesenen Entfernung, in einer empfindungslosen Unbedrohlichkeit dar. Erlebt man den Tod jedoch in der unmittelbaren Umgebung, so distanziert man sich möglichst von diesem Ereignis, spricht nur mit vorgehaltener Hand darüber und grenzt oft – sei es aus Furcht und Unsicherheit – die Hinterbliebenen gesellschaftlich vorübergehend aus. Auch diese trauern kaum mehr öffentlich, tragen Trauerkleidung oder Trauerschleife höchstens zum Begräbnis und auch dort nicht mehr konsequent. Von den traditionellen Hauptelementen ist damit auch die Farbsymbolik des Tiefschwarz für Trauer und Tod verschwunden. Der Verlust eines Menschen ist zur Privatangelegenheit geworden. Der nah miterlebte Tod mehr und mehr zum Tabu.

Ars moriendi: Angst – Faszination – Ausgrenzung

Wirft man einen Blick auf die Kunst des Mittelalters, so war der Tod – bedingt durch todbringende Seuchen wie Pest, Cholera oder Typhus – ein häufiges Thema in der bildenden Kunst. Am Ende des 14. Jahrhunderts wurden sogar die Toten selbst zu Mahnern für die Lebenden. Die Ikonographie des *transi* tritt in Erscheinung: eine bildliche oder skulpturale Entsprechung eines in Verwesung befindlichen menschlichen Körpers. Bis zum Hochmittelalter zeugen bildliche

7 Kübler-Ross, 1972, Interviews mit Sterbenden, S. 19 f.

Darstellungen von Totentanz, Fegefeuer und Höllenqualen von der Allgegenwärtigkeit des Todes. Als alltäglicher Bestandteil des Lebens ist er Begleiter aller Menschen, jedes Standes, kein Lebensalter ist vor ihm sicher. Es war eine mahnende Aufforderung, sich auf den unerbittlichen Tod vorzubereiten, das eigene Seelenheil vor Augen zu haben und ein reuiges Leben zu führen. Diese „ars moriendi", die Kunst des heilsamen Lebens und Sterbens war bis ins Zeitalter der Aufklärung fester Bestandteil der europäischen Tradition.[8]

Der Todesangst standen stets auch eine gewisse Faszination für den Tod und ein tiefes Verlangen nach dem Erfahren eines unentdeckbaren Geheimnisses jenseits der menschlichen Existenz gegenüber. Diese gipfelte in späteren Epochen sogar in Fantasien über die Sehnsucht nach dem eigenen Tod, ja letztlich dem Wunsch nach völliger Aufgabe des eigenen Seins. Diesem nachzugeben wurde jedoch durch die Errichtung von Tabus Grenzen gesetzt. Solche Triebregungen waren als Störelemente menschlicher Kulturideale gefürchtet und daher verboten. Die Ambivalenz der Gefühlsregungen blieb jedoch weiterhin bestehen.

Mit Beginn des 19. Jahrhundert löste sich die Angst aus den verborgenen Imaginationen und mündete in die Epoche der „Schönen Tode". Seien es die als wundervolle Frauen dargestellten Todesengel der Sezession, in deren Umarmung Vernichtung in Lust und Wonne übergeht, wie in Klimts „Judit mit dem Haupt des Holophernes" oder die „schöne Leich", die im morbiden Wien schon zur Zeit der Habsburger in üppigen Begräbnisfeierlichkeiten ihren Ausdruck fand.

Das 20. Jahrhundert ließ eine völlig gegensätzliche Art und Weise im Umgang mit dem Sterben entstehen. Der Tod wurde mehr und mehr privatisiert und aus der Öffentlichkeit herausgehalten, sozusagen ausgebürgert. Der Prozess des Sterbens und der Zustand des Sterbenden wurden tabuisiert, als schwere Krankheit umdefiniert oder nicht angesprochen. Die Trauer als notwendiges Übel sollte nicht in die Öffentlichkeit getragen werden.[9]

8 Herzberger, 2006, Der Tod im Mittelalter. In: http://www.rowane.de/html/inhalt.htm (abgerufen 15.05.2021).

9 Ariès, 1999, Geschichte des Todes, S. 741-746.

Der verborgene, gesellschaftlich nicht zur Kenntnis genommene, aus dem Bewusstsein eliminierte Tod des 21. Jahrhunderts steht in krassem Widerspruch zu der ubiquitären medialen Präsenz sowie dem Überangebot an aktueller Ratgeberliteratur zur Todesbewältigung und Sterbebegleitung. Auf unterschiedlichen Ebenen dienen sowohl Verdrängung als auch inflationäre mediale Allgegenwart des Todes der Entschärfung der Todesangst.[10]

Hans Bankl, Pathologe und Freimaurer, sah am Ende des 20. Jahrhunderts die Zeit der Tabuisierung des Sterbens überwunden und stellte das Recht des Menschen auf einen humanen Tod und auf Hilfe beim Sterben zur Diskussion. Ärzte müssten die Grenzen der Medizin erkennen und akzeptieren lernen. Der Auftrag für den Arzt sei es nun, „das Leben zu verlängern, aber nicht das Sterben! Der Arzt soll nicht zum, sondern beim Sterben helfen!“[11]

Zu Beginn des 21. Jahrhunderts wurde dieses ethisch umstrittene Thema durch Diskussionen um die Würde von Sterbenden, deren Freiheit und Selbstbestimmung wieder aufgegriffen und hat gegenwärtig auch in Deutschland und Österreich einen Paradigmenwechsel in der Gesetzgebung eingeleitet.[12]

Tabuthema Tod in der Literatur

In der Literatur war die Problematik der Grenzziehung zwischen Leben und Tod zu allen Zeiten allgegenwärtig. Die couragierte und offene Reflexion des Unbegreiflichen führte nicht selten zu heftigen Kontroversen, die den Positionen der Kirche widersprachen.

Von den zahlreichen Autoren, die das Motiv des Todes literarisch verarbeitet haben, möchte ich exemplarisch zunächst den „christlichen Anarchisten“ Leo N. Tolstoi herausgreifen, dem es gelingt, in seinen Novellen und Dramen („Drei Tode“, 1858; „Der Tod des Iwan Iljitsch“, 1886; „Der lebende Leichnam“, 1900) die Bedeutung des To-

10 Meyer, 1982, Todesangst und das Todesbewußtsein der Gegenwart, S. 10.

11 Bankl, 1992, Woran sie wirklich starben, S. 270.

12 Seit 1. Januar 2022 ist der assistierte Suizid in Österreich ebenso wie in Deutschland unter besonderen Bedingungen nicht mehr strafbar.

des und des Sterbens philosophisch so darzustellen, dass der Tod sich als Schlüssel zur Erkenntnis offenbart. Aufgrund seiner Kühnheit, den Tod in unmittelbarem Kontext mit der Frage nach dem Sinn des Lebens zu stellen, überwarf sich Tolstoi mit der Kirche und wurde 1901 schließlich exkommuniziert. Seine Sichtweise widersprach der christlichen Theologie, die im Tod das Gericht Gottes über die Sündhaftigkeit der Menschen sieht und dem Tod die Auferstehung und das „Jüngste Gericht" folgen lässt.

Ebenso massivem Widerstand ausgesetzt war Mitte des 20. Jahrhunderts die Aufführung von Jean-Paul Sartres Résistance-Stück „Tote ohne Begräbnis", das schließlich als eines der letzten auf den vatikanischen Index der verbotenen Werke gelangte. Mit diesem tabuisierte die Kirche quasi verbindlich für alle Katholiken jene Bücher, die als Gefahr für die gläubigen Katholiken und die Lehre der Amtskirche angesehen wurden.[13]

Worin jedoch die gegenwärtigen Herausforderungen bestehen, zeigt die aktuelle Literatur mit ihrer auffallenden Präsenz von Themen, die sich dem Sterben, dem Tod und dem Abschiednehmen widmen. In „Das Tabu des Todes und der Sinn des Sterbens" (1984) fasst Aurel von Jüchen die Ratlosigkeit im Umgang mit dem Thema Tod unmissverständlich zusammen: „So fliehen Millionen Menschen in das Tabu des Todes – in die konsequente Verschweigung und die oft lebenslang durchgehaltene Flucht vor dem Tod. Resignation, Neurosen, Trauer, Verzweiflung, Sinnlosigkeit sind die Folgen [...]."

Søren Kierkegaard hat die Begriffe Angst und Freiheit zur Synthese gebracht. Selbstbewusste Freiheit erfahren nur Wesen, die auch Angst erleben können. Ist die Angst vor dem Tod demnach der Preis, den wir für die Bewusstheit unserer selbst bezahlen?[14]

13 Sartre, 1946/1965, Morts sans sépulture, Tote ohne Begräbnis.
14 Kierkegaard, 1844/2016, Der Begriff Angst.

„Noli me tangere" – Das Leichentabu

Im Angesicht des Todes erfahren unser wissenschaftlich-technischer Fortschrittsglaube und unser rationaler Verstand eine tiefe Demütigung. Denn der Leichnam führt uns die Unumkehrbarkeit und Unfassbarkeit des Todes unmittelbar vor Augen. Ist der Tod eingetreten, bleibt eine uns fremd anmutende Leiche zurück.[15]

> *Es ist erstaunlich, dass in all den Auseinandersetzungen rund um das Thema Tod ein ganz zentrales und wesentliches Moment beinahe zur Gänze fehlt – nämlich die Leiche! Kaum eine wissenschaftliche Fachdisziplin, die sich dem Themenkreis Tod zuwendet, hat eine konkrete Untersuchung des Leichnams zum Inhalt.*[16]

In unserer Kultur erfährt der tote Körper eine Verdrängung und Tabuisierung. Das verkörperte *Memento mori* wird gesellschaftlich aus dem Gesichtskreis geschoben.

Mit dem Eintritt des Todes wird aus einer Person ein Leichnam – für so manche bis heute mysteriös, infektiös aber auch gefährlich. Die Wurzeln der Tabuisierung des toten menschlichen Körpers – das sog. Leichentabu – reichen tief in die Geschichte der Menschheit. Irreale Ängste, Mythen aller Art und rigide Verbote sind die Folgen dieses Phänomens. Die verstorbene Person wirkt vertraut und gleichzeitig fremd, da sich durch das Erschlaffen der Muskulatur das Gesicht verändert. Leichen sind kalt, erstarrt und vermeintlich auch giftig. Schon das Berühren einer Leiche macht kultisch unrein, wie schon die Bestimmung der Tora in Numeri (19,11) besagt: „Wer irgendeinen toten Menschen berührt, ist sieben Tage lang unrein."[17]

15 Stefenelli, 1998, Körper ohne Leben, S. 80 f.

16 Prein, 2004, Der Leichnam – Das (Un-)Begreifbare der menschlichen Endlichkeit, S. 5 f. In: https://netlibrary.aau.at/obvuklhs/download/pdf/2411577?originalFilename=true (abgerufen 12.12.2020).

17 Luthers Übersetzung von 1545:
Num 19,11: WEr nu jrgend einen todten Menschen anrüret / der wird sieben tage vnreine sein.

Die weltweit verbreitete Idee vom Leichengift wurde in Europa durch mehrere pseudowissenschaftliche Theorien gestützt. Allen voran der „Fäulnistheorie", nach der Gerüche für die Entstehung von Krankheiten verantwortlich seien. Allseitig anerkannt war auch die Hypothese der „fixen Luft", die nach dem Tode entweichen und zur Zersetzung des Körpers führen soll. Paradoxerweise trugen auch äußerst dankenswerte, wissenschaftliche Fehlschlüsse zum Mythos des Leichengiftes bei. Man denke nur an Ignaz Semmelweis, der die Ursache des Kindbettfiebers im „Leichengift" erkannt zu haben glaubte, und – trotz falscher Grundannahme – vielen Müttern durch Hygienemaßnahmen das Leben rettete und damit den Grundstein unserer heutigen Hygienemaßnahmen legte.

Obwohl die Existenz eines Leichengiftes und andere pseudowissenschaftliche Theorien heute längst widerlegt sind, ist bei vielen dennoch eine unterschwellige Angst vor einer „Ansteckung" durch eine Leiche spürbar. Die Wissenschaft hat gezeigt, dass durch den Fäulnisprozess zwar Toxine, also Eiweißprodukte abgebaut werden, eine Berührung mit diesen sogenannten Alkaloiden jedoch ungefährlich und auch das Einatmen von „Leichengift" in das Reich der Mythen zu zählen ist.[18]

Wie gezeigt, sollte das Berührungsverbot der Leiche ursprünglich vor Bedrohung und Gefahr schützen. Die Tabuisierung der Leiche beinhaltet sowohl „das Heilige, Geweihte" als auch das „Gefährliche, Unheimliche", was die Mehrdeutigkeit des Begriffs Tabu selbst in sich trägt. Fazit: Einen Leichnam zu berühren ist Tabu und Faszination zugleich.

Die andere Seite der Medaille

In kaum einem Bereich der Sprache lässt sich die „Tabu-Euphemismus-Medaille" so gut zeigen, wie in der sprachgeschichtlichen Entwicklung der Ausdrücke, die mit Tod, Sterben und Leichnam verbun-

18 Pernlochner-Kügler, 2003, Körperscham und Ekel, S. 209-220.

den sind.[19, 20] Verändern sich soziale Werte und Konventionen, führt dies naturgegeben auch zu Tabuisierungs- und Enttabuisierungsprozessen, die sich ebenfalls in der Sprache niederschlagen. Somit sind sprachliche Tabus auch als Spiegel solcher Veränderungen zu sehen. Die Nicht-Fassbarkeit des Todes im Denken findet auch in der verbalen Kommunikation ihren Niederschlag. Der Vorgang des Sterbens wird als „Heimgang", „Entschlafen" oder „Verbleichen" stilisiert, die Todesmacht begegnet uns in Kunst, Literatur und Brauchtum personifiziert als „Freund Hein", als Spielmann oder lockender Tänzer, der Todeszustand als „süßer Schlaf" etc.[21]

Wenden wir uns zunächst der sprachlichen Untersuchung des Wortes „Leiche" zu, das sich aus dem Mittelhochdeutschen *līch* sowie *līchname* (Leichnam) entwickelt hat. Im Gegensatz zum heutigen Sprachgebrauch wurde es damals in der Bedeutung „Körper, Leib, Leibeshülle", also für den lebenden Körper verwendet. Erst später ersetzte der beschönigende Begriff „Leiche" die ursprünglich für den toten Körper verwendete und später als schonungslos empfundene althochdeutsche Bezeichnung *hrêo* für *Kadaver*.[22]

Heute haftet dem Wort „Leiche" bzw. „Leichnam" keine Spur von Leben mehr an. Es auszusprechen ist im modernen Sprachgebrauch verpönt, wird wiederum durch Euphemismen umgangen und rücksichtsvoll mit einem Tabu belegt. Wir sprechen dann von den „sterblichen Überresten" oder der „irdischen Hülle". Ein ebenso anschauliches Beispiel für eine „Tabu-Euphemismus-Medaille" liefert das mittelniederdeutsche Wort *starven*, als verhüllender Ausdruck für „sterben", das ursprünglich „erstarren, steif werden" bedeutete.[23]

Auch wenn die Begriffe „Verstorbener" oder „Toter" alternierend verwendet werden, so bezeichnen sie niemals den Leichnam, nie die

19 Balle, 1990, Tabus in der Sprache, S. 177.

20 Zur Erklärung der Tabu-Euphemismus-Medaille: Tabuisierung führt zu beschönigender Umschreibung und muss, sobald sie die verschleiernde Funktion eingebüßt hat, wiederum respektvoll tabuisiert werden.

21 Herzog, 2001, Sterben, Tod und Jenseitsglaube, S. 17.

22 Kluge, 2011, Etymologisches Wörterbuch der deutschen Sprache.

23 Porzig, 1971, Das Wunder der Sprache, S. 252.

Reduktion auf das Physische des toten Körpers, welcher mit der Zeit verwest und im Denken der Lebenden keinen Platz mehr hat. Verstorbene und Tote behalten so ihre Persönlichkeit, ihren Charakter und bleiben auch nach Jahren für die Hinterbliebenen existent.[24]

„Den Tod überwindet, wer ihn versteht"[25]

Die Freimaurerei stellt sich der Omnipräsenz des Sterbens, des Todes und des Fortwirkens in einer Vielfalt von Auseinandersetzungen und Zugängen. Ihrem Wesen nach ist sie vor allem diesseitsorientiert und vermittelt keine konkreten Jenseitsvorstellungen, sondern überlässt diese jedem Einzelnen persönlich. Den Symbolen der Vergänglichkeit begegnet der Neophyt zwar schon bei seiner Aufnahme, als Aufforderung, sich der Begrenztheit des Lebens bewusst zu sein und den Blick stets auf die wesentlichen Dinge des Lebens zu lenken.

Erst im dritten Grad, dem Meistergrad, rückt die Todes- und Auferstehungssymbolik – eingebettet in die salomonische Tempel- oder Hiramslegende – in zentrale Position. Sie orientiert sich am *Memento mori*, dem „Gedenke des Todes", als Bezugnahme auf den eigenen Tod und als Wegweiser zur Auslotung aller zur Verfügung stehenden Möglichkeiten des individuellen Lebens. In diesem legendären Drama erlebt der Geselle eine Auseinandersetzung mit Fragen nach dem Sinn des Todes, der geistigen Auferstehung, des Weiterwirkens und Fortlebens im Anderen.[26]

Keinesfalls darf hier von einem Reinkarnationsgedanken ausgegangen werden, der im freimaurerischen Ideengut nicht enthalten ist. Vielmehr wächst durch das Ritual der Erhebung in den Meistergrad die Verantwortung dem Leben gegenüber. Ebenso wenig maßt sich die Hirams-Legende an, die Darstellung historischer Vorgänge wiederzugeben, viel mehr trägt sie eine Tradition von altem, bildhaftem Wissen weiter, das von jedem Freimaurer einzeln gelesen, verstanden und entschlüsselt werden soll.

24 Fiedler, 2001, Ich war tot und ihr habt meinen Leichnam geehrt, S. 23.

25 Textstelle aus einem masonischen Trauerritual am Friedhof.

26 Biedermann, 1999, Das verlorene Meisterwort, S. 61 f.

Nicht nur der Ursprung der Hirams-Legende ist ungewiss, deren Interpretationen und Erzählarten präsentieren sich in den verschiedenen freimaurerischen Systemen äußerst mannigfaltig und teils obskur, von göttlicher Verehrung bis hin zur Entthronung der biblischen Gestalt des Königs Salomo.[27]

Gesichert tritt die Baulegende erstmalig in der symbolischen Freimaurerei Englands gegen 1724 in Erscheinung, Anderson liefert erst 1738 Hinweise auf Hirams Tod. Die historische Forschung geht allerdings davon aus, dass die Hirams-Legende schon davor in der mittelalterlichen französischen Werkmaurerei des Meistergrades bekannt gewesen sein soll.[28]

Die Namensgleichheit des mehrfach in der Bibel in Zusammenhang mit dem Bau des salomonischen Tempels aufscheinenden Namens Hiram hat immer wieder zu Verwechslungen geführt: Handelt es sich doch einmal um Hiram, den Phönizierkönig von Tyrus, und einmal um Hiram (Abiff), den gleichnamigen Bronzegießer, ebenfalls aus Tyros.[29, 30, 31]

Über den mit Weisheit und Verständnis begabten Handwerker Hiram berichtet das 1. Buch der Könige, Kapitel 7,13 ff.: „und der

27 Vgl. Steiner, 1904-1906, Die Tempellegende. In: http://www.geocities.ws/christian-rosenkreuz/tempellegende.pdf (abgerufen 10.12.2020). Und Heckethorn, 1900, Die Tempellegende. In: Geheime Gesellschaften, Geheimbünde und Geheimlehren, S. 213-216.

28 Lagutt, 1993, Grundstein der Freimaurerei, S. 48-65.

29 Die Lesung רוצ ךלמ םריה hjrm mlk ṣwr „Hiram, König von Tyrus“ in Derekh Erets Suta I geht, wie schon Tawrogi (z. St.) gezeigt hatte, wahrscheinlich auf einen Überlieferungsfehler zurück, welcher ursprüngliches רוצמ םריה hjrm mṣwr „Hiram aus Tyrus“ (vgl. 1 Kön 7,13) als Abkürzung zu רוצ ךלמ םריה hjrm mlk ṣwr „Hiram, König von Tyrus“ missdeutete. https://www.bibelwissenschaft.de/wibilex/das-bibellexikon/lexikon/sachwort/anzeigen/details/hiram/ch/9280a5d2e418942efd6df414bde5c887/#h8 (abgerufen 03.04.2020).

30 Erwähnt wird König Hiram I. von Tyrus im zweiten Buch Samuel, Kapitel 5,11, als der Freund Salomos, der durch seine Knechte Baumaterial, Holz und Steine zur Errichtung jenes Tempels liefern ließ, der um 988 v. Chr. auf dem Tempelberg errichtet wurde.

31 Luthers Übersetzung von 1545:
2 Sam 5,11: VND Hiram der König zu Tyro / sandte Boten zu Dauid vnd Cedernbewme zur wand / vnd Zimmerleute / vnd Steinmetzen / das sie Dauid ein Haus baweten.

König Salomo sandte hin und ließ holen Hiram von Tyrus – den Sohn einer Witwe aus dem Stamm Naftali, sein Vater aber war aus Tyrus gewesen –; der war ein Kupferschmied, voll Weisheit, Verstand und Kunst in allerlei Kupferarbeit. Der kam zum König Salomo und machte ihm alle seine Werke."[32]

Die Freimaurer-Legende bezieht sich auf den auch „Hiram Abiff" genannten Baumeister, den Hiram, der König von Tyrus, zu Salomo sandte. Unabhängig von möglichen historischen oder biblischen Belegen ist die Legende von Tod und Auferstehung des Meisters Hiram Abiff Grundlage für das Verständnis des Meistergrades und symbolischer Eckstein der Freimaurerei. Sie kann auch als Allegorie, als Gleichnis oder einfach als Sinnbild eines pflichtbewussten Menschen verstanden werden.[33]

Wie bereits erwähnt, darf in der Freimaurerei der Gedanke des Weiterlebens, der Unsterblichkeit keinesfalls in religiösem Sinne aufgefasst werden, sondern in Form einer Unvergänglichkeit durch Taten, Engagement und brüderliches Miteinander. Symbolisch führt das Meisterritual die Endlichkeit des eigenen Lebens vor Augen. Wohlüberlegt und bewusst wird das dem Leichentabu immanente Berührungsverbot im Ritual übertreten und gewinnt – wie Freud es ausdrückte: „[…] selbst den Charakter des Verbotenen, der gleichsam die ganze gefährliche Ladung auf sich genommen hat […]"[34]

---

32 Luthers Übersetzung von 1545:
1 Koenige 7, 13-15: VND der könig Salomo sandte hin vnd lies holen Hiram von Tyro einer widwen Son / aus dem stam Naphthali / vnd sein Vater war ein man von Tyro gewesen / Der war ein Meister im ertz / vol weisheit / verstand vnd kunst zu erbeiten allerley Ertzwerck. Da der zum könige Salomo kam / machet er alle seine werck.

33 Biedermann, 1999, Das verlorene Meisterwort, S. 61 f.

34 Sigmund Freud dazu in II. Das Tabu und die Ambivalenz der Gefühlsregungen: „Das Sonderbarste daran ist wohl, dass wer es zustande gebracht hat, ein solches Verbot zu übertreten, selbst den Charakter des Verbotenen gewonnen, gleichsam die ganze gefährliche Ladung auf sich genommen hat. Diese Kraft haftet nun an allen Personen […] und was kraft der Ansteckungs- und Ausbreitungsfähigkeit damit zusammenhängt." Die „gefährliche Ladung" geht also im Akt der Berührung auf den Tabubrecher über und haftet nun an ihm. In: https://www.projekt-gutenberg.org/freud/totem/chap004.html (abgerufen 12.12.2020).

Das Meisterritual ermöglicht durch die Auseinandersetzung mit den Themen des Todes und des Lebens eine Sichtweise, die es ermöglicht, sich tabuisierten Vorgängen anzunähern und ihnen entgegenzuwirken. Es soll dazu beitragen, das Bewusstsein zu stärken, durch eigene Taten in anderen weiterleben zu können, sich der Todesthematik zu stellen, sie nicht zu verdrängen und das Leben auch als Weg zu sich selbst im Sinne einer „meditatio mortis", wie Marc Aurel sie versteht, auszurichten.[35]

Dem ehrenvollen Andenken – die Trauerloge

Hat der „Allmächtige Baumeister aller Welten" einen Freimaurer „zu höherer Arbeit" in den „Ewigen Osten" abberufen, stirbt also ein Freimaurer-Bruder, wird seiner in einer Trauerarbeit ehrenvoll gedacht. Die erste rituelle Trauerloge wurde 1757 in Hamburg abgehalten. Berühmt wurde später die Trauerlogenrede Goethes auf Wieland in der Weimarer Loge „Amalia" sowie die am 8. November 1832 vom Kanzler Friedrich v. Müller gehaltene freimaurerische Gedenkrede auf Goethe.[36]

Zum Abschluss möchte ich auf den eingangs von Martin Luther ins Deutsche übertragenen Choraltext „Mitten im Leben sind wir vom Tod umfangen" zurückkommen. Ein Nachsinnen über den Tod soll immer auch ein Nachsinnen über das Leben sein. Mitten im Leben beginnt zwar unser Sterben, aber auch die Pflicht, die Zeit des Lebens, die uns zur Verfügung steht, zu nutzen, die Kostbarkeit jedes Augenblicks zu erkennen und das Mitgefühl für uns selbst und unsere Mitmenschen zu vertiefen.

Memento vivere! Vergiss nicht zu leben!

35 Marc Aurel, 1998, Wege zu sich selbst, S. 168-189.

36 Goethe, 1813, Zu brüderlichem Andenken Wielands. In: https://www.rolandbremen.de/wp-content/uploads/2017/11/Goethe_Wieland.pdf (abgerufen 10.12.2020).

Danksagung

Vom Anfang sagt das Sprichwort, er sei schwer. Dies kann ich nur bestätigen: Es war ein hochgestecktes Ziel, aus einer zündenden Idee, einem Sammelsurium an Überlegungen und einem Berg von Rohmaterial ein Buch zu machen, ein exotisches Gemisch aus Traditionen, Kulturen, banal erscheinenden Sachverhalten, etymologischen Spitzfindigkeiten und lebendiger Freimaurerei. Ich hoffe, es ist es mir auch gelungen an mancher Stelle Gedanken aufgespürt zu haben, die weitergedacht, näher beforscht oder hinterfragt werden können.

Nun, am Ende, stehe ich vor einer nicht minder großen Herausforderung: allen zu danken, die mich begleitet, ermutigt und ungebrochen unterstützt haben, ohne die dieses Buch nicht hätte entstehen können.

Zunächst richtet sich mein Dank an meinen Verleger Bastian Salier für die überaus gute, professionelle Betreuung und Zusammenarbeit. Für sein Vertrauen und seinen Mut, auch randständige Themen einer interessierten, kritischen Öffentlichkeit zugänglich zu machen. Ihm ist es zu verdanken, dass aus meinem Manuskript ein kohärentes und ansprechendes Ganzes geworden ist. Ergänzt durch die wunderbaren Illustrationen von Larissa Sharina.

Mein besonderer Dank gilt dem Philosophen und Autor Mag. DDr. Peter J. Gowin. Ich schätze mich glücklich, ihn und seine zahlreichen Bücher kennen und wertschätzen gelernt zu haben. Ohne seine Anregung hätte ich die Idee für dieses Buch nicht entwickelt. Zahlreiche Erkenntnisse und Forschungsresultate seiner Werke sind gedanklich in mein Manuskript miteingeflossen. Auch verdanke ich ihm den Kontakt zu Bastian Salier.

Sehr dankbar bin ich, dass ich den Musikwissenschaftler Dr. Rudolf Hopfner als Lektor und Korrektor gewinnen konnte. Ihm möchte ich besonderen Dank aussprechen für die gewissenhafte Durchsicht des Manuskripts, unverzichtbare Hinweise und wertvolle Verbesserungsvorschläge, die dem Text den letzten Schliff gegeben haben. Seine profunde Sachkenntnis, sein unverstellter Blick und nicht zuletzt sein freundschaftlicher Zuspruch haben mich während meiner gesamten Spurensuche begleitet. Gratias maximas ago!

Weiters möchte ich Mag. Dr. Andrea Maria Dusl, Prof. Dr. Franz Joseph Laimböck und Rudi Rabe danken, die meinen Blickwinkel durch zahlreiche fachliche Diskussionen erweitert haben. Auch sie haben mich mit wertvollen Hinweisen, Referenzen und Literaturangaben unterstützt. Nicht unerwähnt bleiben darf auch Michael Leon Saathen. Ihm danke ich für all seine Inspirationen und nicht zuletzt dafür, dass er es als äußerst kompetenter Buchhändler hervorragend versteht, immer das richtige Buch in das richtige Regal zu stellen.

Interesse an meinem Projekt haben auch Menschen ohne jeden Hang zu Tabuforschung, Sprachwissenschaft oder zur Freimaurerei gezeigt. Ihre Fragen, ihre Neugier haben mich motiviert und bestärkt Querverbindungen herzustellen, die bislang so noch nicht gemacht worden sind. Hier danke ich vor allem meiner Freundin Dr. Ursula Rokitansky, die meine Denkweise durch ihr wertvolles Feedback stets bereichert hat.

Ganz besonderer Dank gilt meinen beiden längst erwachsenen Kindern. Sie haben mich angespornt, mein Bestes zu geben und mir durch verständnisvolle Gespräche geholfen, weiterzukommen. In der frühen Phase des Schreibens waren der analytische Blick und die kreativen Ideen meiner Tochter äußerst wertvoll. Den stärksten Rückhalt erfuhr ich in bewährter Weise von meinem Mann, Dr. Wolfgang Trubel. Zahlreiche Sommertage waren der gemeinsamen Diskussion zu Fragen dieses Buches gewidmet. Sein Feingefühl, seine klare Gedankenführung und sein unbestechlicher Sinn für das Wesentliche haben es mir erleichtert, so manch überbordende Detailfülle erbarmungslos zu kürzen.

Ganz besonders möchte ich mich bei all jenen Leserinnen und Freimaurerinnen bedanken, die das Buch nicht gleich zur Seite gelegt haben, weil ich nicht auf eine gendergerechte Ausdrucksweise geachtet habe. Dies liegt darin begründet, dass die freimaurerische Literatur bis zum Ende des 19. Jahrhunderts vornehmlich auf Männer bezogen war. Mittlerweile jedoch gehören auch gemischte Logen und

Frauenlogen zum festen Bestandteil einer universellen freimaurerischen Landschaft.

Schließlich gilt mein Dank allen, die zu diesem Buch gegriffen haben: für Ihre Offenheit und Bereitschaft, sich von archaischen Tabus und freimaurerischem Gedankengut berühren, jedoch von linguistischen Feinheiten nicht abschrecken zu lassen. Ich freue mich, dass Sie diesen unüblichen Rundgang mit mir gegangen sind.

Erna-Maria Trubel
Wien, im März 2022

Literaturverzeichnis

Albani, Matthias: Sterne, Sternbilder, Sterndeutung, 2014, in: Das Wissenschaftliche Bibellexikon im Internet, https://www.bibelwissenschaft.de/fileadmin/buh_bibelmodul/media/wibi/pdf/Sterne_Sternbilder_Sterndeutung__2018-12-03_21_15.pdf [abgerufen 23.03.2021].

Alisch, Cathrin: HochZeit unterm Abendrot der Sorben in der Lausitz. Musik, Magie und Minderheit Im Spiegel der Kultursemiotik. Semiotik der Kultur; Band 2, Münster: Lit Verlag, 2003.

Alkier, Stefan [Hrsg.]: Das wissenschaftliche Bibellexikon im Internet. Neutestamentlicher Teil, 2006, in: http://www.wibilex.de [abgerufen 2019-2021].

Ambelain, Robert: Freemasonry in Olden Times-Ceremonies and Rituals from the Rites of Mizraïm and Memphis by Robert Ambelain trans. by Piers A Vaughan, 2006, pdf, in: https://www.yumpu.com/en/document/read/21469515/freemasonry-in-olden-times [abgerufen 10.11.2019].

Apelt, Otto [Hrsg.]: Plutarch: Moralische Schriften, 3: Politische Schriften. Leipzig: Meiner, 1935.

Ariès, Philippe: Geschichte des Todes. 8. Aufl. dtv 30169. München: Dt. Taschenbuch-Verl., 1999.

Assisi, Franz von: Liebes-Kämpfe des heiligen Franziscus von Assisi. In: Der Katholik; eine religiöse Zeitschrift zur Belehrung und Warnung, Bd. 20, 6. Jg. 4. Heft, S. 1–13, 1224/1225 Le Roux, Straßburg, 1826, in: https://de.wikisource.org/wiki/Sonnen-Gesang [abgerufen 15.12. 2020].

Assmann, Jan: Das Paar, die Liebe und der Tod: Der Mythos von Isis und Osiris, Geschlechterdifferenz im altägyptischen Totenritual, 2005, in: http://archiv.ub.uni-heidelberg.de/propylaeumdok/3020/1/Assmann_Das_Paar_die_Liebe_2005.pdf [abgerufen 22.06.20].

Assmann, Jan: Ägyptische Hymnen und Gebete. Die elfte Stunde erster Teil, übersetzt, kommentiert und eingeleitet. Freiburg, Switzerland, Göttingen, Germany, Universitätsverlag: Vandenhoeck & Ruprecht, 1999, in: https://www.zora.uzh.ch/id/eprint/141091/1/Assmann_1999_Aegyptische_Hymnen_und_Gebete.pdf [abgerufen 01.06.20].

Assmann, Jan: Kultur und Gedächtnis. 1. Aufl. ed. Frankfurt am Main: Suhrkamp, Suhrkamp-Taschenbuch Wissenschaft 724, 1988.

Bächtold-Stäubli, Hans: Handwörterbuch des deutschen Aberglaubens. Eduard Hoffmann-Krayer [Hrsg.], 10 Bände. Unveränderter Nachdruck der Ausgabe von 1927-1942. Berlin; New York: Walter de Gruyter, 1987.

Baermann Steiner, Franz: Zivilisation und Gefahr. Wissenschaftliche Schriften. Franz Jeremy Adler und Richard Fardon [Hgg.]: Göttingen: Wallstein-Verlag, 2008.

Baisch, Martin: Neugier und Tabu. Regeln und Mythen des Wissens. Elke Koch [Hrsg.]: 1. Aufl. ed. Freiburg im Breisgau: Rombach-Wissenschaften: Reihe Scenae, 12, 2010.

Balle, Christel: Tabus in der Sprache. Frankfurt am Main [u.a.]: Lang, 1990.

Bankl, Hans: Woran sie wirklich starben. Wien, München, Bern: Maudrich, 1992.

Bankl, Hans: Hiram. Biblisches-Sagenhaftes-Historisches. Edition zum rauhen Stein 4. Innsbruck: Studien Verlag 2000. 4. Aufl. Wien, München, Bern: Maudrich, 1999.

Barrera-Vidal, Alberto: Zum Genusproblem im modernen Französisch. Rede zur Trauerfeier von Prof. Hartmut Kleineidam, 1991, in: http://www.linse.uni-due.de/laud-paper.html (abgerufen 05.03.2020).

Basile, Giambattista: Das Märchen der Märchen. Das Pentamerone. Rudolf Schenda [Hrsg.], München: C.H. Beck, 2000.

Bauks, Michaela, Klaus Koenen, Michael Pietsch [Hgg.]: Das wissenschaftliche Bibellexikon im Internet, Alttestamentlicher Teil, in: http://www.wibilex.de [abgerufen 2019 - 2021].

Baurnjöpel, Joseph: Eine Wiener Freimaurerhandschrift aus dem 18. Jahrhundert. Herausgegeben und transkribiert von Friedrich Gottschalk, Bibliotheca Masonica, Graz: Akad. Dr.- u. Verl.-Anst, 1986.

Bechstein, Ludwig: Märchenbuch. Nach der Ausgabe von 1857, textkritisch revidiert und durch Register erschlossen. Ludwig-Bechstein-Märchen, [Hrsg. Hans-Jörg Uther], 1. München: Diederichs, 1997.

Beck, Ludwig: Die Geschichte des Eisens in technischer und kulturgeschichtlicher Beziehung. Erste Abteilung. Von der ältesten Zeit bis um das Jahr 1500 n. Chr. [Bd. 1 von 5] Braunschweig: Verlag: Vieweg, 1884.

Beck, Wolfgang: Die Merseburger Zaubersprüche. Imagines Medii Aevi, Bd. 16. Wiesbaden: Reichert, 2003. Hier: http://www.lokis-mythologie.de/zaubersprueche.html [abgerufen 15.03.2020].

Becker, Lore: Die Mythologie der Bäume. Der Baumglaube in der Antike und bei unseren Vorfahren, 2002, in: https://docplayer.org/23807003-Mythologie-der-baeume.html [abgerufen 15.06.2020].

Becker, Udo: Lexikon der Symbole. Köln: Komet, 1992.

Beitl, Klaus [Hrsg.]: Anthropos. Zeitschrift für Völker- und Sprachenkunde. St. Gabriel bei Mödling, später: Freiburg im Breisgau und St. Augustin Anthropos-Bände 41-44, in: Buchreihe der Österreichischen Zeitschrift für Volkskunde Band 3; zugleich: Österreichische volkskundliche

Bibliographie, Supplementreihe: Personalbibliographien, Band 1, herausgegeben 1977, Selbstverlag des Vereins für Volkskunde in Wien, in: https://www.volkskundemuseum.at/jart/prj3/volkskundemuseum/data/publikation/1533519999114/1533519999114.pdf [abgerufen 18.04.2020].

Beneke, Otto: Von unehrlichen Leuten. Kulturhistorische Studien und Geschichten aus vergangenen Tagen deutscher Gewerbe und Dienste. Hamburg: Severus Verlag, 2014.

Benthien, Claudia, Ortrud Gutjahr: Tabu: Interkulturalität und Gender. München: W. Fink, 2008.

Berdichevsky, Micah Joseph: Die Sagen der Juden. Köln: Parkland, 1997.

Bergmann, Franziska: Gender Studies. Bielefeld: Transcript-Verl., 2012.

Bezzenberger, Adalbert, Ernst Kuhn, Wilhelm Schulze [Hgg.]: Zeitschrift für vergleichende Sprachforschung auf dem Gebiete der Indogermanischen Sprachen. Neue Folge vereinigt mit den Beiträgen zur Kunde der indogermanischen Sprachen. Der ganzen Reihe 43. Band. Begründet von A. Kuhn. Göttingen: Vandenhoeck & Ruprecht, 1910.

Biedermann, Hans, Otto Stöber: Der Drudenfuß. Auf den Spuren eines geheimnisvollen Zeichens. [Gekürzte Neuausg.] ed. Wien [u.a.]: Jugend-u.-Volk-Verl., 1990.

Biedermann, Hans: Das verlorene Meisterwort. Bausteine zu einer Kultur- und Geistesgeschichte des Freimaurertums. 3., unv. Aufl. ed. Wien, Köln, Weimar: Böhlau Verlag, 1999.

Biedermann, Hans: Knaurs Lexikon der Symbole. München: Knaur, 1998.

Biedermann, Hans: Lexikon der magischen Künste. Alchemie, Sterndeutung, Hexenglaube, Geheimlehren, Mantik, Zauberkunst. 3., verb. erw. Aufl. Wiesbaden: VMA-Verlag, 1998.

Bin Gorion, Micha J.: Die Sagen der Juden. Köln: Parkland Verlag, 1997.

Binswanger, Ludwig: Traum und Existenz. Einleitung von Michel Foucault. Bern [u.a.]: Gachnang & Springer, 1992.

Blank, Andreas: Einführung in die lexikalische Semantik für Romanisten. Romanistische Arbeitshefte 45. Tübingen: Max Niemeyer, 2001.

Blau, Ludwig: Das altjüdische Zauberwesen. Graz: Akadem. Druck- u. Verlagsanst, 1974.

Blécourt, Willem de: Tierverwandlungen. Codierungen und Diskurse. Tübingen: Francke, 2011.

Bollnow, Otto Friedrich: Existenzphilosophie. 4., erw. Aufl. ed. Stuttgart: Kohlhammer, 1955.

Bonnet, Hans: Reallexikon der ägyptischen Religionsgeschichte. Photomechan. Nachdr. der 1. Aufl., 1952, 3., unv. Aufl. Berlin, New York: De Gruyter, 2000.

Boos, Heinrich: Geschichte der Freimaurerei. Ein Beitrag zur Kultur- und Literatur-Geschichte des 18. Jahrhunderts. Nachdr. der Orig.-Ausg. von 1906, 2. Aufl. Hamburg: Severus Verlag, 2013.

Born, Ignaz von: Ueber die Mysterien der Aeypter. In: Journal für Freymaurer. Als Manuskript gedruckt für Brüder und Meister des Ordens, hrsg. von den Brüdern der Loge zur Wahrheit im Orient von Wien, Loge zur Wahren Eintracht. Band 1, Wien, 1784.

Breverton, Terry: Breverton's First World War. Curiosities. Stroud, Gloucestershire: Amberley, 2014.

Brückner, Alexander: Osteuropäische Götternamen. Ein Beitrag zur vergleichenden Mythologie. In: Zeitschrift für vergleichende Sprachforschung auf dem Gebiete der indogermanischen Sprachen, Band 48, Göttingen: Vandenhoeck & Ruprecht, 1922.

Cook, James, Joseph Banks: Three Voyages of Captain James Cook Round the World. Vol. 1. London: Longman, 1821.

Der Bazar: Illustrierte Damen-Zeitung Nr. 28. 23. Juli 1857. XIII. Jahrgang, in: https://freimaurer-wiki.de/index.php/Orden_der_Bienen [abgerufen 20.04.2020].

Der deutsche Wortschatz von 1600 bis heute: aus DWDS-Kernkorpus, bereitgestellt durch das DWDS, in: https://www.dwds.de/r/?corpus=kern [abgerufen 15.08.2021].

Derchain, Philippe: Le Papyrus Salt 825:[B. M. 10051]; Rituel Pour La Conservation De La Vie En Égypte: 2. Bruxelles: Palais Des Académies, 1965.

Diefenbach, Johann: Der Hexenwahn vor und nach der Glaubensspaltung in Deutschland. Nachdr. d. Ausg. von 1886, Augsburg: Weltbild, 1998.

Diem, Peter: Der Stephansdom und seine politische Symbolik, 2009, in: https://austria-forum.org/af/Wissenssammlungen/Symbole/Stephansdom] [abgerufen 15.03.2021].

Diem, Peter: Der Stern, 2009/2015, in: https://austria-forum.org/af/Wissenssammlungen/Symbole/Stern [abgerufen 18.06.2021].

Diem, Peter: Die Symbole Österreichs, Zeit und Geschichte in Zeichen, 1995, in: https://austria-forum.org/af/Wissenssammlungen/Symbole/Hexagramm_-_Judenstern [abgerufen 18.06.2021].

Dierickx, Michel S. J.: Freimaurerei, die große Unbekannte. Ein Versuch zu Einsicht und Würdigung. Bauhütten Verlag, 1968, in: https://nbn-resolving.org/urn:nbn:de:101:1-201702087063. [abgerufen 2019-2021].

Dölger, Franz Joseph: Sol salutis. Gebet und Gesang im christlichen Altertum; mit besonderer Rücksicht auf die Ostung in Gebet und Liturgie. Liturgiegeschichtliche Forschungen 4-52. Vermehrte Auflage. Münster in Westfalen: Verl. der Aschendorffschen Verlagsbuchhandlung, 1920.

Dosch, Reinhold: Deutsches Freimaurerlexikon. 2. überarb. Aufl. der Ausg. im Bauhütten-Verl., Bonn, 1999. Edition zum rauhen Stein. Innsbruck: Studien Verlag, 2011.

Doß, Thorsten: Das Tabu in J.G. Frazers Werk „Der goldene Zweig". 1. Auflage. München: GRIN Verlag, 2005.

Douglas, Mary: Ritual, Tabu und Körpersymbolik. Sozialanthropologische Studien in Industriegesellschaft und Stammeskultur. 4. Aufl. Fischer-Taschenbücher Forum Wissenschaft 7365. Frankfurt am Main: Fischer-Taschenbuch-Verlag, 2004.

Drews, Robert: The End of the Bronze Age. Changes in Warfare and the Catastrophe ca. 1200 B.C.: Third Edition, Paperback, Princeton (NJ): Princeton University Press, 1995.

Dutli, Ralph: Das Lied vom Honig. Eine Kulturgeschichte der Biene. Göttingen: Wallstein, 2012.

Eggerdinger, Iris: „Domine, ut videam!" Stoff-und motivgeschichtliche Untersuchungen zu Carl Orffs Kleinem Welttheater „Der Mond". Ein Beitrag zur historischen und vergleichenden Märchenforschung. Inaugural-Dissertation an der Ludwig-Maximilians-Universität München Grünwald, 2004, in: https://edoc.ub.uni-muenchen.de/2717/1/Eggerdinger_Iris.pdf [abgerufen 20.03.2021].

Egli, Hans: Das Schlangensymbol. Geschichte, Märchen, Mythos. Düsseldorf: Patmos-Verlag, 2003.

Eilenstein, Harry: Die Entwicklung der indogermanischen Religionen. Norderstedt: Books on Demand, 2009.

Eilers, Wilhelm: Sinn und Herkunft der Planetennamen. Vorgetragen am 28. Februar 1975. Verlag der bayerischen Akademie der Wissenschaften, Sitzungsberichte Jahrgang 1975, Heft 5, in Kommission bei der C. H. Beck´schen Verlagsbuchhandlung München, in: https://www.zobodat.at/pdf/Sitz-Ber-Akad-Muenchen-phil-hist-Kl_1975_0001-0138.pdf [abgerufen 23.03.2021].

Eliade, Mircea: Schmiede und Alchemisten. 2. Aufl. Stuttgart: Klett-Cotta, 1980.

Endres, Franz Carl: Die Symbole des Freimaurers. 1.-2. Tsd. ed. Stuttgart: Mittelbach, 1952.

Ercivan, Erdogan: Verbotene Ägyptologie. Rätselhafte Wissenschaft und Hochtechnologie der Pharaonen. Rottenburg am Neckar: Kopp Verlag, 2003.

Ernst, Franz: Freimaurerrituale: Ihr verschlungener Weg durch die Geschichte, 2014/15, in: https://freimaurer-wiki.de/index.php/Ritual [abgerufen 03.01.2021].

Erffa, Hans Martin von: Caduceus. In: Reallexikon zur Deutschen Kunstgeschichte, Bd. III [1952], Sp. 303–308; in: RDK Labor, in: https://www.rdklabor.de/w/?oldid=92577> [abgerufen 16.06.2021].

Euripides: Iphigenie im Taurerlande. Übersetzung: Ernst Buschor, in: http://gerthans.privat.t-online.de/49851/177105.html [abgerufen 19.08.2020].

Feierabend, Birgit Sonja: Biene und Honig im pharaonischen Ägypten. Eine Studie anhand schriftlicher und bildlicher Quellen. Dissertation, Mainz: Johannes Gutenberg-Universität Mainz, 2009.

Ferstl, Ernst: Ein Augenblick Ewigkeit. Treffling: Freya Verlag, 2004.

Ferstl, Ernst: Unter der Oberfläche. Klosterneuburg, Wien: Edition Va Bene, 1996.

Fiedler, Adelheid: Ich war tot und ihr habt meinen Leichnam geehrt. Unser Umgang mit den Verstorbenen. Mainz: Matthias-Grünewald-Verlag, 2001.

Fischer, Hans: Die Alchemie. Ihre Bedeutung für die Freimaurerei. 1. Auflage, Leipzig: Leipziger Freimaurer Verlag, 2018.

Fischer, Robert: Der Katechismus der Meister der Johannis-Freimaurerei III. August Horneffer [Hrsg.], Berlin: Akazien Verlag, 1951.

Fischer, Hans: Schau über dich. Instruktion für Meister. 1. Auflage, LFV working tools. Leipzig: Leipziger Freimaurer Verlag, 2016.

Fischer, Hubertus: Wer löscht das Licht? Europäische Karikatur und Alltagswelt, 1790-1990. Schriften zur Karikatur und kritischen Grafik, Bd. 2. Stuttgart: Gerd Hatje, 1994.

Frazer, James George: Der goldene Zweig. Das Geheimnis von Glauben und Sitten der Völker. Rowohlts Enzyklopädie, Reinbek bei Hamburg: Rowohlt-Taschenbuch-Verlag, 1989.

Freimaurer Großloge A.F.u.A.M.v.D.: Lehrgespräche II - Katechismus der Gesellen. Bonn – Münster: Die Bauhütte, Bauhütten Verlag, 1991-1995, 1995.

Frenschkowski, Marco: Verführung als Erleuchtung. Ein Essay über antike, v.a. gnostische Schlangensymbolik und religiöse Inversionsphänomene. In: Willem de Blécourt, Christa Agnes Tuczay (Hgg.), Tierverwandlungen. Codierungen und Diskurse. Tübingen: Francke, 2011.

Freud, Sigmund: Totem und Tabu. Hamburg: Nikol Verlag, 2014.

Freud, Sigmund: Totem und Tabu. Einige Übereinstimmungen im Seelenleben der Wilden und der Neurotiker [1912-1913], in: The Project Gutenberg [EBook #37065] https://www.gutenberg.org/cache/epub/37065/pg37065-images.html [abgerufen 12.12.2020].

Freudenthal, Herbert: Das Feuer im deutschen Glauben und Brauch. Berlin, Leipzig: Walter de Gruyter, 1931.

Frick, Karl R. H.: Licht und Finsternis: Gnostisch-theosophische und freimaurerisch-okkulte Geheimgesellschaften bis an die Wende zum 20. Jahrhundert. Ursprünge und Anfänge: Band 1. Graz: Akademische Druck- u. Verlagsanstalt, 1975.

Frick, Karl R. H.: Die Erleuchteten. Gnostisch-theosophische und alchemistisch-rosenkreuzerische Geheimgesellschaften bis zum Ende des 18. Jahrhunderts. Genehmigte und Korrigierte Lizenzausg. Wiesbaden: Marix Verlag, 2005.

Fuhrmann, Manfred: Plutarch. Fünf Doppelbiographien: Sammlung Tusculum. Zürich: Artemis & Winkler, 2001.

Gamber, Klaus, Martin Reinecke [Hgg.]: Liturgie - Dienst vor Gott. Institutum Liturgicum Ratisbonense, 1984. Zurück zum gemeinsamen Erbe: Kritische Überlegungen zur Situation von Liturgie und Kirche; ausgewählte Texte aus dem Lebenswerk. St. Ottilien: EOS-Verlag, 1999.

Gamqrelije, Tamaz, Vjaceslav V. Ivanov [Hgg.]: European and the Indo-Europeans. A reconstruction and historical analysis of a proto-language and a proto-culture. Berlin: Mouton de Gruyter, 1995.

Gantenbein, Urs Leo, Pia Holenstein Weidmann [Hgg.]: Nova Acta Paracelsica. Beiträge zur Paracelsus-Forschung, Band 16, Bern: Peter Lang, 2002.

Gerabek, Werner E., Bernhard D. Haage, Gundolf Keil, Wolfgang Wegner [Hgg.]: Enzyklopädie Medizingeschichte. Berlin: De Gruyter, 2005.

Glock, Johann Philipp: Die Symbolik der Bienen und ihrer Produkte in Sage, Dichtung, Kultus, Kunst und Bräuchen der Völker, 1891, in: https://archive.org/details/diesymbolikderb00aschgoog/page/n44/mode/2up [abgerufen 05.05.2020].

Glunk, Fritz: Das große Lexikon der Symbole. Bindlach: Gondrom, 1997.

Goethe, Johann Wolfgang von: Zu brüderlichem Andenken Wielands, 1813, in: https://www.rolandbremen.de/wp-content/uploads/2017/11/Goethe_Wieland.pdf [abgerufen 10.12.2020].

Goethe, Johann Wolfgang von: West-östlicher Divan. Frankfurt am Main: Reclam, 1999.

Goethes Werke in zwölf Bänden. Berlin: Aufbau Verlag, 1966.

Goethe, Johann Wolfgang von: Faust. Eine Tragödie. Nachdruck der Ausgabe Tübingen: Cotta, 1808. Zwickau: Verlag: F. Ullmann, 1924.

Golther, Wolfgang [Hrsg.]: Handbuch der germanischen Mythologie. Faksim. Wiesbaden: Athenaion, 1996.

Görres, Joseph von: Die christliche Mystik, vier Bände, 1836–1842. Zweite Auflage bei Manz, in fünf Bänden, München und Regensburg 1879. Neuherausgabe durch Uta Ranke-Heinemann in sechs Bänden, Frankfurt am Main: Eichborn Verlag, 1989.

Gowin, Peter J.: Freimauerei und Persönlichkeitsentwicklung. Wien: Sigmund Freud Privatuniversitätsverlag, 2012.

Gowin, Peter J.: Unbekannte Motive der Freimaurerei. Wien: Sigmund Freud Privatuniversitätsverlag, 2013.

Graesse, Johann Georg Theodor, Hermann Hesse: Gesta Romanorum. Das älteste Märchen- und Legendenbuch des christlichen Mittelalters. Neuaufl. ed. Frankfurt am Main: Insel Verl., Insel-Taschenbuch 315, 1978.

Graupmann, Jürgen: Das Lexikon der Tabus. Bergisch Gladbach: Bastei-Lübbe, 1998.

Grimm, Brüder: Kinder-und Hausmärchen. Vollständige Ausgabe. Mit 184 Illustrationen zeitgenössischer Künstler und einem Nachwort von Heinz Rölleke. 19. Auflage. Düsseldorf, Zürich: Artemis & Winkler Verlag, 1999.

Grimms Märchen: In: https://www.grimmstories.com/de/grimm_maerchen/der_gevatter_tod [abgerufen 15.05.2020].

Gunther, Sebastian, Dorothee Anna Maria Pielow: Die Geheimnisse der oberen und der unteren Welt. Magie im Islam zwischen Glaube und Wissenschaft. Islamic history and civilization, Volume 158. Leiden; Boston: Brill, 2018.

Győry, Hedvig: Öffnen des Sehens: Gedanken über das Rezept Ebers. In: https://www.researchgate.net/publication/323486354_Offnen_des_Sehens_Gedanken_uber_das_Rezept_Ebers_344_GM_189_2002_47-56 [abgerufen 12.04.2020].

Hahn, Gerhard, Jürgen Henkys [Hgg.]: Mitten wir im Leben sind. In: Liederkunde zum Evangelischen Gesangbuch. Heft 9. Göttingen: Vandenhoeck & Ruprecht, 2004.

Hain, Walter: Die letzten Mysterien dieser Welt. Die Bedeutung von Sonne und Mond in den Mythen und Religionen. Norderstedt: Books on Demand, 2020.

Hampe, Roland: Homer Odyssee. Ditzingen: Philipp Reclam jun. Verlag, 1995.

Han, Byung-Chul: Vom Verschwinden der Rituale. Eine Topologie der Gegenwart. Berlin: Ullstein, 2019.

Hansmann, Liselotte, Lenz Kriss-Rettenbeck: Amulett, Magie und Talisman. Das Standardwerk. Lizenzausg. Hamburg: Nikol Verlag, 1999.

Harmening, Dieter: Wörterbuch des Aberglaubens. 2., durchgesehene und erweiterte Auflage. Stuttgart: Reclam, 2009.

Harrison, David: The Lost Symbols of Freemasonry: The Beehive, 2015, in https://freimaurerwiki.de/index.php/En:_The_Lost_Symbols_of_Freemasonry:_The_Beehive [abgerufen 18.04.2020].

Hartmann, von Aue: Gregorius. Paul Hermann [Hrsg.], neu bearbeitet von Burghart Wachinger, 15, durchgesehene und erweiterte Aufl. Berlin: De Gruyter, 2004.

Hartmann, Peter W.: Das grosse Kunstlexikon, 1996, in: http://www.beyars.com/kunstlexikon/lexikon_8834.html [abgerufen 15.03.2021].

Hasselmann, Kristiane: Die Rituale der Freimaurer. Zur Konstitution eines bürgerlichen Habitus im England des 18. Jahrhunderts. Kultur- und Medientheorie. Bielefeld: Transcript-Verl., 2009.

Havers, Wilhelm: Neuere Literatur zum Sprachtabu. Sitzungsberichte. Akademie der Wissenschaften in Wien. Philosophisch-Historische Klasse, Band 223,5, Wien: Rohrer, 1946.

Heckethorn, Charles William: Geheime Gesellschaften, Geheimbünde und Geheimlehren. Leipzig: Renger, Autorisierte Deutsche Ausg. bearb. von Leopold Katscher. ed. Leipzig: Renger, 1900.

Heimsoth, Wilfried: Zur Geschichte der Imkerei – Kataloge des OÖ. Landesmuseums N.F., 1987, in: https://www.zobodat.at/pdf/KATOOENF_0010_0069-0070.pdf [abgerufen 15.04.2020].

Hepper, Nigel, Gerda Bernhardt: Pflanzenwelt der Bibel. Eine Illustrierte Enzyklopädie. Stuttgart: Deutsche Bibelgesellschaft, 1992.

Hermann, Ursula, Arno Matschiner: Wahrig Bd. 6, Herkunftswörterbuch. 4.,vollst. neu bearb. und aktualisierte Aufl. ed. Gütersloh [u.a.]: Wissen Media Verl., 2002.

Herzberger, Patricia: Der Tod im Mittelalter, 2006, in: http://www.rowane.de/html/inhalt.htm [abgerufen 15.05.2021].

Herzog, Markwart [Hrsg.]: Sterben, Tod und Jenseitsglaube. Ende oder letzte Erfüllung des Lebens? Irseer Dialoge: Kultur und Wissenschaft interdisziplinär, Band 3. Stuttgart [u.a.]: Kohlhammer, 2001.

Heyen, Nils B., Sascha Dickel, Anne Brüninghaus [Hgg.]: Personal Health Science. Wiesbaden: Springer Fachmedien, 2019.

Hörandner, Edith, Hans Hutsteiner, Rudolf Moosbeckhofer, Henriette Zecha-Machly: Von Bienen und Imkern, von Wachs und vom Honig. 1. Aufl. Wien: Brandstätter, 1993.

Horneffer, August. Katechismen I-III. Hamburg: Akazien Verlag, 1953.

https://bibeltext.com/exodus/25-10.htm [abgerufen 20.06.2020].

https://de.wikipedia.org/wiki/Goldener_Schnitt [abgerufen 19.06.2021].

https://de.wikipedia.org/wiki/Helel [abgerufen 01.06.2021].

https://de.wikipedia.org/wiki/Liste_lateinischer_Phrasen/D [abgerufen 12.12.2020].

https://freimaurer-wiki.de/index.php/Bibel#Freimaurer-Bibel [abgerufen 23.03.2021].

https://www.freimaurer-wiki.de/index.php/Biene [abgerufen 18.04.2020].

https://freimaurer-wiki.de/index.php/Ritual [abgerufen 03.01.2021].

http://www.gutenberg.org/files/2884/2884-h/2884-h.htm [abgerufen 17.04.2020].

https://www.imperium-romanum.info/wiki/index.php/Iuno [abgerufen 31.01.2021].

https://gdz.sub.uni-goettingen.de/id/PPN345284054?tify=%7B%22view%22:%22toc%22%7D [abgerufen 2020-2021].

https://www.dw.com/de/redensarten-aus-der-arbeitswelt/a-1365758 [abgerufen 20.08.2021].

https://www.planetwissen.de/natur/reptilien_und_amphibien/schlangen/pwieschlangenmystikschlangenhabenvielegesichter100.html#Rom [abgerufen 19.08.2020].

https://www.lexas.de/regionen/morgenland.aspx [abgerufen 17.12.2020].

http://www.russki-mat.net/e/mat_WChristiani.htm [abgerufen 18.08.2021].

http://www.zur-weissen-lilie.net/index.html [abgerufen 15.03.2020].

http://www.zeno.org/Literatur/M/Luther,+Martin/Luther-Bibel+1545 [abgerufen 2020-2022].

Hübner, Wolfgang [Hrsg.]: Manilius Astronomica, 4,16. Buch V, 2 Bände, Berlin: De Gruyter, 2010.

Hunt, Charles Clyde: Masonic Symbolism. Whitefish: Kessinger Publishing, LLC, 2010.

Hüskens-Hasselbeck, Karin: Stil und Kritik. Dialogische Argumentation in Lessings philosophischen Schriften. Theorie und Geschichte der Literatur und der Schönen Künste, Texte und Abhandlungen, Bd. 48. München: W. Fink, 1978.

Imhof, Gottlieb: Kleine Werklehre der Freimaurerei. Das Buch des Lehrlings. Lausanne: Verlag der Schweizerischen Großloge Alpina, 1983.

Iordanes, Lenelotte Möller [Übers.]: Die Gotengeschichte. Wiesbaden: Marix Verlag, 2012.

Johach, Eva: Der Bienenstaat. Geschichte eines politisch-moralischen Exempels, in: https://ethz.ch/content/dam/ethz/special-interest/gess/wiss-dam/documents/publikationen/2007_Johach-Bienenstaat.pdf [abgerufen 18.04.2020].

Johannsen, Otto: Geschichte des Eisens. Im Auftrage des Vereins Deutscher Eisenhüttenleute. 3., Völlig neu bearb. Aufl. ed. Düsseldorf: Verl. Stahleisen, 1953.

Jörgensen, Johannes: Der heilige Franz von Assisi. Eine Lebensbeschreibung. Kempten, München: Kösel Verlag, 1908

Jung, Carl Gustav: Septem sermones ad Mortuos - Sermo 2; in: The Seven Sermons to the Dead Septem Sermones ad Mortuos by Carl Gustav Jung, 1916 [Translation by H. G. Baynes and Stephan A. Hoeller], in: http://gnosis.org/library/7Sermons.htm [abgerufen 20.08.2021].

Kabel, Walther: Das Knotenknüpfen. In: Mein Oesterreich! 1. Jahrgang, Hrsg. Adolf Moßbäck, Wien 1911, in: Digitale Volltext-Ausgabe bei Wikisource, https://de.wikisource.org/wiki/Das_Knotenkn%C3%BCpfen [abgerufen 31.01.2021].

Kaiser, Esther: Das Sündenbockritual/der goldene Zweig von James George Frazer, 2011, in: https://nbn-resolving.org/urn:nbn:de:101:1-201310263818. [abgerufen 10.06.2019].

Karenberg, Axel: Amor, Äskulap & Co: Klassische Mythologie in der Sprache der modernen Medizin. Stuttgart u. New York: Schattauer, 2005.

Kautzsch, Emil: Die Apokryphen und Pseudepigraphen des Alten Testaments. Band 2, Nachdruck der Originalausgabe aus dem Jahr 1900. Treuchtlingen: Literaricon, 2015.

Kierkegaard, Søren: Der Begriff Angst. Thomas Sören Hoffmann [Hrsg.], 3. Auflage, Wiesbaden: Marix Verlag, 2016.

Kiesewetter, Karl: Geschichte des neueren Occultismus. Beigebunden: Der Occultismus der nordamerikanischen Indianer von L. Kuhlenbeck. Hildesheim: Georg Olms [Nachdruck der Ausgaben Leipzig 1909 /1896], 1977.

Kiesewetter, Karl: Die Geheimwissenschaften. Eine Kulturgeschichte der Esoterik. 2. Aufl. Wiesbaden: Marix Verlag, 2013.

Kipling, Rudyard: Das Dschungelbuch 1 & 2. Göttingen: Steidl, 2015.

Kissel, Theodor K.: Untersuchungen zur Logistik des römischen Heeres in den Provinzen des griechischen Ostens (27 v.Chr.-235 n.Chr.). Pharos, Bd. 6. St. Katharinen: Scripta Mercaturae Verlag, 1995.

Klinger, Elmar, Stephanie Böhm, Franz Thomas [Hgg.]: Paare in antiken religiösen Texten und Bildern. Symbole für Geschlechterrollen damals und heute. Würzburg: Echter-Verlag, 2002.

Kluge, Friedrich: Etymologisches Wörterbuch der deutschen Sprache. Elmar Seebold [Hrsg.], 25., durchgesehene und erw. Aufl. Berlin, Boston: De Gruyter, 2011.

Kodek, Günter K.: Unbeirrt durch den Lärm der Welt. Chronik der Freimaurerei in der II. Republik Österreich von 1945 bis 1985. Wien: Löcker, 2014.

Köhler, Bärbel [Hrsg.]: Religion und Wahrheit. Religionsgeschichtliche Studien. Festschrift für Gernot Wießner zum 65. Geburtstag. Verlag: Wiesbaden: Harrassowitz, 1998.

Kramer, Ulrich, Josef Jeker, Peter Theiler et al.: Der Schweizerische Bienenvater. Praktische Anleitung zur Bienenzucht. Verlag: Aarau, H.R. Sauerländer, ursprüngliche Verfassung 1889, 2001, in: https://books.google.at/books?id=bAbXswEACAAJ [abgerufen 14.04.2020].

Kraus, Michael [Hrsg.]: Die Freimaurer. Salzburg: Ecowin, 2007.

Krebernik, Manfred: Götter und Mythen des Alten Orients. Orig.-Ausg. Beck'sche Reihe C.-H.-Beck-Wissen 2708. München: Beck, 2012.

Kremser, Konrad: Hêlêl ben Schachar – Lucifer [Jes 14,12]. Von der Entmythologisierung zur Apokalyptisierung? Protokolle zur Bibel im Auftrag der Arbeitsgemeinschaft der Assistent:innen an bibelwissenschaftlichen Instituten in Österreich. hg. v. Veronika Burz-Tropper, Agnethe Siquans und Werner Urbanz, 2021, in: https://www.academia.edu/49313171/Hêlêl_ben_Schachar_Lucifer_Jes_14_12_Von_der_Entmythologisierung_zur_Apokalyptisierung [abgerufen 23.07.2021].

Kretschmer, Paul: Austria und Neustria. Eine Studie über spätlateinische Ländernamen. In: Glotta. Zeitschrift für griechische und lateinische Sprache Vol. 26, Göttingen: Vandenhoeck & Ruprecht, 1938.

Krivanec, Ernst: Die Freimaurerei in Prag zur Zeit der Strikten Observanz 1764 – 1780. Band 8 von Quatuor-Coronati-Berichte, Wien: Forschungsgesellschaft Quatuor Coronati, 1980.

Kubinzky, Karel: Das „Tintibild". Innenansicht einer Wiener Loge um 1790, 1993, in: https://www.freimaurer-wiki.de/index.php/Wien,_ein_altes_Logenbild,_und_Bruder_Mozart [abgerufen 20.03.2020].

Kübler-Ross, Elisabeth: Interviews mit Sterbenden. Stuttgart, Berlin: Kreuz-Verlag, 1972.

Kuhn, Fritz: Tabus. In: Sprache und Literatur in Wissenschaft und Unterricht, Paderborn: Vol. 60, 1987.

Kupferblum, Markus: A subjective view of the work, 2006, in: https://kupferblum.com/writes/essays/on-opera/a-subjective-view-on-the-magic-flute-die-zauberfloete-eine-subjektive-werkbetrachtung/ [abgerufen 10.08.2021].

Küster, Hansjörg: Geschichte des Waldes. Von der Urzeit bis zur Gegenwart. München: C.H. Beck, 1998.

Lagutt, Jan Karl: Der Grundstein der Freimaurerei. Erkenntnis und Verkennung. 4, erw. Aufl. Bern: Origo Verlag, 1993.

Landmann, Salcia: Die Sagen der Juden. Gesammelt von Micha Josef Bin Gorion. Zeitschrift für Religions- und Geistesgeschichte, 1976, 28, Nr. 3, in: https://philpapers.org/rec/LANDSD-6 [abgerufen 15.05.2020].

Lehnherr, Matthias: Der schweizerische Bienenvater. Natur- und Kulturgeschichte der Honigbiene, in https://books.google.at/books?id=bAbXswEACAAJ [abgerufen 11.04.2020].

Leithaeuser, Julius: Volkskundliches aus dem Bergischen Lande. I. Tiernamen im Volksmunde. Barmen: Wiemann, 1906.

Lennhoff, Eugen, Oskar Posner: Internationales Freimaurer-Lexikon, 1932 in: https://freimaurer-wiki.de/index.php/ [abgerufen 2019-2021].

Lennhoff, Eugen, Oskar Posner: Internationales Freimaurerlexikon. Unveränderter Nachdruck der Ausgabe 1932, Wien, München: Amalthea-Verlag, 1975.

Lessing, Gotthold Ephraim: Werke und Briefe in zwölf Bänden. Wilfried Barner [Hrsg.], Bibliothek deutscher Klassiker. Frankfurt am Main: Dt. Klassiker-Verlag, 1985.

Lessing, Gotthold Ephraim: Ernst und Falk. Gespräche für Freimaurer. Mit einer Einführung und Erläuterungen von Wolfgang Kelsch. Hamburg: Bauhütten Verlag, 1981.

Lévi, Eliphas: Geschichte der Magie. Verlag: Ansata-Verl., Bern, München, Wien, 1997, in: http://www.loge-hoya.de/index.php?id=118 [abgerufen 20.05.2020].

Lochstampfer, Uwe: Botanicus. Mistel, Laubholz-Mistel. In: https://botanikus.de/informatives/giftpflanzen/alle-giftpflanzen/mistel/ [abgerufen 20.06.2020].

Lottermann, Walter: Historisches Camberg. Beiträge zur Stadtgeschichte und über das Stadt-und Turmmuseum Bad Camberg, 1990. Nr. 16. pdf. In: https://www.verein-historisches-camberg.de/fileadmin/user_upload/PDFs/ [abgerufen 15.03.2020].

Luchtenberg, Sigrid: Euphemismen im heutigen Deutsch. Mit einem Beitrag zu Deutsch als Fremdsprache. Frankfurt am Main, Wien [u.a.]: Lang, 1985.

Lurker, Manfred: Die Botschaft der Symbole. In Mythen, Kulturen und Religionen. München: Kösel-Verlag, 1990.

Maar, Christa: Die Technik auf dem Weg zur Seele. Forschungen an der Schnittstelle Gehirn-Computer. Orig.-Ausg. ed. Reinbek bei Hamburg: Rowohlt, 1996.

MacNulty, W. Kirk: Die Freimaurer. Das verborgene Wissen. Geschichte, Symbole, Geheimnisse der Logen. München: Herbig, 2006.

Menzel, Wolfgang: Die vorchristliche Unsterblichkeitslehre. Leipzig: [s.n.], 1870.

Makohl, Sabrina, Reiner [Hgg.]: Biblia 1545.Texte aus der Lutherbibel von 1545, in: https://www.stilkunst.de/c22_biblia1545/verzeichnisse/biblia1545.php. [abgerufen 2019-2021].

Marc Aurel: Wege zu sich selbst. Hg. und übers. von Rainer Nickel. München, Zürich: Artemis Verlag, 1998.

Marc Aurel: Selbstbetrachtungen. Griechisch - Deutsch [Sammlung Tuskulum]. Hg. und übers. von Rainer Nickel, 2. Auflage. Berlin: De Gruyter, 2010.

Meyer, Joachim Ernst: Todesangst und das Todesbewußtsein der Gegenwart. 2., erg. Aufl. Berlin, Heidelberg [usw.]: Springer, 1982.

Meyers Großes Konversations-Lexikon: Ein Nachschlagewerk des allgemeinen Wissens. 6., gänzlich neubearbeitete und vermehrte Auflage. Leipzig, Wien: Bibliographisches Institut, 1902–1908.

Michel, Paul [Hrsg.]: Spinnenfuß und Krötenbauch. Genese und Symbolik von Kompositwesen. Schriften zur Symbolforschung, Bd. 16. Zürich: PANO-Verlag, 2013.

Minder, Robert, Günter Kodek: Meine Brüder! Die Zeiger stehen im rechten Winkel! Forschungsgesellschaft Quatuor Coronati. Wien: Großloge von Österreich, 2014.

Mogk, Eugen: Germanische Mythologie. Der zweiten verbesserten Auflage zweiter Abdruck, Sonderabdruck aus der zweiten Auflage von Paul Grundriss der germanischen Philologie. Strassburg: Verlag: Karl Trübner, 1898, 2017, in: https://nbn-resolving.org/urn:nbn:de:101:1-2019020921553126993297 [abgerufen 2020-2021].

Müller, Roland: Traktat: Die vielen Lichter der frühen Freimaurerei, by Mueller Science 2001-2015, in: https://www.freimaurer-wiki.de/index.php/Traktat:_Die_vielen_%27Lichter%27_der_fr%C3%BChen_Freimaurerei [abgerufen 23.03.2021].

Müller, Roland: Esoterik von Dr. phil. Roland Müller, Switzerland, by Mueller Science 2001-2015, in: http://www.muellerscience.com/ESOTERIK/Freimaurerei_Allgemein/Freimaurerei_Uebersicht.htm [abgerufen 2019-2021].

Müller-Ebeling, Claudia, Christian Rätsch, Wolf-Dieter Storl: Hexenmedizin. Die Wiederentdeckung einer verbotenen Heilkunst - Schamanische Traditionen in Europa. 4. Aufl. ed. Aarau: AT-Verl., 2002.

Müller-Kaspar, Ulrike [Hrsg.]: Die Welt der Symbole. Ein Lexikon von A bis Z. Wien: Tosa, 2005.

Nassehi, Armin, Georg Weber: Tod, Modernität und Gesellschaft. Entwurf einer Theorie der Todesverdrängung. Opladen: Westdt. Verl., 1989.

Nechtelberger, Rena: Die mythische Schlange. Symbolische Dimension und Dualismus in Mythen und bildlichen Darstellungen. Dissertation, Wien: Universität Wien, 2007.

Neil, Philip: Mythen visuell. Übers. von Margot Wilhelmi. Hildesheim: Gerstenberg, 1999.

Nesselrath, Heinz-Günther: Historien. Deutsche Gesamtausgabe, fünfte, vollkommen neu bearbeitete Auflage. Band 224. ed. Stuttgart: Alfred Kröner Verlag, 2017.

Nietzsche, Friedrich: Nachgelassene Fragmente. Februar – März 1882, in: https://www.degruyter.com/database/NIETZSCHE/entry/W004477FB18/html [abgerufen 05.08.2020].

Nietzsche, Friedrich: Werke in drei Bänden. München: C. Hanser Verlag, 1954.

Nova acta Paracelsica: Beiträge zur Paracelsus-Forschung. Schweizerische Paracelsus-Gesellschaft [Hrsg.] Band 10, Bern: Peter Lang, 1996.

Oberhoff, Bernd: Mozart: Eine musikpsychoanalytische Studie. Giessen: Imago Psychosozial-Verlag, 2008.

Og, Jens Holger: Lexikon der Symbolsprache und Zeichenkunde. Runen, Hieroglyphen, Zahlensymbole und Ornamentik. Band 1: Die Grundzeichen und die Ostzeichen. Norderstedt: Books on Demand, 2005.

Oswald, Gert: Lexikon der Heraldik. Mannheim: Bibliographisches Institut, 1985.

Oswald, Wolfgang, Michael Tilly: Geschichte Israels. Von den Anfängen bis zum 3. Jahrhundert n. Chr. Geschichte kompakt. Darmstadt: WBG, 2016, in: https://www.bibelwissenschaft.de/fileadmin/buh_bibelmodul/media/wibi/pdf/Pentateuch__2019-09-23_11_09.pdf. [abgerufen 20.06.2021].

Paret, Rudi: Der Koran. Kommentar und Konkordanz, mit einem Nachtrag zur Taschenbuchausgabe. 8. Aufl., Unveränd. Nachdr. der Leinenausg. 1977. Stuttgart: Kohlhammer, 2012.

Peil, Dietmar: Untersuchungen zur Staats- und Herrschaftsmetaphorik in literarischen Zeugnissen von der Antike bis zur Gegenwart. Münstersche Mittelalter-Schriften, Bd. 50. München: Fink, 1983.

Pennington, Margot: Memento mori. Eine Kulturgeschichte des Todes. Stuttgart: Kreuz Verlag, 2001.

Pernlochner-Kügler, Christine: Körperscham und Ekel. Wesentlich menschliche Gefühle und ihre Schutzfunktionen. Geisteswissenschaft. Dissertation, München: GRIN Verlag, 2003.

Petzoldt, Leander: Kleines Lexikon der Dämonen und Elementargeister. 3. Aufl., Orig.-Ausg. Beck'sche Reihe 427. München: Beck, 2003.

Pfeiffer, Henrik: Adam und Eva, 2006, in: https://www.bibelwissenschaft.de/stichwort/12492/ [abgerufen 20.01.2021].

Pickering, David: Lexikon der Magie und Hexerei. Augsburg: Weltbild, 1999.

Pierer, Heinrich August: Pierer's Universal-Lexikon der Vergangenheit und Gegenwart oder Neuestes encyclopädisches Wörterbuch der Wissenschaften, Künste und Gewerbe. Bd. 15. Altenburg: Verlagsbuchhandlung von H.A. Pierer, 1862.

Pindar: Oden. Griechisch/Deutsch. Übers. und Hrsg.: Eugen Dönt. Verlag: Philipp Reclam Jun, Stuttgart, 1986.

Platner, Ernest Zacharias, Carl Bunsen, Eduard Gerhard, Wilhelm Röstell: Beschreibung der Stadt Rom. Dritter Band, Stuttgart und Tübingen: J.G. Cotta´schen Buchhandlung, 1842.

Plinius Secundus, d. A., C.: Naturkunde. Lateinisch-deutsch. Buch VIII. Zoologie: Landtiere und Buch XVI. Botanik: Waldbäume, Herausgegeben und übersetzt von Roderich König in Zusammenarbeit mit Gerhard Winkler. [= C. Plinii Secundi. Naturalis Historiae Libri XXXVII. Liber VIII

/ Liber XVI/ Tusculum Bücherei]. München: Verlag: Ernst-Heimeran, 1975.

Plinius der Ältere: Naturalis historia. Naturgeschichte. Lateinisch/Deutsch: Giebel, Marion [Hrsg.]: Nachdr. Reclams Universal-Bibliothek, Nr. 18335. Stuttgart: Reclam, 2015.

Pokorny, Julius: Indogermanisches Etymologisches Wörterbuch, 1959, in: https://indogermanisch.org/pokorny-etymologisches-woerterbuch/index.htm [abgerufen 2019-2021].

Porzig, Peter: Schechina, 2019, in: https://www.bibelwissenschaft.de/fileadmin/buh_bibelmodul/media/wibi/pdf/Schechina__2019-01-25_11_02.pdf. [abgerufen 15.06.2021].

Porzig, Walter: Das Wunder der Sprache. Probleme, Methoden u. Ergebnisse d. Sprachwissenschaft. Uni-Taschenbücher, UTB,: 32. Allgemeine und vergleichende Sprachwissenschaft. München: Francke, 1971.

Prein, Martin: Der Leichnam - Das (Un-)Begreifbare der menschlichen Endlichkeit. Dissertation, 2014, in: https://netlibrary.aau.at/obvuklhs/download/pdf/2411577?originalFilename=true. [abgerufen 12.12.2020].

Prichard, Samuel: Masonry Dissected, London, 1730, in: http://www.phoenixmasonry.org/masonry_dissected.htm [abgerufen 2019-2021].

Prichard, Samuel: Three Distinct Knocks on the Door of the Most Ancient Freemasonry. Kessinger Publishing, LLC, 2010.

Quensel, Stephan: Hexen, Satan, Inquisition. Die Erfindung des Hexen-Problems. Wiesbaden: Springer VS, 2017.

Raabe, Dierk: Die Mythen der Metalle. Max-Planck-Institut für Eisenforschung, 2011, in: http://www.mpg.de [abgerufen 20.03.2020].

Rabe, Rudi: Nachtrag zu August Horneffer, 2014, in: https://www.freimaurer-wiki.de/index.php/August_Horneffer [abgerufen 20.01.2021].

Rancière, Jacques: Die Aufteilung des Sinnlichen. Die Politik der Kunst und ihre Paradoxien. Maria Muhle [Hrsg.], 2., durchgesehene Auflage. Reihe PolYpeN. Berlin: b_books, 2008.

Reinalter, Helmut: Handbuch der freimaurerischen Grundbegriffe. Quellen und Darstellungen zur europäischen Freimaurerei 1. Innsbruck: Studien Verlag, 2002.

Reinalter, Helmut: Freimaurerische Kunst - Kunst der Freimaurerei. Innsbruck Wien [u.a.]: Studien Verlag, 2005.

Reinalter, Helmut: Die Freimaurer. Originalausgabe, 7. Auflage. München: Beck'sche Reihe C.H. Beck Wissen 2133, 2016.

Reinalter, Helmut: Freimaurerei. Geheimnisse - Rituale - Symbole: Ein Handbuch. 1. Auflage. ed. Leipzig: Salier Verlag, 2017.

Reinalter, Helmut: Aufklärung, Humanität und Toleranz. Die Geschichte der österreichischen Freimaurerei im 18. Jahrhundert. Quellen und Darstellungen zur europäischen Freimaurerei, Band 18. Innsbruck: Studien Verlag, 2017.

Riedel, Ingrid: Tabu im Märchen. Die Rache der eingesperrten Natur. 3. Aufl. Olten u.a: Walter, 1990.

Roob, Alexander: Alchemie & Mystik. Das hermetische Museum. Orig.-Ausg. Köln: Taschen-Verl., 2006.

Rummel, Walter, Rita Voltmer: Hexen und Hexenverfolgung in der Frühen Neuzeit. Geschichte kompakt. Darmstadt: Wiss. Buchges., 2008.

Rushton, Peter: Lunatics and Idiots. Mental Disability, the Community, and the Poor Law in North-East England, 1600–1800. Medical History 32, 1988, Nr. 1: 34–50. In: https://www.ncbi.nlm.nih.gov/pmc/articles/PMC1139816/ [abgerufen 20.03.2020].

Sahlins, Marshall: Der Tod des Kapitän Cook. Geschichte als Metapher und Mythos als Wirklichkeit in der Frühgeschichte des Königreichs Hawaii. Berlin: Wagenbach, 1986.

Sartre, Jean-Paul: Bei geschlossenen Türen. Tote ohne Begräbnis. Die ehrbare Dirne. Drei Dramen. Dt. übertr. von Harry Kahn. Reinbek bei Hamburg: Rowohlt, 1965.

Schaff, Philip: History of the Christian Church. Vol. 1, 3rd edition, Peabody, MA. : Hendrickson Publishers, 1996.

Schauberg, Joseph: Vergleichendes Handbuch der Symbolik der Freimaurerei, Bd. 1. Schaffhausen, 1861, in: https://www.deutschestextarchiv.de/book/show/schauberg_freimaurerei01_1861 [abgerufen 2019-2022].

Schaumburg-Terner, Ursula: Freimaurerische Bildwelten. Zur Ikonographie der freimaurerischen Symbolik. In: Helmut Reinalter [Hrsg.]: Freimaurerische Kunst – Kunst der Freimaurer. Beiträge einer Tagung vom 24. bis 25. Mai 2002 in Bayreuth. Innsbruck: Studien Verlag, 2005.

Scherpe, Wolfgang: Das Unbekannte im Ritual. Versuch einer Darstellung von Instruktionen für Ritual, Symbolik und Logenordnungen in der Großloge AF und AM von Deutschland, Braunschweig: Eigenverlag, Maurerjahr 1976/77, 7. Aufl. 2002.

Schienerl, Peter: Eisen als Kampfmittel gegen Dämonen. Manifestationen des Glaubens an seine magische Kraft im islamischen Amulettwesen, Band 75, Nr. Heft 3-4. Luzern: Anthropos, 1989.

Scholem, Gershom: Das Davidschild. Geschichte eines Symbols. Erw. Fassung. Frankfurt am Main: Jüdischer Verlag im Suhrkamp Verlag, 2010.

Schrenk, Friedemann: Die Frühzeit des Menschen. Der Weg zum Homo sapiens. 5., neubearbeitete und ergänzte Auflage. C.-H.-Beck-Wissen 2059. München: Verlag C.H.Beck, 2008.

Schröer, Karl Julius: Ein Ausflug nach Gottschee. Beitrag zur Erforschung der Gottscheewer Mundart. Nachdruck der Originalausgabe aus dem Jahr 1869, Norderstedt: Hansebooks, 2021.

Schrott, Raoul: Hesiod. Theogonie. München: Carl Hanser Verlag, 2014.

Schumann, Hans Wolfgang: Buddhistische Bilderwelt. Ein ikonographisches Handbuch des Mahāyāna- und Tantrayāna-Buddhismus. 1. Aufl. Köln: E. Diederichs, 1986.

Schuster, Georg: Geheime Gesellschaften, Verbindungen und Orden. Repr. der Ausg. 1905. Köln: Komet, 1986.

Shakespeare, William: King Henry V/ König Heinrich V. Englisch/Deutsch. Dieter Hamblock: [Hrsg.], Band 9899. Stuttgart: Reclams Universal-Bibliothek, 1978.

Shakespeare, William: Sämtliche Werke in vier Bänden. Anselm Schlösser [Hrsg.], aus dem Englischen von Wolf Graf Baudissin, August Wilhelm Schlegel, Dorothea Tieck. Berlin: Aufbau-Verlag, 1975.

Shakespeare, William: Macbeth, Akt IV, Szene 1, in: http://www.digbib.org/William_Shakespeare_1564/De_Macbeth_.pdf [abgerufen 01.08.2021].

Shattuck, Roger: Tabu. Eine Kulturgeschichte des verbotenen Wissens. München: Piper, 2000.

Sichrovsky, Heinz [Hrsg.]: Als ich König war und Maurer. Freimaurerdichtung aus vier Jahrhunderten: Eine Anthologie mit 90 Porträts von Oskar Stocker. Quellen und Darstellungen zur europäischen Freimaurerei, Band 19. Innsbruck, Wien, Bozen: Studien Verlag, 2016.

Sichrovsky, Heinz: Mozart, Mowgli, Sherlock Holmes. Die königliche Kunst in Musik und Dichtung der Freimaurer. Wien: Löcker-Verlag, 2013.

Soentgen, Jens, Konstantinov Vitali: Wie man mit dem Feuer philosophiert. Chemie und Alchemie für Furchtlose. 3. Auflage. Wuppertal: Peter Hammer Verlag, 2015.

Spaemann, Robert: Sterben – Heutzutage. In: Internationale katholische Zeitschrift Communio, Band: 35, Heft: 2., Ostfildern: Communio, 2006.

Stefenelli, Norbert [Hrsg.]: Körper ohne Leben. Begegnung und Umgang mit Toten. Wien: Böhlau, 1998.

Steffen, Albert: Hiram und Salomo. Tragödie in 9 Bildern. 3. Aufl. Dornach: Verlag für schöne Wissenschaften, 1960.

Steiner, Rudolf: Das christliche Mysterium. Die Wahrheitssprache der Evangelien. Luzifer und Christus. Alte Esoterik und Rosenkreuzertum - Erkenntnisse und Lebensfrüchte der Geisteswissenschaft [1906–1907] 1998, in: http://fvn-archiv.net/PDF/GA/GA097.pdf#view=Fit [abgerufen 10.12.2020].

Steiner, Rudolf: Die Tempellegende und die Goldene Legende als symbolischer Ausdruck vergangener und zukünftiger Entwicklungsgeheimnisse des Menschen. Aus den Inhalten der Esoterischen Schule. Zwanzig Vorträge, gehalten in Berlin zwischen dem 23. Mai 1904 und dem 2. Januar 1906, in: http://www.geocities.ws/christianrosenkreuz/tempellegende.pdf [abgerufen 10.12.2020].

Streble, Ingrid: Verboten, Verschwiegen, Ungehörig? Ein Blick auf Tabus und Tabubrüche. Interdit, Inconvenant, Inacceptable? Schriften zur Kultur- und Geistesgeschichte, Band 1.Berlin: Logos-Verl., 2008.

Street, Oliver Day: Symbolism of The Three Degrees. Washington: The American Masonic Press, Inc., 1922, in: https://freimaurer-wiki.de/index.php/En:_The_Lost_Symbols_of_Freemasonry:_The_Beehive [abgerufen 20.04.2020].

Streminger, Gerhard: David Hume. Der Philosoph und sein Zeitalter. Grundlegend überarbeitete und erweiterte Ausgabe. München: Beck, 2011.

Terner, Ursula: Freimaurerische Bildwelten. Die Ikonographie der freimaurerischen Symbolik anhand von englischen, schottischen und französischen Freimaurerdiplomen. Abdruck der ursprünglichen Dissertation von 2000, Universität Mainz. Petersberg: Michael Imhof Verlag, 2001.

Theuer, Gabriele: Der Mondgott in den Religionen Syrien-Palästinas. Unter besonderer Berücksichtigung von KTU 1.24. Orbis Biblicus et Orientalis; 173. Freiburg (Schweiz): Univ.-Verl., Göttingen: Vandenhoeck & Ruprecht, 2000.

Thuswaldner, Peter: Spätgotische Westemporen in Österreich. 1. Auflage. Horn: Verlag Berger & Söhne, 2015.

Tolstoj, Lev Nikolaevic: Krieg und Frieden. 4 Bde., Band 2. Leipzig: (o. A.), 1922.

Trost, Pavel: Bemerkungen zum Sprachtabu. Dissertation zur Thematik: Indogermanisches Worttabu: 1934, Universität Prag, erschienen in der Reihe Travaux du Cercle linguistique de Prague, 1936.

Trubel, Erna-Maria: Tabu und Euphemismus in der Arzt-Patient-Kommunikation im interkulturellen Vergleich zwischen Österreich und Ungarn. Dissertation, Wien: Universität Wien, 2004.

Unterkircher, Franz: Bestiarium. Die Texte der Handschrift Ms. Ashmole 1511 der Bodleian Library Oxford in lateinischer und deutscher Sprache. Interpretationes ad codices, Bd. 3. Graz: Akademische Druck- u. Verlagsanstalt, 1986.

Usener, Hermann: Götternamen. Versuch einer Lehre von der religiösen Begriffsbildung. 4., unveränderte Auflage der Ausgabe Bonn, Cohen 1896, Frankfurt am Main: Vittorio Klostermann, 2000.

Vasmer, Max: Russisches etymologisches Wörterbuch. Band 1: A-K. Dritte, unveränderte Auflage. Indogermanische Bibliothek Reihe 2, Wörterbücher. Heidelberg: Universitätsverlag Winter, 2012.

Vasmer, Max: Russisches etymologisches Wörterbuch. Band 3: Sta-Ÿ. Dritte, unveränderte Auflage. Indogermanische Bibliothek Reihe 2, Wörterbücher. Heidelberg: Universitätsverlag Winter, 2008.

Voß, Johann Heinrich: Homers Ilias. 4. Auflage, Stuttgart: Cotta, 1814.

Vossler, Karl: Geist und Kultur der Sprache. Verlag: Heidelberg: Carl Winter, 1925.

Wagner, Hans: Medien-Tabus und Kommunikationsverbote. Die manipulierbare Wirklichkeit. Geschichte und Staat, Bd. 289. München: Olzog Verlag, 1991.

Walker, Barbara G.: Das geheime Wissen der Frauen. Ein Lexikon. Ungekürzte Ausg., 3. Aufl., 23.-32. Tsd. dtv 30484. München: Dt. Taschenbuch-Verlag, 1996.

Wandruszka, Mario: Sprachen. Vergleichbar und unvergleichlich. München: R. Piper & Co. Verlag, 1969.

Wenz, Gunther, Jens Haustein: Die Bibel. Nach Martin Luthers Übersetzung. Lutherbibel, revidiert 2017. Jubiläumsausgabe 500 Jahre Reformation. Hg. von der Evangelischen Kirche in Deutschland. Stuttgart: Deutsche Bibelgesellschaft, 2016.

Wiese, André B.: Die Anfänge der ägyptischen Stempelsiegel-Amulette. Eine typologische und religionsgeschichtliche Untersuchung zu den „Knopfsiegeln“ und verwandten Objekten der 6. bis frühen 12. Dynastie. Orbis Biblicus et Orientalis. Series Archaeologica 12. Freiburg, Schweiz: Univ.-Verlag, 1996.

Wischer, Erika [Hrsg.]: Die Welt der Antike. 1200 v. Chr.- 600 n. Chr. Propyläen Geschichte der Literatur, Bd.1: Berlin: Propyläen Verlag, 1981.

Wissell, Rudolf: Des alten Handwerks Recht und Gewohnheit. Ernst Schraepler [Hrsg]. 2., erw. u. bearb. Ausg. Bd. 7. Berlin: Colloquium Verlag Otto H. Hess, 1971.

Wissowa, Georg: Realencyclopädie der classischen Altertumswissenschaft [Pauly-Wissowa], Artikel Schlange, Spalte 509. Wilhelm Kroll, Karl Mittelhaus, Konrat Ziegler, Hans Gärtner, [Hgg.] Erscheinungsdatum: 1893–1980. Verlag: Metzler Stuttgart, in: https://de.wikisource.org/wiki/Paulys_Realencyclop%C3%A4die_der_classischen_Altertumswissenschaft [abgerufen 08.08.2020].

Woellner, Johann Christoph von: Der Signatstern oder die enthüllten sämtlichen sieben Grade der mystischen Freimaurerei. Nebst dem Orden der Ritter des Lichts. Für Maurer und die es nicht sind. Theil 1. Berlin [u.a.] [1803], in: https://freimaurer-wiki.de/index.php/En:_The_Lost_Symbols_of_Freemasonry:_The_Beehive [abgerufen 20.04.2020].

Wolf, Werner: Der Mond im deutschen Volksglauben. Bühl-Baden: Konkordia Verlag, 1929.

Wolson, Thomas, Georges Lamoine: Le Maçon démasqué. Toulouse: Éditions SNES, 2000.

Wundt, Wilhelm: Völkerpsychologie. Eine Untersuchung der Entwicklungsgesetze von Sprache, Mythos und Sitte. 10 Bände. Leipzig: Alfred Kröner Verlag, 1926.

Wünsche, August: Der Midrasch Debarim Rabba. Das ist die Haggadische Auslegung des Fünften Buches Moses. Zum ersten Male ins Deutsche übertragen. London: Forgotten Books, 2018.

Yalçin, Ünsal, Cemal Pulak, Rainer Slotta [Hgg.]: Das Schiff von Uluburun. Welthandel vor 3000 Jahren: Katalog der Ausstellung des Deutschen Bergbau-Museums Bochum vom 15. Juli 2005 bis 16. Juli 2006. Veröffentlichungen aus dem Deutschen Bergbau-Museum Bochum, Nr. 138. Bochum: Deutsches Bergbau-Museum, 2005.

Zelenin, Dmitrij Konstantinovich: Russische [Ostslavische] Volkskunde. Grundriß der slavischen Philologie und Kulturgeschichte. Berlin [u.a.]: De Gruyter, 1927.

Zelenin, Dmitry Konstantinovich: Tabu slov u narodov vostocnoj Evropy i servernoj Azii I-II [Worttabu bei den Völkern Osteuropas und Asiens]. Leningrad 1929-1930, Berlin [u.a.]: De Gruyter, 2016.

Ziegler, Konrat, Walther Sontheimer [Hgg.]: Der Kleine Pauly. Lexikon der Antike; auf der Grundlage von Pauly's Realencyclopädie der classischen Altertumswissenschaft. Unveränd. Nachdr. der 1964-1975 im Druckenmüller-Verl. [Artemis] erschienenen Bd. München: Dt. Taschenbuch-Verl., 2007.

Zimmer, Dieter E.: Das göttliche Werkzeug, 1998, in: https://www.wissenschaft.de/allgemein/das-goettliche-werkzeug/ [abgerufen 19.06.2020].

Bildnachweis

S. 67: Wikimedia Commons/Sailko, CC BY 3.0
S. 94: 2016 Sovereign Magistral Order of the Temple of Solomon
S. 96: Batty Langley, The Builder's Jewels, Frontispiz
S. 112: Wikimedia Commons/Henry Kellner, CC BY 4.0
S. 127: Staatsbibliothek Berlin, Digitalisierte Sammlungen
S. 134: Wikimedia Commons/gemeinfrei
S. 170: Wikimedia Commons/Gallerie dell'Accademia/
Luc Viatour/https://Lucnix.be
Foto Autorin: Cassini

Die Autorin

Mag. Dr. Erna-Maria Trubel wurde 1958 in Wien geboren. Sie studierte Ungarisch und Russisch am Institut für Übersetzer- und Dolmetscherausbildung der Universität Wien. Seit 1985 lehrt sie am Zentrum für Translationswissenschaft der Universität Wien im Sprachbereich Ungarisch und war stellvertretende Studienprogrammleiterin und Vizedekanin. 2004 promovierte sie am Institut für Übersetzen und Dolmetschen.

Sie hält Vorträge (Wien, Budapest, Moskau) und publiziert regelmäßig im Bereich der Translationswissenschaften und Didaktik, zu Studienprojekten, Übersetzungen und Dolmetschungen in den Bereichen Medizin, Kunstgeschichte und Umweltschutz und war Gastvortragende am Fremdspracheninstitut der Landesverteidigungsakademie Wien. Zudem hält sie Vorträge und Workshops zum Thema Gehirnkompetenz sowie Gastvorträge zu Philosophie und Religionswissenschaften.

Erna-Maria Trubel ist verheiratet und hat zwei Kinder im Erwachsenenalter.